Walther
Aufgreifen

Rudolf Walther

Aufgreifen, begreifen, angreifen

Historische Essays, Porträts, politische Kommentare, Glossen, Verrisse

Essay 17

OKTOBER VERLAG
Münster in Westfalen

Am Hawerkamp 31, 48155 Münster
www.oktoberverlag.de

Satz: Monsenstein und Vannerdat
Umschlag: Thorsten Hartmann
Umschlagmotiv: Chiara Mangia
unter Verwendung mehrerer Fotos von alex-mit, Bliznetsov, garysludden, Okea, sololos/
www.istockphoto.com
Druck: Books on Demand GmbH
In de Tarpen 42, 22848 Norderstedt

ISBN: 978-3-941895-17-1

INHALT

Vorwort 9

I Historische Essays 15

1. Wem das Posthorn bläst – zur Konstruktion und Konjunktur des Nationalen 15
2. Was keiner versteht, ist »nationale Identität« 33
3. »Nationale« Selbstbestimmung – der Stimmungsmacher im Schlachthaus 52
4. »Zivilisation« – ein Rettungsring mit Löchern 63
5. Geopolitik oder: Man braucht Platz 80
6. Aufgeklärter Pazifismus und Friedensschwärmerei 94
7. Brockhaus: fast die ganze Welt im Bücherregal 108
8. Die Encyclopédie von Diderot, D'Alembert und Jaucourt wird 250 Jahre alt 124
9. Globalisierung: Universalismus der Reichen 137

II Porträts gegen das Vergessen 151

1. Ulrich Bräker – Aufklärung von unten 151
2. Louis Philippe, juste milieu, Geldherrschaft sans phrase 163
3. Rudi Dutschke – einer wie keiner 174

4. Niklaus Meienberg. Ein unschweizerischer Schweizer Journalist und Schriftsteller 180

5. Casimir Ulrich Boehlendorff. Ein hoffnungsloses Dichterleben 188

6. Carl Albert Loosli. Der Philosoph und Dichter aus Bümpliz 196

7. Reinhart Koselleck. Sozialgeschichte als Begriffsgeschichte 203

8. Günther Anders – Philosoph des Atomzeitalters 207

9. Hans-Georg Gadamer. Philosophische Hermeneutik lehrt begreifen 213

10. Wolfgang Abendroth – »Partisanenprofessor im Land der Mitläufer« 219

11. Ernst Jünger – Gegen die Vergesslichkeit: politische Publizistik 1920-1933 223

12. Friedrich Engels – zum hundertsten Todestag des Grandseigneurs des Sozialismus 228

III Politische Kommentare 233

1. Bürgerkrieg im Supermarkt? Enzensberger irrt. 233

2. Der Dokumentarfilm als Propaganda: Claude Lanzmanns »Tsahal« 239

3. Ernstfall Friede: Kants »Zum Ewigen Frieden« 244

4. 1945 – Kontinuität und Neubeginn 249

5. Die Schweiz im Zwielicht 252

6. Alles Krieg? Zu Paul Virilio 256

7. Flegelei und Lümmelei im deutschen Feuilleton 261

8. Asymmetrische Kriege und Barbarei des Luftkriegs 264

9. Toleranz – Einwanderungsgesellschaft – Rechtsstaat 269

10. Antiamerikanismus – oder die Theologie der Leerstelle 275

11. Der Fernsehphilosophiker Sloterdijk flunkert munter drauf los 282

IV Glossen 291

1. Dichter unter Diktatoren: Durs Grünbein 291

2. Wendelin Wiedeking hat Benzin im Hirn 294

3. Toxische Positionen 296

4. Stadelmaiers Privatreligion 298

5. Ohne Vertrauen auf Vertrauen 300

6. Zeitfenster 302

7. Angesagt 304

8. Frankfurter Allgemeiner Küchenmoses: Küchenlatein (1) 306

9. Walser schaut Fernsehen 308

10. Eine Blase voller Kultur 310

11. Zürich – von DADA zu Gaga 312

V Verrisse 315

1. Schnelldenkerei à la mode: Norbert Bolz 315

2. »Heldenprüfung« voller Peinlichkeiten: Jürgen Busche 318

3. Hubertus Knabe jagt Dunkelmänner 323

4. Alle reden vom Klima, wir auch : Leggewie/Welzer 328

5. Ein deutscher Mythenbastler erzählt: Herfried Münkler 332

6. Ferndiagnostische Spekulationen über 68: Christian Schneider et al. 336

7. Aufgeblasenes und Ressentiments: Dirk Schümer 339

8. Plumper Flachsinn über Faschismus: Georg Seeßlen 343

9. Auf den Hund gekommener Konservatismus: Wolfgang Sofsky 346

10. Kaschmirbehaglichkeit: Stephan Wackwitz 351

VI Texte in eigener Sache 355

1. Triviale Laufmaschine 355

2. Post vom Sozialstaat oder wie Ludmilla gegen die Bürokratie siegte 366

3. Der 21. August 1968 als Geschichtszeichen 376

4. Wassertrinker und Instant-Soziologen von Ulrich Beck bis Michael Rutschky 381

Nachweise 387

Vorwort

Der erste Band meiner Arbeiten umfasst – wie die beiden folgenden Bände – Texte aus den letzten 18 Jahren meiner Tätigkeit als Publizist, Kolumnist und Sachbuch-Kritiker. Bei der Auswahl der Texte konzentrierte ich mich in allen drei Bänden auf solche Arbeiten, die ohne Anmerkungen verständlich sind, dem tagespolitischen Handgemenge also nicht zu nahe stehen. Die Daten der Erstveröffentlichung verweisen auf die historischen und politischen Kontexte.

Die Anlässe für die *Essays* und *Porträts* diktierte das journalistische Gewerbe mit seiner etwas seltsamen Vorliebe für runde Geburts- und Todestage, wobei die gnadenlose Konkurrenz der Organe häufig dazu führt, dass die Geburtstage und runden Jubiläumstage groteskerweise kalendarisch vorverlegt werden, weil jedes Organ das Erste sein möchte in einem öden Wettlauf.

Die *politischen Kommentare* für die »Tageszeitung« und für den »Freitag« beziehen sich zwar auf die tagespolitische Aktualität und entstanden in der Zusammenarbeit mit den beteiligten Redakteuren, aber ich habe nur solche Kommentare aufgenommen, die über das Tagespolitische hinaus ins Grundsätzliche gehen.

Dadurch entstehen inhaltliche Ligaturen zu Themen, die in den historischen Essays und Porträts dargestellt werden. Im Nachhinein erweisen sich manche Essays und Porträts als Vorarbeiten für politische Kommentare. Meiner Ansicht nach nicht zu deren Nachteil, da die Stringenz und Haltbarkeit von Argumenten und Kommentaren nicht von der Stärke der darin vertretenen Meinungen zehren, sondern von historischem, sozialwissenschaftlichem, philologischem und philosophischem Wissen, auf denen sie beruhen. Thematische Überschneidungen sind dabei nicht zu vermeiden.

Dies in Kauf zu nehmen, erschien mir weniger gravierend, als die Texte nachträglich in starre Rahmen von kalendarisch oder thematisch geordneten Blöcken zu pressen, die noch gar nicht existierten, als die Texte geschrieben wurden. Die Grenzen zwischen den einzelnen Textsorten sind fließend und immer auch willkürlich. Die meisten Texte entstanden aus äußerlichen Zwängen des Kulturbetriebs, aus situativen Intuitionen sowie als subjektive Reaktion auf den laufenden sprachlichen und politischen Schwachsinn – also aus zufälligen Anlässen, die sich gegen eine systematische Ordnung sperren. Damit soll auch das Moment von Spontaneität der Reflexion und der Reaktion, das ich mit dem Titel andeute, betont und erhalten bleiben. Jede Behauptung eines »roten Fadens«, dem die Texte folgten, liefe auf eine alberne Selbstinterpretation hinaus. Den durchgehenden Faden zu erkennen oder zu bestreiten, ist Sache der Leserinnen und Leser.

Die *Glossen* sind zum größten Teil auf der Wahrheitsseite der »Tageszeitung« erstmals erschienen. Dieses Forum bietet die in der deutschen Presselandschaft einmalige Chance, den sprachlichen und politischen Zumutungen im Fernsehen und in der Presse mit sprachlichen Mitteln heimzuleuchten.

Ein großer Teil meiner Arbeiten besteht aus Besprechungen politischer, historischer und sozialwissenschaftlicher Bücher. Ich habe aus der Fülle der Rezensionen nur einige exemplarische *Verrisse* ausgewählt. Diese Auswahl beruht nicht auf einem atavistischen Willen, Autoren und ihren Büchern oder den Verlagen zu schaden. Selbst wenn ich das wollte, schaffte ich dies als Sachbuch-Rezensent nicht, denn alle diese Bücher werden von Vielen besprochen und bewertet. Und ultimativ oder verheerend »päpstlich« auftretende Urteilende gibt es unter den Sachbuchkritikern – im Unterschied zu einigen in der Literaturbranche – nicht. Verrisse sind mir deshalb wichtig, weil das redaktionelle Gewerbe sie gar nicht schätzt und dafür uneigennützig und freiwillig dabei mithilft, restlos überflüssige – sogar ausgesprochen liederliche – Bücher auf gute Plätze in Sachbuch-Bestenlisten zu hieven. Dabei nicht mitzuspielen, gehört zum Ethos von Kritik, die sich von redaktionellen und verlegerischen Kalkülen nicht beeindrucken lässt. Man macht sich dadurch nicht immer Freunde bei Verlagslektoren und Autoren, aber das ist das Risiko jedes autonom Urteilenden.

Der journalistische Betrieb hat sich durch die Konkurrenz mit dem Internet in den letzten Jahren stark verändert. Die Ausnahme, zum Beispiel Nachrufe ganz schnell liefern zu müssen, ist jetzt zur Regel geworden. Neben Vorteilen hat die enorme Beschleunigung des Betriebs und die Vermehrung der Plattformen auch einige Nachteile – die gravierendsten sind boulevardesk-personalisierende

Oberflächlichkeit und der Verlust an intellektueller Substanz, der in vielen Feuilletons mit Händen zu greifen ist.

Zumutungen wie diejenige, ein 800 Seiten starkes Buch innerhalb von ein paar Tagen zu besprechen, sind an der Tagesordnung, die Resultate auf den Rezensionsseiten zu besichtigen: Festangestellte Redakteure verhandeln auch schon mal vier Bücher mit zusammen 3500 Seiten auf weniger als 200 Druckzeilen. Den euphemistisch »Freie« genannten Mitarbeitern bleibt die Wahl zwischen solcher Instant-Schreiberei oder prekärer Auftragslage, über die hinwegzuhelfen jedoch nach wie vor verantwortungs- und qualitätsbewusste Redakteurinnen und Redakteure bereit sind, indem sie die Rahmenbedingungen für seriöses Arbeiten sichern. Ich nenne deren Namen nicht, um sie nicht in Konflikt zu bringen mit den maschinenmäßig produzierenden Kollegen.

Die Texte sind in sechs Blöcke eingeteilt, die unterschiedliche Textsorten enthalten: *Historische Essays* (I.), *Porträts gegen das Vergessen* (II.), *politische Kommentare* (III.), *Glossen* (IV.), *Verrisse* (V.). Am Schluss stehen *Texte in eigener Sache* (VI.).

Einige Texte sind mehrfach oder in gekürzten und redaktionell mehr oder weniger stilsicher bearbeiteten Versionen erschienen – nach einem Wort Günter Ohnemus' in »kannibalisierten Fassungen«. In gravierenden Fällen habe ich deshalb meine ursprünglichen Textversionen den von fremder Hand zugerichteten vorgezogen und mache dies durch das Kürzel UTV (ursprüngliche Textversion) in der Liste der Erstdruckorte am Ende des Buches deutlich. Bloße Druckfehler und kleine Irrtümer (z. B. falsche

Jahreszahlen und Vornamen) habe ich stillschweigend korrigiert. Inhaltlich habe ich die Texte nicht verändert und biete sie als durchaus zeitgebundene den Leserinnen und Lesern zur Beurteilung an.

Mein Dank gilt Michael Billmann und Roland Tauber vom Verlag für die Hilfe bei der Organisation der Texte sowie für das Angebot, die Texte in drei Bänden zu publizieren. Ich widme das Buch Eva-Maria in Dankbarkeit und Bewunderung. Sie hat alle Texte als Erste gelesen und korrigiert. Mit Hinweisen, Ratschlägen, fulminanten Verweisen und ultimativen Vetos am Textrand hat sie mich in vielen, zuweilen turbulenten Diskussionen vor etlichen Abwegen und Irrtümern bewahrt. Die verbliebenen gehen auf mein Konto.

Frankfurt am Main, Juli 2011 Rudolf Walther

I Historische Essays

1 *Wem das Posthorn bläst – zur Konstruktion und Konjunktur des Nationalen*

Wiederholt sich die Geschichte? 1917/18 – nach der revolutionären bzw. militärischen Beseitigung des zaristischen Reiches, der Donaumonarchie und der letzten Reste des osmanischen Reiches auf dem Balkan – erschien der Nationalstaat als Zauberformel: jedem Kind einen Lampion und jeder Nation ihren eigenen Staat. Das deckt sich mit der »Burlesken Träumerei« des unvergleichlichen Erik Satie: »Ich finde, dass alle Franzosen, die auf französischem Gebiet geboren sind, von französischen Eltern oder solchen, die diesen Anschein erwecken, ein Anrecht auf eine Anstellung bei der Pariser Post haben sollten.« Mit der Post hat der moderne Begriff Nation immerhin so viel zu tun, dass er von Paris aus seine Reise antrat und dass Lenin außer für »nationale« Selbstbestimmung für die deutsche Post schwärmte.

Wenn man die Reaktionen auf den Untergang der Sowjetunion durchsieht, so scheint es, als hätten die Kommentatoren nicht Post aus Paris, sondern aus Washington erhalten. Haben sie Woodrow Wilson persönlich zum ghost-writer erkoren? »Nationale Selbstbestimmung« und »National«staat, die sich als Volksvorurteile in den Hirnen festgefressen haben, gelten auf jeden Fall wieder einmal als erstrebenswerter globaler politischer Normalzustand. Die abenteuerliche Prognose, die Völker der ehemaligen Sowjetunion würden jetzt gleichsam normalisiert und in die europäische Tradition des vermeintlich selbstverständlichen und demokratischen Nationalismus zurückgeholt, müsste der Redlichkeit halber die Tribute nennen, die die Menschen in Europa seit etwa 200 Jahren entrichtet haben für derlei Normalität.

Wohin man heute zwangsläufig gerät, wenn man noch einmal versucht, die Welt nach Nationen, Nationalstaaten oder der Fiktion des nationalen Selbstbestimmungsrechts einzurichten, führen die politischen und militärischen Eliten im ehemaligen Jugoslawien praktisch vor, und große Teile der deutschen Presse sowie das Stammtischgerede begleiten das Geschehen mit wohlfeilen, also serbenfresserischen Kommentaren. Allen voran trabt die FAZ. Schon am 12.12.1990 entdeckte J. G. Reißmüller bei den Serben eine Spezialität, die es ihm so angetan hat, dass er nun bald täglich darauf zurückkommt: »die uneuropäische Politik des Unterdrückens anderer Völker«. Im Baltikum genauso: »die ganze Unterdrückungsaktion in Litauen ist uneuropäisch« bzw. »asiatisch«, vulgo: »sowjetisch« (15.1.1991). Wem das alles irgendwie bekannt vorkommt, ist auf der richtigen Spur. Was authentisch europäisch ist, hat Treitschke längst beschrieben: »Wenn die Engländer ... die Hindus vor die Mündungen der Kanonen banden und sie ›zerbliesen‹, daß ihre Körper in alle Winde zerstoben, so kann man das, da doch der Tod sofort eintrat, nicht tadeln. Daß in solcher Lage Mittel des Schreckens angewendet werden müssen, ist klar.« Bei Reißmüller ist auch alles klar – im Namen des »nationalen Selbstbestimmungsrechts« klagt er die nationale »Anerkennung« ein, deren Verweigerung ebenso unterhalb des »europäischen« Standards liegen soll wie die Skepsis gegenüber dem »nationalen Selbstbestimmungsrecht«, das nun als Krone der »europäischen Rechtskultur« (FAZ 17.7.91) herhalten muss.

Nation – in jeder Hinsicht ein Gemachtes

Mangels tragfähiger Grundlagen in der Gegenwart wichen die Ideologen des Nationalstaats immer auf die Geschichte aus. Die fehlende Kohärenz des Prinzips sollte sich angeblich aus menschlicher Natur, gemeinsamer Abstammung, gemeinsamer Sprache, Geschichte und Kultur ergeben. Schon bei oberflächlicher Betrachtung erweist sich jedoch das Nationale als ein in langen und komplizierten Prozessen entstandenes historisch-politisches Konstrukt und nicht als quasi-natürliche Gegebenheit.

Bei Licht besehen, ein Gebirge von papierner Vergeblichkeit, denn für die Begriffe Volk und Nation sieht die Bilanz in der kritischen Forschung trübe aus. Für kein einziges Großvolk kann man ein hohes Alter, ungebrochene Kontinuität oder gar – liebstes Kind der Nationensucher und Nationalitätenbastler – ethnische Homogenität belegen. Und was die Anfänge, Wiegen und Geburtsstunden von Großvölkern und Nationen betrifft, so liegen sie nicht im geheimnisvollen mythologischen Dunkel, im Kyffhäuser, auf den Schlachtfeldern vor Troja, beim Merowinger Häuptling Chlodwig im Frühmittelalter, sondern ganz profan zwischen Buchdeckeln bzw.

auf der platten Hand: »In einem gewissen Sinne sind es die Historiker, die die Nationen schaffen« (Bernard Guenée 1971).

Verkürzt und vereinfacht: Am Anfang stand nirgendwo ein großes Volk und schon gar nicht eine ethnisch oder sprachlich homogene Nation, sondern eine Vielfalt von »bunten« gentilen Verbänden. Diese Verbände Stämme zu nennen, verbietet die Tatsache, dass mit dem Begriff Stamm immer noch die legendäre gemeinsame Abstammung, Sprache und Kultur verbunden wird. Genau das war jedoch nicht der Fall. Die gentile Entwicklungsphase ist überall gekennzeichnet durch eine Vielfalt von Siedlungsformen, inneren sozialen Beziehungen, Herrschaftsverhältnissen und ethnischen Mischungsverhältnissen. Erst relativ spät bilden sich gentile Verbände zu Völkern und Großvölkern, wobei deren einzelne Bestandteile in Sprache, Kultur und Sitten sehr lange resistent bleiben gegenüber den vereinheitlichenden (»Nationalisierungs«-)Tendenzen.

So ist es z. B. nichts als ein Gerücht, die Franken seien das Urvolk und die Begründer Frankreichs. Der Anteil eingewanderter (!) Franken am bunten Völkergemisch aus Römern, Galliern, Kelten, Bretonen, Normannen, Burgundern etc., aus dem zwischen Mittelalter und Neuzeit, von dem kleinen Gebiet der Île de France ausgehend, Frankreich heranwächst, ist minimal. Einzig im Seinebecken dürfte der Anteil der Franken im 6./7. Jahrhundert um zehn Prozent betragen haben, sonst bedeutend weniger (Karl Ferdinand Werner 1984). Nicht die Franken ethnischer Herkunft bilden Frankreich, sondern Herrschergeschlechtern und sozialen Eliten mit zum Teil fränkischen Vorfahren ist es im

Laufe der Jahrhunderte gelungen, die anderen in »Frankreich« siedelnden, einwandernden und sich vermischenden gentilen Verbände, Völkerschaften und »Stämme« sowie deren herrschende Schichten zu einem Gemeinwesen zu formen. »Unterwerfung gegen Schutz vor inneren und äußeren Feinden« lautete die Formel, nach der im Laufe der Jahrhunderte so etwas wie ein Staat im modernen Sinne und nationaler Zusammenhalt geschaffen wurden; dieser »nationale« Zusammenhalt umfasste jedoch in Frankreich bis zur Revolution explizit nur die oberen Stände. Von der nachrevolutionären Nation unterscheidet sich dieser Begriff grundsätzlich, obwohl ihm dasselbe Wort zugrunde liegt. Das einfache Volk dagegen blieb, was es war: normannische, acquitanische, gaskognische, elsässische Magd, Bäuerin oder Handwerkersfrau; provenzalischer, bretonischer, burgundischer etc. Bauer, Knecht oder Handwerker; und genauso redeten sie vielerlei Sprachen, nur nicht Französisch. »Frankreich« erschien dem menu peuple noch bis ins 18. Jahrhundert hinein als ein ebenso unverständliches und künstliches Produkt wie die dazugehörige Hochsprache Französisch: eine Sache der weltlichen und kirchlichen Herren, mit der das gemeine Volk nichts zu schaffen hatte. Bei den anderen europäischen Großvölkern und Nationen verhielt es sich nicht anders.

Ludwig XIV.: »Die Nation ist kein Staatsstand (corps d'état) in Frankreich«, und »die Nation ist vollständig in der Person des Königs verkörpert«. Keine hundert Jahre später wird Emmanuel Joseph Sieyes seinen fulminanten Traktat mit dem Satz beginnen: »Der dritte Stand ist eine vollständige Nation« (Abbé Sieyes 1789). Das war keine empirische

Beschreibung, sondern ein bürgerlich-revolutionäres Programm – in seiner ganzen Widersprüchlichkeit zwischen Emanzipation und erneuter Ausgrenzung derer, die man zur Nation nicht, nicht mehr oder noch nicht zählen mochte. Die Französische Revolution schuf den modernen, der Tendenz nach demokratischen Nationsbegriff. Die Beziehung zwischen moderner Nation und moderner Demokratie ist zwar genetisch unbestreitbar, aber praktisch lose und extrem provisorisch, theoretisch irrelevant und juristisch kriminell.

Anachronistische Rückprojektionen: »Deutschland«

Es ist ein fast unauflösbares Volksvorurteil und ein Anachronismus, im Blick auf Frankreich von einer »alten« Nation zu reden, obwohl sich diese über fünf Jahrhunderte langsam und mit Rückschlägen entwickelte und erst in und nach der Revolution von 1789, vor allem in den Kriegen gegen das aristokratisch-monarchische Europa regelrecht geschaffen wurde. Carnot, der Kriegsminister, gilt nicht nur als »organisateur de la victoire«, sondern auch als einer der Schmiede der modernen Nation, als deren Kinderstube Schule und Kaserne fungieren (»die Schule wird zum Vorraum der Kaserne«, Hippolyte Taine 1893). Das ist nicht falsch, greift aber zu kurz, denn es dauerte noch eine ganze Weile, bis der französische Zentralstaat mit seinen Präfekten, Offizieren und Schulmeistern als nationalen Rasenmähern die überkommenen sozialen, kulturellen und sprachlichen Gewächse einheitlich zurechtgestutzt und zur Grande Nation (uni-)formiert hatte. Dazu mussten die Volkssprachen und Dialekte systematisch herabgesetzt werden, bis in der Öffentlichkeit nur noch das akademisch normierte Hauptstadtidiom Französisch aufzutreten wagte; dazu mussten vor allem die allgemeine Schulpflicht und mit ihr eine verbindliche Nationalsprache »eingeführt« werden; »eingeführt« verharmlost die Brutalität, mit der der Pariser Zentralismus regionale Sprachen und Dialekte buchstäblich ausrottete.

Es ist schon ein schwieriges Geschäft, nachzuzeichnen, wie die französische Nation in Schule und Kaserne herangezüchtet, von national eingestellten Intellektuellen herbeigeschrieben und wie die französische Hochsprache staatlich verordnet wurde; für das Deutsche ist das noch etwas dornenreicher, weil man es nicht nur mit nationalistisch eingefärbten Anachronismen zu tun hat, sondern seit Beginn der deutschen Geschichtswissenschaft mit einer militanten Ideologieproduktion, die sich – pragmatisch entschärft – in Teilen der deutschen Mediävistik und Rechtsgeschichte bis heute durchhält.

Der Beginn der deutschen Historiographie fällt zeitlich zusammen mit der Wahrnehmung nationaler, nationalstaatlicher Defizite in den Staaten des Deutschen Bundes gegenüber dem nachrevolutionären Frankreich. Das sollte kompensiert werden mit einer programmatisch deutschnationalen Lesart der mittelalterlichen Quellen: Die Probleme der Gegenwart bestimmten die Wahrnehmung und Aufbereitung der Vergangenheit.

Der »deutschen Nation«, einer geschichtsphilosophischen und politischen Konstruktion par excellence, verliehen national gesinnte Historiker den Charakter eines Naturtatbestandes, indem sie »Germanen« und »Deutsche« nicht nur gleich-, sondern als »von Anfang an« vorhandenes, homogenes Großvolk voraussetzten, das im mittelalterlichen Kaiserreich eine »deutsche Einheit« angeblich verwirklicht hatte und dann fahrlässig (»Italienpolitik«) verspielte. Die richtige Voraussetzung, dass gentile Verbände, Völkerteile, Völkerschaften, »Stämme« und Völker älter sind als »Staaten«, »Reiche« und »Nationen«, verlängerte die deutsche Historiographie und Rechtsgeschichte zur Vorstellung eines immer schon existierenden »deutschen Volkes«, das eben nur Pech gehabt habe mit seinen von Italien berauschten Herrschern und herrschsüchtigen Päpsten und deshalb in punkto Staatlichkeit und Nationalität gegenüber »Frankreich« (das es damals so wenig gab wie ein »deutsches« Kaiserreich) ins Hintertreffen geraten sei.

Germania und Gallia waren von der römischen Antike bis ins Mittelalter und die Neuzeit hinein geographische Begriffe. Der Rhein bildete die Ost-West-Grenze. Das Wort Germania in mittelalterlichen Quellen zielt immer auf diese geographischen Grenzen und nicht auf die ethnische Abstammung der Bevölkerungen oder politische Substrate. Die nach Gallien gewanderten Franken waren ebenso Germanen wie die diesseits des Rheins verbliebenen. Als »Deutsche« bezeichneten sich freilich weder die einen noch die andern.

Anders verhält es sich mit der Sprachenbezeichnung; »deutsch« bzw. »theodiscus«, gebildet aus althochdeutsch diot (Volk), meint alle nicht-romanischen Volkssprachen. Die nationes theodiscae umfassen z. B. nicht-romanisch sprechende Franken in den heutigen Ländern Flandern, Deutschland und Frankreich, Sachsen in England, Goten und Langobarden in Italien; hier heißen Franken, die nicht-romanisch reden, deshalb teutonici oder tedeschi, und umgekehrt nennen diese die romanische Sprachen verwendende Umgebung »Welsche«. Nicht-romanisch sprechende Sachsen in England oder Franken in Flandern bzw. Italien tauchen in den Quellen als nationes theodiscae auf, können jedoch nicht »deutsche Stämme« oder gar »Deutsche« gewesen sein, da sie niemals dem politischen Gemeinwesen angehörten, das – 962 als ostfränkisches Reich gegründet – erst im 11. Jahrhundert gelegentlich als regnum Teutonicum (1073) auftaucht. Die anderen Franken, Sachsen usw. gehören selbstverständlich zu den konstituierenden Bestandteilen der anderen im Entstehen begriffenen Großvölker in »England« bzw. »Frankreich« (K. F. Werner 1992).

Mit regnum meinen die mittelalterlichen Quellen einen sekundären Herrschaftsverband; man erklärt sich dessen Entstehung aus sesshaften gentilen Verbänden, die sich eben durch diese Sesshaftigkeit kulturelle, rechtliche und politische Strukturen schaffen und dabei die zu verschiedenen Zeiten eingewanderten wie die »eingeborenen« gentilen Verbände assimilieren. Diese Teilreiche (regna oder auch patriae) umfassten also immer Verbände unterschiedlicher Herkunft und Abstammung: Gothia, Burgundia, Francia, Saxonia, Lotharingia, Baioaria, Alemannia, Italia, Provincia sind keine homogenen Gebilde wie die anachronistischen Begriffe »Stamm« oder »Stammesherzogtum« suggerieren, sondern über lange Zeit entstandene melting pots. Die deutsche Übersetzung für regnum ist in der Regel rich oder lant regnum Baioariae, Baiernlant. Für eine Mehrzahl von regna auf dem Territorium des ostfränkischen Reiches existiert vor dem 16. Jahrhundert für »Deutschland« ganz selbstverständlich und logisch nur der Plural »deutsche Lande«. Der Alemanne, Sachse oder Baier existierte nicht von Anfang an, sondern entstand in einem geschichtlichen Prozess im Zuge der Vermischung und Verbindung von gentilen Verbänden zu Teilreichen/regna; gleichzeitig als Baier und Deutscher oder Sachse und Deutscher konnte man erst ab dem 11. Jahrhundert bezeichnet werden – gut 500 Jahre nachdem Alemannen, Baiern, Sachsen, Franken usw. belegt sind. Wie unwichtig das »Deutschsein« neben der faktischen Zugehörigkeit zu einem regionalen Teilreich und seiner Herrschaft (regnum, patria) blieb, beweist die Tatsache, dass der politische Begriff »deutsches Volk« erst nach der Französischen Revolution und in Anlehnung an die revolutionäre Terminologie vom souveränen »peuple français« nachzuweisen ist (K. F. Werner 1992).

Das »Deutsche Kaiserreich«, angeblich 962 von Otto dem Großen gegründet, gehört zu den Fiktionen der nationalstaatlich imprägnierten Historiographie des 19. Jahrhunderts, die bis heute in schlechten Schulbüchern und im common sense fortleben. Ottos Imperium Romanum (erst seit 1157 mit dem Zusatz Sacrum und erst seit 1442 mit der Präzisierung »nationis germanicae«, also: »Heiliges Römisches Reich germanischer (!) Nation« und erst seit dem Kölner Reichsabschied von 26.8.1512 und bis zum Untergang des Reiches (12.7.1806) hieß es offiziell und adjektivisch »Heiliges römisches Reich deutscher (!) Nation«, war nicht eines der »Deutschen«, womöglich gar der »deutschen Nation« im modernen Sinne, sondern jenes der Franci et Saxones (Franken und Sachsen). Diese beanspruchten die Erbschaft des »Sacrum Imperium Romanum« für sich. Franci et Saxones musste man allerdings geographisch näher bezeichnen, um sie z. B. von den französischen bzw. englischen Sachsen und Franken abzugrenzen – deshalb der spätere Hinweis auf die rechtsrheinisch gelegene Germania im Zusatz »nationis germanicae«, nicht etwa »teutonicae« oder »theodiscae«. Näherhin meinte Otto der Große mit den Franci et Saxones, in deren Namen er auftrat, nicht Völker im modernen Sinne, sondern den in Kirche und »Staat« Macht und Herrschaft ausübenden Adel (zusammengefasst in der Formel: regnum Francorum et Saxonum). Diese weltliche und kirchliche Elite fungiert in den mittelalterlichen Quellen unter dem Begriff populus/Volk, das allein die Kirchenoberen und die Könige wählte bzw. absetzte. Mit Volk war also – im Unterschied zum heutigen Sprachgebrauch – ausschließlich das Kirche und Staat lenkende Volk gemeint, eine Oberschicht aus Kriegern, Adligen, Klerikern (K. F. Werner 1992).

Zu welchen Konfusionen es in Sachen »deutsch« und »Nation« trotz dieser relativ einfachen und eindeutigen Zusammenhänge nach wie vor kommt, soll an einem Beispiel gezeigt werden. Der ebenso verdienstvolle wie konservative Sozialhistoriker Werner Conze schrieb drei Jahre vor seinem Tod einen Aufsatz unter dem Titel: »Deutschland« und »deutsche Nation« als historische Begriffe (Werner Conze 1983).

Hochideologisierter Ramsch wie der Begriff »Stammesnationen« erscheint darin, aber kein einziger eindeutiger Beleg für das Titelwort »deutsche

Nation«. Das ist handwerklich gesehen ein Defizit und faktisch das Eingeständnis, dass es frühe Belege für diesen Begriff in politischen Kontexten nicht gibt, weil man sich noch für sehr lange Zeit zwar als »Deutscher« (d. h. deutschsprachiger Bayer, Sachse etc.) bezeichnen konnte, der Ausdruck »deutsche Nation« aber immer die Verbindung zum »Heiligen Römischen Reich deutscher Nation« herstellte, also gerade – modern gesprochen – ein supranationales Gebilde meinte, dem selbstverständlich Ungarn, Kroaten, Norweger, Böhmen, Luxemburger, Spanier etc. mit angehörten. Das handwerkliche Defizit gerät Conze jedoch unter der Hand zum peinlichen Lapsus, wenn er als »Beleg« den Abschied des Augsburger Reichstags vom 25.9.1555 heranzieht. Conze suggeriert, hier stünde bereits »die Teutsch Nation, unser geliebt Vaterland« in einem modernen Sinne, d. h. als ein explizit und exklusiv auf ein nationaldeutsches Substrat abzielendes Subjekt zur Debatte. Das ist natürlich nicht der Fall, und Conze konnte das auch wissen, denn er zitiert nur die obenstehenden Worte, aber nicht den klaren Kontext, aus dem hervorgeht, dass auch 1555 »deutsche Nation« nur auf die Titulatur des Reichsverbands abhebt, nicht auf eine nationale Abgrenzung, einen nationalen Staat im heutigen Sinne: »Darauf Wir uns Gott dem Allmächtigen zu Lob und zu Ehren und Jhr Liebd. und Kayserlicher Majestät zu freundlichem und brüderlichem Gefallen, auch des gnädigen, milden Willens und Vorhabens des Heil. Reiches Teutscher Nation, Unsers geliebten Vatterlands, Unser und des heiligen Reichs gemeiner Stände und Untertanen Nutz, Wolfahrt, Gedeyen und Aufnehmen zu befördern ...«; an anderer Stelle heißt es »im Reich

Teutscher Nation«. Und wo ausnahmsweise von der »Teutsch Nation, unser(m) geliebt Vatterland« die Rede ist, liegt die gegen Conze sprechende Pointe genau darin, dass es im zu stiftenden Religionsfrieden darum geht, »Zertrennung und Untergang« einzelner Reichsteile zu verhüten«, also gerade nicht Teile des Reichsverbandes zu modernen, andere Gebiete ausschließenden »Nationen« zu machen.

Überhaupt musste Conze, dem Wissenschaftler, bewusst sein, was Conze, der Nationale, vergaß: Gens und natio können in mittelalterlichen Texten in einem einzigen Satz Familien, Adelsgeschlechter, regionale Gruppen und supragentile Verbände bezeichnen, aber nicht »Nationen« im modernen Sinne, woraus nüchterne Mediaevisten schon seit geraumer Zeit den notwendigen Schluss ziehen, »dass von diesen gentes kein gerader Weg zu den europäischen Nationen führt« (Horst Beumann 1986).

Das angeblich nationalstaatliche Jahrhundert

Nationen im modernen Sinne, Nationalismen und Nationalstaaten sind also eine europäische Erfindung – und eine späte obendrein. Sie entstehen, grob gesagt, erst mit der Zerstörung der agrarisch-lokal bestimmten Gesellschaften im Zuge der ökonomischen Modernisierung und Industrialisierung. »Der Tatbestand, eine Nation(alität) zu besitzen, ist kein inhärentes Attribut der Menschlichkeit, aber er hat diesen Anschein erworben« (Ernest Gellner). Es handelt sich, bei der meistens staatlich mitgestalteten und mitgetragenen nationalen Territorialisierung im Augenblick des realen Substanzverlusts der Differenz zwischen Menschen unterschiedlicher

Herkunft um eine Form von »invented traditions« (Eric J. Hobsbawm): Hymnen, Feste, Folklore, Fahnen, Kasernendrill, Erziehungsrituale – Instrumente im nationalen Baukasten. Im großen Schatten des Nationalen lassen sich sehr vielseitige Geschäfte abwickeln. Der Verdacht, dass hier in der Regel ziemlich Trübes geschieht, wenn man richtig hinsieht, ist für eine aufklärerische und kritische Position unverzichtbar.

Im Falle Deutschlands sind die teutonisierenden Konstruktionen geradezu grotesk: Als staatsrechtlich relevanter Begriff taucht »Deutschland« überhaupt erst im 19. Jahrhundert auf – in der Deutschen Bundesakte vom 8.7.1815. Vorher ist die vermeintliche Nation zwischen dem 16. und 19. hauptsächlich adjektivisch und in den Köpfen einiger Intellektueller vorhanden. Zu den objektiven Determinanten des wirtschaftlichen, gesellschaftlichen, kulturellen und – nur ansatzweise – staatlichen Zusammenlebens der Menschen zwischen Mittelalter und 18. Jahrhundert konnte die Nationalität schon allein deshalb keine wichtige Rolle spielen, weil diese Gesellschaften und Staaten, die ihre Truppen oft und gerne aus »Ausländern« rekrutierten, um den eigenen Bevölkerungsbestand zu schonen, in einem strikten Sinne a-national waren. Die Oberschichten, allen voran Adel und Klerus, orientierten sich an gesamteuropäisch generierten Handlungskodizes, Kulturmustern und Moden; oft sprachen sie die Sprache »ihres« Volkes nicht oder nur unzureichend. Für das Volk, für die Unterschichten also, hörte die Welt buchstäblich am Dorfrand auf. Sie waren nach Sprache, Sitten, Kultur, sozialen Beziehungen und wirtschaftlichen Verflechtungen während Jahrhunderten lokal, allenfalls regional geprägt. Und die Angehörigen der sehr dünnen Mittelschicht, die allein Nationalität als Abgrenzungs- und Anerkennungsmerkmal hätte ausbilden können, verkehrten untereinander als Gelehrte lateinisch und als Händler kommerziell – auf jeden Fall eher nach kosmopolitisch-universalistischen Standards als nach nationalen (K. F. Werner 1992).

Auch die Sprache bildet – entgegen dem naiven, national getrimmten Denken des 19. Jahrhunderts – dort kein objektives Abgrenzungskriterium mehr, wo Mehrsprachigkeit die Norm abgibt und es mithin nur vom Willen der Individuen oder den mehr oder weniger zufälligen Einflüsterungen, denen sie ausgesetzt sind, abhängt, welcher (Sprach-) Nation sie angehören wollen. Als Mitglied der polnisch-deutsch-litauisch versippten Oberschicht z. B. konnte man sich sprachlich, kulturell oder politisch je nach Opportunität an mindestens drei Sprach-»Nationalitäten« positiv orientieren – an der polnischen, der deutschen oder der litauischen; und negativ besetzt blieben wenigstens zwei, die jüdische und die russische; für die östlichen Teile der ehemaligen Habsburger Monarchie gilt Ähnliches, ebenso wie für große Bereiche des Balkans. Der US-Soziologe W. B. Pittsburg stellte schon 1882 fest: »Der einzige Weg, um zu entscheiden, ob ein Individuum zu einer oder der anderen Nation gehört, ist, es zu fragen.«

Im angeblich nationalstaatlich dominierten 19. Jahrhundert gab es genau einen Staat, den man ohne größere Vorbehalte als homogenen Nationalstaat bezeichnen konnte: Portugal (Hobsbawm). Richtig ist freilich, dass es sich zum Teil um ein von nationalistischen Ideologien beherrschtes Jahrhundert gehandelt hat, was notorisch verwechselt und zusammengeworfen wird.

Der Nationalstaat war vor allem der ideologische Panzer, den sich (bis 1914 fast ausschließlich) jene mittleren sozialen Klassen und Schichten gegen die Bedrohung überzogen, die sie als die gefährlichste am Horizont aufgehen sahen: die internationalistische und sozialistische Arbeiterbewegung. Den Höhepunkt erreichte der Nationalismus jedoch nicht im 19., sondern erst im 20. Jahrhundert – nach dem epochalen Bruch von 1917, d. h. dem Eintritt der USA in den bislang europäischen Krieg und dem Ausbruch der Oktoberrevolution. Der Nationalismus und der national definierte Staat bot jenen mittleren sozialen Klassen und Schichten vor allem in der zerfallenen Donaumonarchie einen Schutz gegen die drohende soziale Revolution; den siegreichen Alliierten erschien die Zerschlagung des Habsburger Imperiums in Kleinstaaten als probates Mittel, das kriegerische Potential aufzusplittern und zu neutralisieren. Wenn die Gelehrten-Floskel vom Pyrrhussieg je zutraf, dann auf die Geschichte und die Praxis des 1918 durch die Sieger proklamierten Prinzips des »nationalen Selbstbestimmungsrechts«.

Literatur

Beumann, H. (1986): Zur Nationenbildung im Mittelalter, in: Nationalismus in vorindustrieller Zeit, hg. v. O. Dann, München.

Bluntschli, J. C.; Brater, K. L. (1862): Deutsches Staatswörterbuch, Bd. 7, Artikel Nation und Volk, Nationalitätenprinzip, Stuttgart, Leipzig.

Bubner, R. (1991): Staat und Weltstaat, NZZ vom 5.7.1991.

Busche, J. (1991): Des Deutschen Vaterland, in: Kursbuch 104.

Conze, W. (1983): »Deutschland« und »deutsche Nation« als historische Begriffe, in: Die Rolle der Nation in der deutschen Geschichte und Gegenwart, hg. v. O. Büsch u. J. J. Sheehan, Berlin 1985.

Forrest, A. (1988): Art. La révolution et l'Europe, Dictionnaire de la révolution française, éd. F. Furet, M. Ozouf, Paris.

Graus, F. (1969): Böhmen zwischen Bayern und Sachsen. Zur böhmischen Kirchengeschichte des 10. Jh., Historica 17.

Grimm, J. u. W. (1951): Deutsches Wörterbuch, Bd. 12/1.

Guenée, B. (1971): L'occident aux XIVe et XVe siècles. Les États, Paris.

Hobsbawm, E. J. (1991): Nationen und Nationalismus. Mythos und Realität seit 1780, Frankfurt.

Lansing, R. (1921): Die Versailler Friedensverhandlungen, Berlin.

Resolutionen zum Selbstbestimmungsrecht der Völker (1990), hg. v. J. Schulz, K. Mann (= Die Vereinigten Nationen und ihre Spezialorganisationen. Dokumente, Bd. 3, Tl. 2, Berlin).

Rothfels, H. (1952): Zur Krise des Nationalstaats, in: ders., Zeitgeschichtliche Betrachtungen, Göttingen 1959.

Rougemont, D. de (1962): Europa. Vom Mythos zur Wirklichkeit, München.

Schlesinger, W. (1965): Die Auflösung des Kaiserreiches, in: Ausgewählte Aufsätze 1965-1979, Sigmaringen 1987.

See, K. v. (1970): Deutsche Germanenideologie, Frankfurt.

Sieyes, E. J. (1789): Was ist der dritte Stand? in: ders., Politische Schriften, hg. v. E. Schmitt u. R. Reichardt, Darmstadt, Neuwied 1975.

Taine, H. (1893): Les origines de la France contemporaine, Tl. 3, Bd. 3, Paris 1921.

Vossler, K. (1913): Frankreichs Kultur und Sprache. Geschichte der französischen Schriftsprache von den Anfängen bis zur Gegenwart, Heidelberg 1929.

Wenskus, R. (1961): Stammesbildung und Verfassung. Das Werden der frühmittelalterlichen gentes, Köln, Graz.

Werner, K. F. (1984): Histoire de France, t. 1: Les origines, Paris.

Werner, K. F. (1986): Artikel »Deutschland«, in: Lexikon des Mittelalters, Bd. 3, München, Zürich.

Werner, K. F. (1992): Artikel »Volk, Nation«, in: Lexikon Geschichtliche Grundbegriffe, hg. v. O. Brunner, W. Conze, R. Koselleck, Bd. 7.

Zeumer, K. (1913): Quellensammlung zur Geschichte der Deutschen Reichsverfassung in Mittelalter und Neuzeit, hg. v. K. Zeumer, Tübingen.

2 *Was keiner versteht, ist »nationale Identität«*

1993 verabschiedete sich der Bundeskanzler Helmut Kohl mit dem Satz in den Urlaub, bei der »nationalen Identität« handle es sich um eine »Notwendigkeit im guten Sinne«. In folgendem Herbst eröffnete der Historiker Kohl den Historikertag mit einer Rede über »nationale Identität« in Europa. Der Verteidigungsminister fuhr bis nach Kasachstan, um die »kasachische Identität zu stärken« (Frankfurter Rundschau 23.8.93). Während es die taz (29.9.93) noch mit dem Neuling »bosnische Identität« hält, bescheidet sich Antje Vollmer mit Häuslichem, »einer neuen Identität der deutschen Intellektuellen«, denen sie in ihrer Konfirmanden-Pädagogik-Sprache die Hausaufgabe aufträgt, »einen neuen Gesellschaftskonsens vorzubereiten«, kurzum »das Anti« zu vergessen und positiv, friedlich und pfadfindermäßig willig zu werden wie eine koalitionsbereite Stammtischrunde zwischen den Kopflosen und den nur Hirnlosen (Der Spiegel 15.1.1993). Die endgültige Zubereitung des von Antje Vollmer & Co. Vorbereiteten, von dem Peter Sloterdijk die »Paläopolitik« (»das Mutter-Kleinkind-Feld neben der sichtbaren Feuerstelle« als »inspirierendem Fokus aller altmenschlichen Gruppen«) bis zum Kalten Krieg und der Keyboard-Philosoph Norbert Bolz den Rest seelsorgerisch betreut, übernimmt dann nach dem Muster institutionalisierter Denkerei das grüne Oberkonsistorium. Das Wort »Identität« hängt seit geraumer Zeit am Schwungrad, und weniger Behende wie Niels Kadritzke (Wochenpost 29.7.1993) werden von der Hektik, mit der sie sich ins Identitäts-Theater einklinken, glatt erwürgt: Er hechelte uns 1993 eine Parallele mit 1933 vor, um doch nur beim probaten Universalputzer zu landen: »es ist zu schaffen« – self-fucking-ignorance, die sich akademisch auch als vierfach gepufferter Weichspüler anbiedert, in der Version eines Neonationalen als »Arbeits-Platz-Sicherheits-Identität«. Da es wieder einmal ums ganz Alte geht, brauchen wir jetzt angeblich »eine neue Identität« (K. O. Hondrich) oder wenigstens schwarz-rot-goldene Socken.

Die Anleihen bei der Wilflinger Landserprosa, beim Plettenberger Mannsdeutsch oder beim Todtnauberger Gestammel sind zwar offensichtlich, aber der Begriff »Identität« bekommt trotzdem Fahrt und der aufgeklärte Leser Beklemmung. Seit einiger Zeit finanziert unter dem Beifall der rechten Intelligenz und der populistischen Presse ein Landmaschinenhändler, der sich in einer rundum passenden Formulierung als »Wurzelgeber« bezeichnet, die »berlinische Identität« mit einer Schloss-Attrappe aus Plastik. So viel zum Boden, aus dem »Identitäten« sprießen. Das wurde nicht immer so krass einfältig gedacht.

Als die Forschungsgruppe »Poetik und Hermeneutik« 1976 ein Kolloquium über »Identität« veranstaltete, beschäftigten sich die Wissenschaftler mit vielen Aspekten des Themas. Die politisch-historische Seite spielte keine Rolle, der Begriff »nationale Identität« tauchte nur vereinzelt auf. Für die Wissenschaft handelte sich um keine »Notwendigkeit« in irgendeinem Sinne. Odo Marquards Beitrag endete 1976 mit der These, »die Identität ist ... eine Art Zweckmäßigkeit ohne Zweck. ›Zweckmäßigkeit ohne Zweck‹: das aber ist ... eine Strukturformel Kants fürs Schöne«. Das mag zutreffen für jenen Teil der Identitätsdiskussion, der die Produktion von Identitäten aus life-style-Klim-Bim und psychologischen Rollenspielen ableitet.

Inzwischen hat sich die Diskussion über Identität längst als alles andere als zwecklos herausgestellt. Aus der Frage nach der Identität ist jene nach der Nation geworden. Die Verpuppung des Marginalen zum Wesentlichen geschah im Zuge der »geistig-moralischen Wende«. Danach ging es zügig abwärts, und schon 1985 konnte der »modische Begriff auf eine beispiellose Karriere zurückblicken« (Lothar Baier). 1986 warnte der Historiker Karl Dietrich Bracher vor dem »Modewort Identität« und dem »künstlichen Ton« in vielen »Identitätsbeschwörungen« (FAZ 9.8.1986). Sein Zunftkollege zur Rechten, Michael Stürmer, hatte drei Jahre zuvor mächtig in die Saiten gegriffen: »Geschichte verspricht Wegweiser zur Identität, Ankerplätze in den Katarakten des Fortschritts« (Neue Zürcher Zeitung 31.5.1983). Der »Ankerplatz« Geschichte erscheint hier, einem von Reinhart Koselleck entdeckten Sprichwort zufolge, als »der unversiegbare Dorfbrunnen, aus dem jeder das Wasser des Beispiels schöpft, um seinen Unflat abzuwaschen«. Eine prächtige Kostprobe dafür bot Claus Leggewie am 23.8.1994 im Hessischen Rundfunk. Ein runder Geburtstag musste dafür herhalten, das subalterne Geschwätz der Pariser Fernseh-Philosophen über Herder als den vermeintlichen Urheber nationalistischer Ansprüche und Irrwege mit den dem mittelhessischen Normalisierungsspeak über »kollektive Identität« zu synchronisieren: nichts außer anachronistischer Projektionen auf das 18. Jahrhundert, vermengt mit dem medialen Schaum (»wir«, »Europa«, »Kroatien«, »Sarajewo« und »multikulturell« sowieso).

»Nationale Identität« bahnte sich ihren Weg von den Kathedern durch die Feuilletons bis zur rechten Wand; eine rechtsradikale Postille verschrieb sich, die französische Nouvelle Droite kopierend, mit ihrem Untertitel »nationaler Identität«. Heute gehört es zur national bis post-links eingefärbten Geschäftsgrundlage, »kollektive«, speziell »nationale Identität« als normal, selbstverständlich und notwendig hinzustellen. »Das für viele europäische Nachbarstaaten prägende historisch-affektive Bezugsfeld der Nation steht nun als ein mögliches Angebot auch in Deutschland wieder zur Verfügung. Langfristig kann dies zur Befriedigung kollektiver Identitätsbedürfnisse beitragen« (W. Weidenfeldt/K.-R. Korte 1991). Die Autoren haben eine »plural angelegte, offene nationale Identität« im Auge, was man nicht einmal einen Euphemismus nennen kann, denn noch jedes bekannte Streben nach »nationaler Identität« war immer und zuerst ein Kampfprogramm gegen innere und äußere Feinde. Für Pluralität und Offenheit war darin so viel Platz wie für Argumente in der Kriegspropaganda. Sich der »nationalen Identität« zu versichern, lief immer auf die rechtliche Zurücksetzung, die soziale Isolation, die Vertreibung oder die Ausrottung der Anderen und Fremden hinaus. Die Ausnahmen bestätigen nicht einmal die Regel, weil sie so selten sind.

Martin Walser mag das Wort »nationale Identität« nicht, setzt aber einen drauf, wenn er Nation mit Geschichte gleichsetzt: »Ich könnte statt Nation auch einfach Geschichte sagen. Nation ist Ausdruck des durch Geschichte Form und Wirklichkeit Gewordenen. Gesellschaft genügt nicht. Gesellschaft ist etwas international Vergleichsnotwendiges; aber in der Gesellschaft ist zu wenig das Geschichtliche enthalten« (taz 11.9.1993). Walser mag auch »Meinungen« nicht; sein Verständnis von Nation und Geschichte zeugt eher von schlichter »Einfalt«.

Die Sehnsucht nach »kollektiver Identität« entsprang seit Napoleons Kriegen, mit denen die Revolution zum Exportartikel gemacht wurde, den Schlachtfeldern und Schützengräben. Die Blutspur des Nationalismus ist die Matrize für den Hang zu kollektiver Gefühligkeit: »Der Krieg ist unser Vater, er hat uns gezeugt im glühenden Schoße der Kampfgräben als ein neues Geschlecht« (Ernst Jünger). Ein Freicorps-Mann beschrieb den Kern des Kults um Männer, »die ihre Sache auf nichts gestellt haben« als »kollektive Identität« (Erich Müller): »Denn das, was in uns, in uns allen aufblühte damals, da wir, die Knarre in der Hand, durch Deutschland irrten, das war nicht so ohne weiteres unser eigen Wesen, das war durch mystische Mächte in uns hineingepflanzt, wir wirkten nicht, es wirkte in uns« (Ernst von Salomon). »Kollektive Identitäten« haben mit Aufklärung und Selbstbewusstsein nichts, mit Feindabgrenzung und Gemeinschaftsträumen viel zu tun. In der Jägersprache, die die wilhelminische Gesellschaft und Carl Schmitts Begriff des Politischen als Unterscheidung von Freund und Feind prägte, läuft Identitätsstiftung auf die Landser-Weisheit hinaus: »den Feind schussrecht kommen lassen« (Otto von Bismarck). Carl Schmitt hat den Feind in seiner Demokratiekritik dingfest gemacht. 1933 nannte er ihn beim Namen: »Der Andersdenkende,

Andersempfindende und Andersgeartete, das Andersdenken als solches«, das als »Dialektik der Andersheit ... das völkische Empfinden« untergräbt. Schmitt hat die Begriffe »Homogenität« und »Identität« in die Staatsrechtslehre eingeführt und je nach den Zeitläufen völkisch akzentuiert. Das Programm blieb: Staatliche Gewalt sollte unberechenbare Demokratie zur »Volksgemeinschaft« säubern. In der FAZ (9.3.1994) wachsen heute daraus Identitäts- bzw. »Einheitssorgen« und deshalb »nicht mehr Angst vor dem Staat, sondern um ihn«. Wacker.

Was könnte »kollektive« bzw. »nationale Identität« bedeuten? Wo von ihr die Rede ist, bleibt alles finster. Wer stiftet sie wem, wie und wozu? Niemand vermochte bislang darzutun, wie das funktioniert, aber viele reden davon. Frei nach Nestroy: Was keiner versteht, ist »kollektive Identität«. Wenn man weiß, wie Nationen erfunden und konstruiert werden mussten, fällt es nicht schwer, sich den Prozess vorzustellen, wie »kollektive Identitäten« von den Schreibtischen der Ideologen und Professoren in die Köpfe der Bürger gelangen. Viele gestehen das indirekt ein, indem sie nicht von »nationaler Identität«, sondern bescheiden von Vorstellungen in der Preislage »nationaler Gefühle« reden. Unter den Gesichtspunkten von Redlichkeit und Rationalität müsste das ausreichen, um das Thema »nationale Identität« für erledigt zu halten, bis Substantielles vorliegt. Da damit nicht zu rechnen ist und die Identitätswelle weiterrollt, soll geprüft werden, ob und wie man sich unter »kollektiver Identität« etwas Bestimmtes vorstellen kann.

Wird einer, der Goethe liest zum Secondhand-Goethe, zum Frankfurter oder zum Sachsen-Weimarianer? Natürlich nicht. Er wird literarisch beschlagen oder – vielleicht – erfreut und ästhetisch gebildet. Wenn er will, kann er an dieser Bildung bzw. in der Auseinandersetzung damit seine Ich-Identität zu errichten versuchen. Gelingen wird dies aber nur, wenn er seinen Bildungsprozess im Diskurs mit anderen anerkannt sieht. Sonst beruht seine Identität auf Einbildung, die freilich robuste Naturen ebenso stabilisiert wie ein schneller Schlitten. Selbst wenn die Bevölkerung einer Stadt nur Goethe läse, würde sie dadurch weder zu einem Verein von Goethes noch zu Kollektiv-Frankfurtern oder Kollektiv-Sachsen-Weimarianern, sondern bliebe eine Gruppe von Menschen, die ihre Ich-Identitäten in unterschiedlicher Weise erarbeitet haben, Teile davon mit der Lektüre von klassischer Literatur. Die Annahme, dass Goethe allen post mortem eine gemeinsame Identität vermittelt haben könnte, ist logisch inkonsistent und in ihren praktischen Auswirkungen absurd. Wie viel Goethe auch immer sie lesen mögen, die Unterschiede blieben in den Tausenden von Ich-Identitäten größer als die – über Goethe vermittelten – in etwa gleichen Meinungen und Überzeugungen. Denn w i r haben keine Identität, die vielen Ich haben (vielleicht) eine gebildet im großen Für-, Mit-, Auf- und Gegeneinander, die man Familie, Freunde, Verein, Sport, Bildung, Betrieb nennt. Ich-Identität entsteht primär in der Auseinandersetzung mit benennbaren Subjekten bzw. existierenden Institutionen und/ oder deren Vertretern. Ich-Identität beruht nicht auf Zuschreibung, sondern auf eigener Leistung. Dieser Prozess der Individuierung vollzieht sich nicht in »Einsamkeit und Freiheit, ... sondern als sprachlich vermittelter Prozess der Vergesellschaftung und der gleichzeitigen Konstituierung einer ihrer selbst bewussten Lebensgeschichte« (Jürgen Habermas). Sekundäre Wege der »Identitätsstiftung« durch Zuschreibungen von oben und von außen bleiben, was sie sind – Palliativa (darunter etliche kriminelle): »wir«-Gefühle direkt aus dem Supermarkt, aus dem Secondhand-Shop oder bandenmäßig präparierte Stimmungsmacher.

Herkunft und Vertriebswege »nationaler Identität« enthüllen deren chimärischen Charakter schon dadurch, dass weit und breit kein benennbares Subjekt oder eine existierende Institution als Gegenüber der realen Menschen in Sicht ist – außer »Trara, Fanfaren und Tschinellen« (Roman Herzog bei der Amtseinführung am 1.7.1994, womit er seinem Vorgänger heimleuchtete, der 1985 noch meinte, Erfurt, Dresden und Rügen hätten »mehr mit unserer eigenen Identität zu tun als so mancher Sonnenstrand am Mittelmeer«). Dass »kollektive Identität« in einer eingebildeten Großformation wie der Nation ihren Sitz habe, unterstellt ausgerechnet beim jungen Gebilde Nation die fassweise Lagerung von »Identität«, die Bürgerinnen und Bürger glasweise abzapfen können. »Identität« wird als Ressource vorgestellt, deren Codierung ein sich selbst gleich bleibendes Produkt in beliebiger Menge sicherstellen soll. Dem widerspricht die simpelste Erfahrung: »Identität« muss gemacht werden; die Umstände, unter denen Regierungen und andere Agenturen es für nötig und richtig halten, »nationale Identität« unters Volk zu bringen oder von ihm abzuverlangen, sind so wechselhaft wie die Identitätsangebote selbst. Das Identischste an der »nationalen Identität« ist ihre Unstetigkeit und Beliebigkeit: Momentan ist der Ruf nach »nationaler Identität« das Passepartout für Anpassung nach innen und die Standarte bei der »Selbstvergewisserung nach außen« (B. Seebacher-B.).

Es spricht alles dafür, dass es sich bei der »nationalen Identität« wie bei jeder »kollektiven Identität« nicht um eine quasi-natürliche Quelle handelt, sondern um ein situativ herstellbares Mittel von Kurpfuschern, das jedem Zweck anzudienen ist. Die Überlagerung von personaler durch »nationale« Identität läuft immer auf eine Konditionierung des Individuums für fremdbestimmte Zwecke hinaus. Es ist schleierhaft, was dem Ich an Identität zuwachsen soll, wenn es national angestrichen wird. Die Kollektivierung von Ich-Identität zu »nationaler Identität« ersetzt doch nur personale Identität durch Uniformen und Leihkostüme. Die Gesellschaft wird zur Kaserne, auf deren Hof den Bürgern der esprit de corps eingeimpft wird, oder zur Maskerade, auf der alle mit dem gleichen Kostüm herumirren. Mit weniger abgewirtschafteten Zwecken hausieren auch Identitätsläden, die sich auf den Kommunitarismus bzw. das Konzept der sogenannten »Zivilgesellschaft« berufen. Die Vorstellung, moderne Gesellschaften sollten ritualisierte »kollektive Identitäten« erhalten oder erzeugen wie ehedem Räuberbanden und Regimenter, Clans und Stämme oder Orden und Stände, setzt einen Bruch mit allem voraus, was an universalistischen Rechtsprinzipien denkbar und an demokratischen Traditionen wirklich geworden ist. Die Behauptung »substantieller Unverzichtbarkeit« (Christoph Görg) für die »kollektive«, speziell »nationale Identität« ist eine Absage an die Moderne und ihren rechtlichen und ethischen Universalismus.

Edmund Burke war einer der ersten, der dies klar erkannt hat und an der alten Gesellschaft und ihrem ständisch-kollektiven Modus der Identitätszurechnung festhalten wollte. Eine paradoxe Pointe der Geschichte besteht darin, dass die Nachfahren jener französischen Revolutionäre, denen Burke entgegentrat, die Politiker in den vermeintlichen Nationalstaaten, aus einem der diffusesten Konstrukte der Revolution – der modernen Nation – »kollektive Identitäten« pressen wollten. Die nationale Bewegung des letzten Jahrhunderts verband sich – entgegen der Schulbuchlegenden – mit der demokratischen Selbstbefreiung jeweils nur kurzfristig und punktuell; längerfristig versuchte die nationale Bewegung überall, zu einem Modus traditionaler Identitätszurechnung zurückzukehren: Im Namen der Nation sollte die eben errungene Autonomie wieder kassiert werden. Kaum hatten die Menschen selbständig gehen gelernt, verschrieb ihnen »die« frisch erfundene Nation Krücken. Die angepriesenen »nationalen Identitäten« erwiesen sich zwar bald als Projektionen und Kinder der Not – wo sie sich nicht als Winkelzüge zur Machterhaltung entlarvten –, aber ihrer Wirksamkeit hat dies nicht geschadet.

Burke kritisierte die Französische Revolution nicht wegen ihrer Exzesse, sondern an ihren Prinzipien. Ob mit der Idee staatsbürgerlicher Gleichheit oder individueller Freiheit, die Revolutionäre befinden sich nach Burke »im Krieg mit der Natur«. In »die natürliche Ordnung der Dinge« sind Individuen, politische Institutionen, Traditionen, Religion, Werte und Normen fest eingebunden und aufeinander abgestimmt. In solchen Gesellschaften erfolgt die Identitätsbildung kollektiv, dauerhaft und von oben; es gibt eine institutionelle Identitätsbestimmung durch rigide, im europäischen Raum christlich-theologisch gerechtfertigte, ständisch begründete Rollenzuteilung. Diese Rollenidentitäten stärken weniger das Individuum als die Kontinuität, den Zusammenhalt und die Stabilität korporativer Gebilde und des Ganzen. Dessen durch Tradition und Herkommen, Formen und Normen, Stabilität und Alter gesicherte Macht soll sich – religiös bekräftigt – in den Köpfen der Untertanen als unantastbar und ewig festfressen. Burke insistierte darauf, dass es nicht die Menschen sein dürften, die ihre Geschichte machen: »Wenn die Bürger eines freien Staates sich von allem Kitzel kurzsichtiger Begierden gereinigt haben, welches ohne Religion schlechterdings nie geschehen wird, wenn sie sich bewusst sind, dass sie eine Macht besitzen, die nur so lange rechtmäßig bleibt, als sie mit den Gesetzen einer ewigen unwandelbaren Ordnung, in welcher Wille und Vernunft eins sind, zusammenstimmt, und dass sie vielleicht ein höheres Glied in der geheimnisvollen Kette ausmachen, an welcher diese Macht von einer Stufe zur anderen heruntergeleitet wird, dann werden sie sich sorgfältig hüten, das Geringste davon einer unwürdigen oder einer untauglichen Hand anzuvertrauen.« Meint: Aufklärung und Revolution sind untauglich und unwürdig. Semantisch (»higher link« bzw. »höheres Glied in der geheimnisvollen Kette«) spielt Burke auf den Topos der »great chain of beings« (Arthur O. Lovejoy 1933) an, um jeden Spalt abzudichten, durch den Veränderungspotentiale in das vorausbestimmte Verhältnis von Untertan und Gesellschaft hätten eindringen können. Radikalisiert eines der konstitutiven Elemente des Zusammenlebens (Untertanen, politische Institutionen, Traditionen, Religion, Werte und Normen) seine Ansprüche, beginnen für Burke je nachdem allgemeines Chaos, monarchische Tyrannis oder Anarchie. Am schlimmsten kommt es, wenn die Untertanen modern werden und sich zum politischen Demos, zum Souverän machen: »Seit der Aufhebung der Stände gibt es kein Grundgesetz, keinen strengen Vertrag, keine hergebrachte Sitte mehr, die dieser Versammlung Einhalt tun könnten.«

Es ist das Verdienst von Jürgen Habermas, anlässlich der Verleihung des Hegel-Preises (1974) Licht in notorisch trübe Vorstellungen gebracht zu haben. Er stellte sich die Frage: »Können komplexe Gesellschaften eine vernünftige Identität ausbilden?« Die alten Gesellschaften konnten zu ihrer Stabilisierung und zur Integration ihrer Mitglieder auf Traditionsbestände, Religionen, allgemein akzeptierte Werte- und Normenkanons zurückgreifen. Damit vermochten sie, den vielen Einzelnen einen fixen Status bzw. eine Rollenidentität anzudienen. Mit der Universalisierung der Ansprüche des Einzelnen im Namen von Freiheit, Gleichheit, Menschen- und Bürgerrechten sind Rückgriffe auf traditionale religiöse und politische Werte und Normen, die zwischen Allgemeinem und Besonderem (vorab!) feste Vermittlungen und institutionelle Sicherungen vorsehen, problematisch geworden. Da egalitäre Rechte und Ansprüche des Subjekts rational und verallgemeinerungsfähig nicht mehr zu bestreiten sind, werden Positionen, von denen aus dies in religiöser oder politischer Absicht trotzdem gefordert wird, zu reaktionären Parteistandpunkten. Moderne Gesellschaften und die dazu gehörenden Staaten können sich nicht mehr auf unstrittige, allgemein akzeptierte traditionelle Werte, religiöse Bindungen oder überkommene politische Normen berufen und diese den Individuen als Status oder Rollenidentität einfach überstülpen. Seit der Aufklärung sind diese Bindungen und Normen subjektiver Überprüfung und Kritik ausgesetzt und unterliegen den Kriterien von rationaler Begründbarkeit und demokratischer Verallgemeinerungsfähigkeit – aber nicht länger traditional begründeter, autoritativer Geltung. Könige und Priester sind nicht mehr unter sich. Die Untertanen und Laien spielen jetzt mit und verteidigen ihre Rechte, nicht dynastische Herkunftslegenden, ethnische Abstammungsgeschichten, »kollektive Identitäten« oder andere Mythen: Rechtsstaat, Bürger- und Menschenrechte, Demokratie, Verfassung zu verteidigen – im definitionsbedürftigen Extremfall unter dem Einsatz des Lebens –, ist Bestandteil der Bürgerrechte und -pflichten. Es gibt keine demokratisch akzeptable Begründung dafür, der beliebig herzitierbaren »Nation« den gleichen oder auch nur annähernd gleichen Status zuzusprechen – aber jede Menge guter Gründe, endlich darauf zu verzichten. Horaz' Maxime, wonach es »süß und ehrenvoll« sei, »fürs Vaterland zu sterben«, meinte im Übrigen mit »patria« eine Rechtsgemeinschaft, nicht jenes dumpfe Gefühl, aus dem moderne Nationen sprießen.

Ausgehend von einem filigran geknüpften Netz kommunikationstheoretischer und entwicklungspsycholgischer Kategorien, hat Habermas die historisch und gesellschaftlich bedingten Formen der Identitätsbildung im Anschluss an G. H. Mead untersucht. Er fasst »die Ich-Identität des Erwachsenen« als »Fähigkeit, neue Identitäten aufzubauen und zugleich mit den überwundenen zu integrieren, um sich und seine Interaktionen zu einer unverwechselbaren Lebensgeschichte zu organisieren«; und er benennt auch die normativen Implikationen einer so begriffenen Identität: »nur eine universalistische Moral, die allgemeine Normen (und verallgemeinerungsfähige Interessen) als vernünftig auszeichnet, kann mit guten Gründen verteidigt werden«, d. h. »nur der Begriff einer Ich-Identität, die zugleich Freiheit und Individuierung des einzelnen in komplexen Rollensystemen sichert, kann heute eine zustimmungsfähige Orientierung für Bildungsprozesse abgeben.« Wenn man Großgruppen mit diesen Ansprüchen konfrontiert, leuchtet sofort ein, dass es niemals Gebilde gegeben hat, die den universalistischen Normen auch nur halbwegs entsprochen haben – am wenigsten herkunftsdefinierte »Nationen«. »Nationen« können keine Basis für vernünftige »kollektive Identität« abgeben, weil es jenseits des »plébiscit de tous les jours« kein Verfahren gibt, um zu bestimmen, was eine Nation ist. »Nationale Identitäten« sind deshalb projektive Wahnbilder, die Großgruppen von sich selbst und anderen ausbilden, um in deren Windschatten in jeder Hinsicht partikulare Interessen durchzusetzen. Entwicklungspsychologisch handelt es sich um pathologische Regressionsphänomene. Darin, was im Namen kollektiver Wahnbilder faktisch passiert, unterscheiden sich Großgruppen enorm, in der Strickart und Funktion ihrer Projektionen überhaupt nicht. Als Handlungsnormen für die Begründung politischer

Ziele haben »kollektive Identitäten« eine ebenso erbärmliche wie kriminelle Geschichte und keinerlei rational begründbare und sozial verträgliche Zukunft.

Sozialwissenschaft, die sich ihre Realitäten aus Legosteinchen zusammenbaut, ficht das wenig an. Ein Kolloquium über »Konsensmuster und Formen nationaler Identität« verzichtete der Einfachheit halber auf die erste Frage, ob es denn so etwas wie »nationale Identität« überhaupt gebe. Das verwundert nicht, erfährt man doch vom mittelhessischen Kleinmeister (und Referenten) Bernhard Giesen Unerhörtes über den historischen Frischling »Nation«: »Das, was eine Nationalität ausmacht, liegt unverrückbar und unveränderbar fest – Geschichte und Geburt, Kultur und Sprache lassen sich nicht im nachhinein verändern.« Die Begründung dafür liest sich in der Gießener Verballhornung von Wittgensteins letztem Satz – zu schweigen, worüber man nicht sprechen könne – wie die Betriebsanleitung für die diskursive Windmaschine: »Man weiß, was es (die Nation, RW) ist, kann aber nicht darüber argumentieren« – aber Bücher schreiben und Vorträge halten.

Postscriptum I (1998): »Die Identität«, sagte das Pferd

Das Ungemach mit dem Begriff »Identität der Nation« hat bereits jener Schweizer Romancier vorausgesehen, der ihn zum ersten Mal überhaupt gebrauchte. An neun Stellen taucht der Begriff in der ersten Fassung von Gottfried Kellers »Der Grüne Heinrich« von 1854/55 auf. Allein sieben Mal benutzt Keller den Begriff in dem berühmten Kapitel (Buch IV, 7), in dem Heinrich Lee seine Heimkehr im Traum vorwegnimmt. Heinrich überquert hoch zu Ross eine überdachte »Prachtbrücke« aus Marmor. An den Innenwänden der Brücke leuchten Fresken, die »die ganze fortlaufende Geschichte und alle Tätigkeiten des Landes« darstellen. Auf der Brücke bewegt sich »das lebendige Volk«, und zwar so, dass es mit der »tüchtigen Verständlichkeit und Gemeingenießbarkeit« der »alten Freskomalerei … eines war.« Der träumende Heinrich hat sogar den Eindruck, die Figuren träten aus den Bildern heraus und mischten sich unter das Volk, mitten ins »lebendige Treiben«. Auf »dieser wunderbar belebten Brücke« fließen »Vergangenheit, Gegenwart und Zukunft« ineinander und werden »ein Ding«. Auf Heinrichs Frage, »was dies für eine muntere und lustige Sache« sei, antwortet das Pferd: »Dies nennt man die Identität der Nation!«

Über die Frage, ob nun die Brücke, die Fresken, das Volk oder alle drei zusammen »die Identität der Nation« bildeten, können sich Heinrich und das Pferd nicht einigen. Das Pferd ist der Meinung, wer die Frage beantworten könne, arbeite »an der Identität selber mit« und erwerbe sich eben damit den Anspruch, auf der Heldenwand abgebildet zu werden. Am Ende des Disputs stellt das Pferd resignierend fest, dass sich »die Leute auf dieser Brücke« zwar ursprünglich um »ihre Identität« mit den gemalten Vorfahren und deren Heldentaten bemühten, sich aber bald damit abfanden, dass nur »durch allerlei Gemünztes zu erreichen und zu sichern« sei, was man im und zum Leben brauche.

»Identität« wird also bei Keller gleich mehrfach ironisch gebrochen: Sie ist ein Traumgebilde, von einem Pferd verkündet, das zugeben muss, dass die »Identitätsherrlichkeit« an den herrschenden Realitäten zu Schanden wird. Das »politische Rendez-vous des Volkslebens« auf der Brücke ist nur schöner Schein, der sich als kommerzieller Alltag entpuppt: Der bunte Kreislauf des Lebens wird als Kapitalumlauf entlarvt.

Keller benützt das Bild der Brücke in einer zeitlichen Perspektive als Verbindung der Vergangenheit und Zukunft eines Volkes. Der Germanist Gerhard Kaiser unternahm den Versuch, sie als »Identitätsbrücke der Nation« zu interpretieren. Dieser Versuch umgeht den von Keller ausdrücklich erwähnten Widerspruch, wonach die Brücke außerhalb des Traumes nicht dreierlei zu gleich sein kann – zwei Ufer und deren Verbindung. Aber auch das in zeitlicher Perspektive verwendete Bild von der Brücke ist problematisch: Zwischen der Herkunft eines Volkes aus dem Dunkel heroischer Geschichten und Legenden und seiner prinzipiell uneinsehbaren Zukunft gibt es keine gerade Verbindung, keine »Identitätsbrücke« vulgo »Nation«. Das herbei geträumte Ideal der »Identitätsbrücke«, die das in der gesellschaftlichen Realität durch unterschiedliche Interessen und Mentalitäten gespaltene Volk vereinheitlichen soll, erweist sich als Krücke zwischen Traum und Wirklichkeit. Die vermeintliche Brücke hat keinen Ort in der Realität und führt nirgendwohin.

Postscriptum II (2011): Die Identität von Hängebrücken, Leuten und Nationen

In der zweiten Fassung des Romans (1879/80) hat Keller den Abschnitt umgeschrieben und politisch entschieden verschärft. Aus der Brücke wurde eine »Hängebrücke« über »ein endloses Meer von großen Baumwipfeln«. Von der Hängebrücke erfährt man gar nicht, was sie verbindet. In der »dunklen Tiefe« sieht Heinrich lediglich seine Mutter, die »eine kleine Herde Silberfasanen« hütet, und er hört sie sagen: »Mein Sohn, mein Sohn, wann kommt er bald, geht durch den Wald?« Danach sieht sich Heinrich plötzlich auf einem Berg und blickt auf eine Stadt, in der er Türme »von der fabelhaften Bauart« und schöne Mädchen entdeckt. Sein Pferd, den »Goldfuchs neben mir«, sieht Heinrich »einen halsbrecherischen Weg« hinuntersteigen und plötzlich »fing das Pferd an zu sprechen«. Als Ross und Reiter vor einer »mit zahlreichen Malereien« bedeckten Wand stehen, auf der »Vergangenheit und Zukunft nur ein Ding« zu sein scheinen, gerät Heinrich ins Grübeln. Er fragte den Goldfuchs, so heißt sein Pferd, was das Gemälde bedeute, und das Pferd antwortet: »Dies nennt man die nationale Identität der Nation.« Und Heinrich erwidert dem Pferd: »Ei, du bist ein sehr gelehrsamer Gaul! Der Hafer muss dich wirklich stechen!« »Erinnere dich«, sagte der Goldfuchs darauf, »auf wem Du reitest! Bin ich nicht aus Gold entstanden? Gold aber ist Reichtum und Reichtum ist Einsicht.«

»Nun sage mir, du weiser Salomon, begann ich nach einer Weile von neuem: »Heißt eigentlich die Brücke die Identität oder die Leute, so darauf sind? Welches von beiden nennst du so?«

»Beide zusammen sind die Identität, sonst spräche man ja nicht davon!«

»Der Nation?«

»Der Nation versteht sich!«

»Also ist die Brücke auch eine Nation?«

Auf den Selbstwiderspruch angesprochen, gesteht das Pferd: »Wisse, wer diese heikle Frage zu beantworten und den Widerspruch zu lösen versteht, der ist ein Meister und arbeitet an der Identität selber mit. (...) Übrigens erinnere dich, dass ich nur ein von dir geträumtes Pferd bin und also unser ganzes Gespräch eine Ausgeburt und Grübelei deines eigenen Gehirns ist.«

Der Disput zwischen Heinrich und dem Goldfuchs endet damit, dass Heinrich messerscharf schließt, dass »das Geheimnis deiner ganzen Identitätsfrage das gemünzte Gold« ist, dass »Gemünztes« also den Kern der nationalen Identität darstellt und so »Privatsachen mit den öffentlichen Dingen« im Handstreich »identisch« werden – freilich nur dort, wo der Pferdeverstand herrscht.

3 *»Nationale« Selbstbestimmung – der Stimmungsmacher im Schlachthaus*

Der Rekurs auf die Geschichte ist ein beliebtes Element bei der Begründung von Rechtspositionen. Der Haken dabei: Der Weg ist nach hinten hin offen und endet im Stockdunkeln, und jedes alte Recht hat ein älteres hinter sich. Einfacher ist es deshalb, durch Gewalt geschaffene Tatsachen nachträglich mit juristischen Girlanden zu versehen. Auch dieses Verfahren hat einen Nachteil. Es verbürgt keinerlei Dauer. Am vermeintlich selbstverständlichen »nationalen« Selbstbestimmungsrecht ist das nachvollziehbar.

Historiker, Juristen, Philosophen, Politiker und Lexikographen sprachen im 19. Jahrhundert quer durch das politische Spektrum nicht vom »nationalen Selbstbestimmungsrecht« oder vom »Selbstbestimmungsrecht der Völker« wie z. B. die UNO-Resolution Nr. 545 vom 5.2.1952, sondern vom »Nationalitätenprinzip.« Dieses war mit einer Reihe von Sicherungen verbunden. Das repräsentative »Deutsche Staatswörterbuch« von Bluntschli/Brater zum Beispiel zählte drei Einschränkungen auf, von denen jede das ebenso anachronistische wie oberflächliche Gerede vom »nationalen Selbstbestimmungsrecht« oder vom genuinen Zusammenhang von Nationen und Demokratie Lügen straft, selbst wenn sich die konservativen Lexikographen ihrerseits in haltlosen Annahmen über die »historische Rechtsordnung« und die »naturgemäße Entwicklung« verstrickten: »1. Jede Nation, welche eine ihr eigentümliche Staatsidee und zugleich die Kraft und das Bedürfnis hat, dieselbe zu verwirklichen, ist berechtigt, einen nationalen Staat zu bilden; aber sie ist bei diesem Bestreben verpflichtet, die historische Rechtsordnung insoweit zu respektieren, als dieselbe nicht ihre naturgemäße Entwicklung widerrechtlich hindert. 2. Die Herstellung eines nationalen Staates erfordert keineswegs die Vereinigung aller nationalen Bestandteile zu einem Staatsganzen, sondern nur ein so starkes Zusammenwirken nationaler Elemente, dass das der Nation eigene Staatenbild zu sicherer und ausreichender Erscheinung gelangt. 3. Die höchste Staatenbildung beschränkt sich nicht auf eine einzelne Nationalität, sondern verbindet verschiedene nationale Elemente zu einer gemeinsamen menschlichen Ordnung.«[1] Mit der letzten Einschränkung stellen sich die Autoren, die man sich gerne in nationalen Kategorien befangene Bildungsbürger des 19. Jahrhunderts vorstellt, als jenen zeitgenössischen Politologen überlegen heraus, denen zum Konkurs der Sowjetunion nichts Besseres einfällt als der Rat, zur vermeintlich normalen nationalstaatlichen Territorialisierung zurückzukehren. Der Rechtsphilosoph Friedrich Julius Stahl war ebenso konservativ wie hellsichtig (eine Mischung von intellektuellen Fähigkeiten, die den Konservativen des 20. Jahrhunderts weitgehend abhanden gekommen ist), hielt »eine neue Konstituierung des europäischen Staatenbestandes nach den Nationalitäten« schon 1856 für »unausführbar und chimärisch, da die Nationalitäten auch in den Wohnsitzen nicht geschieden bleiben ... und man so die eine nicht befreien kann, ohne die andere zu unterdrücken.«[2] Der Ruf nach vermeintlicher nationalstaatlicher Normalität ist immer der Ruf nach einem imaginären »Zurück«, weil es eine solche Homogenität, die sich als Normalität drapiert, praktisch nirgendwo und niemals gegeben hat; wo sie ansatzweise existiert hat, aber längst anachronistisch geworden ist, wäre Homogenität nur mit grenzenloser Gewalt wiederherstellbar. Weil es den Ideen von Homogenität, Reinheit und Einheit immer und überall an Realität gebrach, verbanden sie sich je nach den Umständen mit Religion, Rasse oder Nationalität und gewannen so bereits zu Beginn der nationalen Bewegung alle Charakteristika der pathologischen Wunschvorstellung, das Fremde und Andere zu assimilieren, zu vertreiben oder zu schlachten: »Jedes gereinigte und geeinte Volk verehrt den Walteschöpfer und Einheitsschaffer als Heiland und hat Vergebung für alle seine Sünden.«[3] (»Walte« ist ein Synonym für »Herrschaft«.)

Die Wissenschaftler und Politiker des vorigen Jahrhunderts wussten also genau, warum sie nicht vom »nationalen Selbstbestimmungsrecht« oder vom »Selbstbestimmungsrecht der Völker« sprachen. Sie hatten eine durchaus realistische Vorstellung davon, was passieren kann, wenn man Individuen, Gruppen oder gar pauschal dem Volk ein »Selbstbestimmungsrecht« einräumt. Mit »Nationalitäten« meinte das 19. Jahrhundert im Wesentlichen existierende Staaten; diese hatten Rechte, nicht das Volk.[4] Weder Konservative noch bürgerliche Republikaner oder bürgerliche Demokraten wollten das Volk bestimmen lassen. Volksherrschaft hieß schlicht »Pöbelherrschaft«, unter Gelehrten »Ochlokratie«. Den Bürgern des 19. Jahrhunderts waren die Revolutionen von 1789, 1830 und 1848 sowie zahlreiche kleinere Aufstände noch zu lebendig in Erinnerung, als dass sie *dem Volk* irgendwelche

Selbstbestimmungsrechte einräumen wollten. Im fachphilosophischen Jargon mochte der Kantische Begriff »Autonomie« bzw. »Selbstbestimmung« angehen, in der Politik hing ihm der Ludergeruch der Revolution und der »classes dangereuses« an. Außerhalb der gerade nicht national kostümierten Theorien des Anarchismus und des Sozialismus hatten Begriffe wie »Selbstbestimmung«, »Emanzipation« und »Autonomie« deshalb geringe Bedeutung und keinerlei gesichertes theoretisches oder politisches Heimatrecht (von ihrer Eignung für nationalistische Rituale träumte noch nicht einmal jemand).

Als der amerikanische Präsident Woodrow Wilson seine vage Vorstellung vom Recht auf »nationale« Selbstbestimmung gegen Ende des Ersten Weltkrieges in Umlauf brachte, warnte ihn sein Außenminister Robert Lansing vergeblich davor, solches »Dynamit« als friedensstiftendes Hausmittelchen feilzubieten: »Ich fürchte, dass es tausende und abertausende Leben kosten wird.« Das Mittel löst keine Konflikte, sondern verschärft bestehende und schafft laufend neue.

Die Prognose kann an einem Beispiel überprüft werden. Eine völkerrechtliche Dissertation von 1939 und ein politischer Kommentar aus dem Jahr 1993 machen aus Serbien mit dem begrifflichen Joker »nationale« Selbstbestimmung gleich beides – einen »Nationalstaat« und einen »in der Luft hängenden« Unstaat. Die Dissertation fasst als Ergebnis zusammen: »Wie sich aus dem historischen Teil ergibt, lief der jahrhundertelange Kampf der jugoslawischen Stämme um ihre nationale Einheit in dem Dezemberakt aus. Die politische Forderung des jugoslawischen Volkes, in einem einzigen nationalen Staat vereinigt zu werden, die ähnlich wie die deutsche und italienische Forderung nach völkischer Einheit ihre Legitimation in dem Recht auf nationale Selbstbestimmung fand, wurde mit der Einverleibung Montenegros und der jugoslawischen Gebiete der früheren Donaumonarchie in Serbien, d. h. mit der Ausdehnung des serbischen Herrschaftswillens auf diese Gebiete erfüllt. Vollstrecker dieses nationalen Wunsches des jugoslawischen Volkes war Serbien. Damit war Jugoslawien, d. h. das um diese Gebiete vergrößerte Serbien de facto geschaffen. Diese historisch-politische Tatsache, die eine Veränderung des Gebietsstatus der europäischen Völkerrechtsgemeinschaft zur Folge hatte, fand ihr endgültiges de-iure-Gepräge ... in einer Reihe völkerrechtlicher Dokumente und Verträge ... Jugoslawien ist mit Serbien völkerrechtlich identisch.«[6] Den Sack zu, de facto und de iure ist alles in Butter! Akademisch gab es für diesen Dissertations-Ertrag bei Carl Schmitt und Viktor Bruns 1939 einen Berliner doctor iuris utriusque für den nicht an prominenter Stelle in die Geschichte eingegangen Karl Schilling.

Eine große deutsche Zeitung hält sich einen Berufskroaten, um propagandistisch umzudrehen, was gestern noch akademische Weihen erhielt: »Das vergangene Jugoslawien hing in seiner Existenz daran, dass seine Teilrepubliken zusammenblieben. Verließen einige die (Zwangs-)Föderation, konnte es kein Jugoslawien mehr geben. Der weitaus größte Teil dessen, was übrigblieb, ist Serbien ... Was heute vom Belgrader Regime Milosevic beherrscht wird, ist nicht Rest-Jugoslawien, sondern das völkerrechtlich in der Luft hängende Serbien«[7]. Soweit das Programm für die nächste völkerrechtliche Dissertation, die aus der alten Gleichung Serbien = Jugoslawien problemlos den Unstaat Serbien herausdestillieren wird – im Namen des Rechts.

Solange man mit Begriffen hantiert wie mit Plastikjetons, kann das Spiel beliebig lange hin- und hergehen. Für die Trümmer aus dem zerfallenden Jugoslawien klagte ein großer Teil der Presse frühzeitig und ganz selbstverständlich die »nationale« Anerkennung ein, als ob Nationalitäten unterscheidbar wären wie Birnen und Äpfel. Der zentrale Terminus ist ein wahrer Kobold: das national bzw. ethnisch gefasste »Recht auf Selbstbestimmung«. Alle drei Komponenten des »nationalen« Selbstbestimmungsrechts – Nation, Selbstbestimmung und Recht – werden mindestens doppel- bzw. mehrdeutig (und damit ebenso unbrauchbar wie illusorisch), wenn das Selbst, das angeblich bestimmt, gleichzeitig national und rechtlich verfasst sein soll. Wird die Nation ethnisch bestimmt, gerät universalistisches Recht zur juristischen Fiktion innerhalb willkürlich festgelegter ethnischer Ab- und Ausgrenzungen. Das Fremde und das Andere erhalten einen minderen oder gar keinen Rechtsstatus. Hält man sich dagegen an Recht, das diesen Namen verdient, muss man alle Hoffnung auf Fremdes ausgrenzenden Nationalitätenzauber ebenso fahren lassen wie Identitätsstifterei durch rechtliche Privilegierung einer zur Nation deklarierten Gruppe.

Dagegen bejaht der Philosoph Rüdiger Bubner die Frage »Brauchen wir einen Begriff Nation?« und versucht in gut hegelianischer Manier, »die Notwendigkeit eines Begriffs der Nation«[8] – gegen die

Tatsachen und umso schlimmer für diese darzutun. Das gelingt ihm nur mit einer ebenso grotesken wie unhistorischen Gleichsetzung von Staat und Nation sowie auf Kosten eines argumentativen Tricks, den seine Branche eine petitio principii nennt. Nämlich etwas »schlichtweg zu unterstellen, um dessen Gültigkeit« es gerade geht. Bubners großkalibrige Behauptung (»der Nationalstaat ist eine bestimmte Allgemeinheit in Gestalt konstitutionell begründeter Rechtsordnung, die sich mit einem besonderen Profil einer auf Grund ihrer Geschichte unterscheidbaren Nation vermittelt«) zerschellt an den tatsächlichen Formationsprozessen von Staaten, und die vermeintliche »Rechtsordnung vermittelt« sich historisch und in der Gegenwart mit der »Nation« vornehmlich mit dem betörenden Charme einer wilden Metzelei an der »Schlachtbank«, wie die Geschichte bei Hegel einmal genannt wird. Bubners hilflosem Versuch, »das historisch greifbare Selbst« als Substrat von »Selbstbestimmung« ausgerechnet im Konstrukt Nation anzusiedeln, ergeht es wie dem »historischen Recht«: der regressus ad infinitum ist so unvermeidlich wie der salto mortale in die Operettenwelt geschichtsphilosophischer Spekulation. Solcher Begriffsturnerei pfiff Ernest Renan schon 1871 die Melodie vor: »Lothringen hat einmal zum deutschen Reich gehört, darüber besteht kein Zweifel. Fast überall, wo die hitzigen deutschen Patrioten sich auf ein altes germanisches Recht berufen, können wir ein noch älteres keltisches belegen, und vor den Kelten lebten dort, wie man sagt, die Allophylen, die Finnen, die Lappen; und vor den Lappen waren es Höhlenmenschen und vor den Höhlenmenschen die Orang-Utans. Für eine solche Geschichtsphilosophie gibt es als ein dingliches Recht in der Welt nur das Recht der Orang-Utans, die ungerechterweise von der bösen Zivilisation vertrieben worden sind.«[9]

Gegenüber den älteren und jüngeren Begriffsakrobaten, die national definierte Selbstbestimmung für etwas Besseres als eine verkappte Menschenfresser-Parole halten, gilt es festzuhalten: Es gab niemals ein allgemein akzeptiertes und akzeptables Verfahren für die Bestimmung dessen, was eine »Nation« ist. Es gab und gibt keine konsensfähige Theorie und Praxis, wie und von wem das »Selbstbestimmungsrecht« der »Nation« legitim in Anspruch genommen bzw. durchgesetzt werden soll. Und weil für beides auf absehbare Zeit keine Lösung in Sicht ist, läuft das famose Recht auf »nationale« Selbstbestimmung schnurstracks auf die Gleichsetzung von Recht und Gewalt um der ethnischen Territorialisierung willen hinaus.

Der grauenhafte Bürgerkrieg auf dem Balkan hat viele Facetten. Ob wenigstens die nicht direkt Beteiligten etwas lernen können? Geschichte und Gegenwart lehren von sich aus längst niemanden mehr irgendetwas. Vielmehr tönt aus ihnen nur zurück, wie und was man hineinruft. Es käme darauf an, mit kritisch überprüften, rationalen Kategorien zu operieren, statt mit billigen Schlagwörtern. Die Chancen dafür stehen wieder einmal herzlich schlecht, solange der süßliche Duft der sinnlos-gesinnungsstark auf den nationalen Altären Geopferten die Wahrnehmung auch hierzulande trübt.[10] Auf dem Balkan kann jedes Volk an einem Ort die Mehrheit bilden und bereits im Nachbarort eine von diversen Minderheiten darstellen. Mit der Unterwerfung des vielfältigen lokalen und regionalen Zusammenlebens unter den Primat des Nationalen und Nationalstaatlichen wurden die Konflikte auf dem Balkan dramatischer und unlösbarer als je zuvor. Die übergestülpten nationalen Ordnungsrezepte der deutschen und europäischen Anerkennungspolitik bereiteten dem nationalistischen Populismus und der vulgär-völkischen Demagogie den Weg als Herrschaftsinstrumente. Was momentan geschieht, hat deshalb weitgehend den Charme des Déjà-vu.

Anmerkungen

1 Johann Caspar Bluntschli: Art. Nation und Volk, Nationalitätenprinzip, Deutsches Staatswörterbuch, hg. v. J. C. Bluntschli u. K. L. T. Brater, Bd. 7 (Stuttgart, Leipzig 1862), 159.

2 F. J. Stahl: Die Philosophie des Rechts (1830/37), 3. Aufl., Bd. 2/2 (Heidelberg 1856), 156.

3 F. L. Jahn: Runenblätter (1814), Werke, hg. v. C. Euler, Bd. 1 (Hof 1883), 418.

4 Am Begriff »Volk« ist der Bruch, den die Französische Revolution darstellt, exemplarisch nachvollziehbar. Die demokratischen Konnotationen des Begriffs »Volk« treten erst nach 1789 in den Vordergrund; vgl. J .u. W. Grimm, Deutsches Wörterbuch, Bd. 12/1 (1951), 468: »Infolge der hier notwendigerweise entstehenden Kämpfe erhielt ›Volk‹ den Klang eines politischen Parteiworts; es umschloss gewissermaßen die Forderung der Demokratie, die Vertreter einer starken Monarchie liebten es nicht und verwandten für die Gesamtheit der Staatsbürger lieber das Wort ›Nation‹, wäh-

rend ›Volk‹ für die Opposition einen berauschenden Klang hatte.« In den mittelalterlichen und frühneuzeitlichen Quellen dagegen hat »populus/Volk« ständisch-rechtliche Konnotationen und meint immer eine privilegierte Minderheit im Gegensatz zum sozial-schichtenspezifischen Begriff »vulgus/Pöbel«, womit der rechtlich benachteiligte bzw. rechtlose »große Haufe« oder der »gemeine Mann« bezeichnet wird. Die Diagnose bei Grimm erweist im Übrigen alle älteren, neuerdings wieder modischen Versuche, Nation, Nationalstaat und Nationalismus genuine und dauerhafte Verbindungen zu Demokratie und Demokratisierung anzudichten, als anachronistisch und spekulativ.

5 Interview, Frankfurter Rundschau vom 12.9.1992.

6 K. Schilling: Ist das Königreich Jugoslawien mit dem früheren Serbien völkerrechtlich identisch? Iur. Diss., Berlin/Dresden 1939, 167.

7 J. G. Reißmüller, FAZ vom 2.7.1993.

8 R. Bubner: Staat und Weltstaat, NZZ vom 5.7.1991. – Bei der Beschäftigung mit Nation schleudern auch luzidere Köpfe aus der Kurve. Christian Meier gab zu Protokoll (NZZ vom 30.7.1993): »Ich persönlich kann ohne Nation ganz gut auskommen, doch ich denke, dass es gut wäre, wenn auch die Deutschen eine möglichst normale Nation sein (oder werden) könnten.« Und direkt daran anschließend stellt der Historiker fest: »Die ganze Welt besteht ja aus Nationen.« Das stimmt natürlich wörtlich nicht einmal für die letzten 200 Jahre. Irgendwie scheint Meier geahnt zu haben, dass er sich auf glatter Bahn bewegt, schwankt er doch erheblich: Was er selbst »nicht braucht«, doch anderen andient, und was im zweiten Satz angeblich weltweit »besteht«, »könnte« im ersten noch »sein (oder werden)«. Das Gerede über »Nationen« ist allein deshalb eine Zumutung, weil es einem mit so viel Konfusion präsentiert wird.

[9] E. Renan an D. F. Strauß, 15.9.1871, abgedruckt in: D. de Rougemont, Europa, Vom Mythos zur Wirklichkeit, München 1962, 282.

[10] Für die Rechtfertigung unentbehrlich sind dabei die reinen Gesinnungsbegriffe »Verantwortung« und »Verantwortungsethik«, vgl. den Text I, 1 im zweiten Band.

4 »Zivilisation« – ein Rettungsring mit Löchern

In Zeiten wachsender Ratlosigkeit haben alte Rezepte Konjunktur. Das muss nicht immer falsch sein. Manchmal ist es sogar nötig und hilfreich, an vergessene Ratschläge zu erinnern. In jüngster Zeit wird immer häufiger »die« Zivilisation, »unsere« Zivilisation oder gar »die westliche« Zivilisation ins Spiel gebracht, wenn massive Formen von Gewaltanwendung Gefühle von Rat- und Orientierungslosigkeit hervorrufen. Zunächst will man mit Hinweisen auf »Zivilisation« und »zivilisatorische Minimalstandards« erklären, worin die Abweichung vom »rechten Weg« besteht, und danach dienen die erhabenen Chiffren als Rettungsringe, um von der Realität mit ihrem ganzen Chaos und Elend wegzuschwimmen. Den vorläufigen Tiefpunkt erreichte die Debatte, als im Zuge des Golfkrieges einige Normen zu »westlichen« Werten fundamentalistisch aufgemotzt und deren rationale Kritik als »Antiamerikanismus« denunziert wurde – in der Tradition von McCarthy & Co. Weder zur Erklärung noch zum Wegschwimmen hat der Begriff »Zivilisation« je getaugt – und zwar aus sachlichen und begriffsgeschichtlichen Gründen.

Sachlich scheitert jede Berufung auf eine positiv verstandene Zivilisation daran, dass Zivilisation und Barbarei in jeder geschichtlichen Epoche auf historisch zu bestimmende Art zusammengehören. Noch jede bisherige zivilisatorische Stufe hat ihren barbarischen Hinterhof und ist ohne diesen nicht zu begreifen. Vielleicht käme heute sogar Hermann

Lübbe ins Stottern, wenn er seinen gerade mal zehn Jahre alten Satz wiederholen müsste: »Die Durchsetzungskraft unserer durch Wissenschaft und Technik geprägten Zivilisation beruht in letzter Instanz auf der Evidenz der Zustimmungsfähigkeit, ja Zustimmungspflichtigkeit der Lebensvorzüge, die, zunächst als Verheißung und schließlich als Realität, von Anfang an mit den Fortschritten dieser Zivilisation sich verband.« Wer sich am vermeintlich oder tatsächlich Positiven »der« Zivilisation festhalten will, um sich und andere aus den chaotischen und barbarischen Verhältnissen heraus ans sichere Ufer zu retten, vergisst, woraus das vermeintlich Rettende *auch* besteht – aus demselben gesellschaftlichen Stoff. Indem wir »unsere« zivilisatorischen Standards hochhalten, sichern wir (vielleicht) unsere Sicherheit, unser Leben und unser Überleben. Niemand wird behaupten, dass wir die Kosten dafür heute vollständig entrichteten oder je entrichtet hätten. Die ungedeckten Kosten zur Aufrechterhaltung »unserer« zivilisatorischen Standards verlängern alte barbarische Zustände oder lassen neue entstehen – hier und anderswo. Man kann das – ohne ins Detail zu gehen – an der alten europäischen Kolonialgeschichte (oder an neudeutscher »Standortpolitik«) nachvollziehen. Die Auswirkungen der ungeheuren zivilisatorischen Fortschritte des englischen Mutterlandes zur Zeit der ersten industriellen Revolution waren und sind in Indien zu besichtigen. Noch jeder bisherige zivilisatorische Fortschritt glich »jenem scheußlichen heidnischen Götzen, ... der den Nektar nur aus den Gehirnschalen Erschlagener trinken wollte« (Karl Marx).

Der Verlust von »zivilisatorischen Standards« wird in jüngster Zeit auf drei Ebenen als Ursache diskutiert: hinsichtlich der grausamen Kriege und Bürgerkriege auf der ganzen Welt und der schon alltäglichen Brutalität in den Armenhäusern auf der südlichen Hemisphäre, vor allem aber im Falle des erbarmungslosen Bürgerkriegs auf dem Balkan; in Bezug auf Verluderung, Verwahrlosung und Gewalt in den hochentwickelten kapitalistischen Gesellschaften des Nordens, wenn männliche Jugendliche gegenüber Fremden und Flüchtlingen scheinbar wahllos zuschlagen oder deren Häuser anzünden; und schließlich in einem ganz allgemeinen Sinne immer dann, wenn unfassbare Verbrechen bekannt werden.

Serben, Kroaten und bosnischen Muslimen vorzuwerfen, sie verrieten oder verleugneten in ihrer gegenseitigen Schlächterei – mit durchaus unterschiedlicher Intensität und Effizienz an den verschiedenen Bürgerkriegsfronten – »die europäische Zivilisation« ist ebenso trivial wie der gleiche Vorwurf an die ohnmächtigen europäischen Fernsehzuschauer. Die Erklärung von grenzenloser Verwahrlosung und Gewalt in Bürgerkriegen als Abweichung oder Abfall vom »Stand der Zivilisation« ist untauglich. Es handelt sich dabei nicht um die Abweichung oder das Abfallen von »der« Zivilisation, sondern um deren historisch, wirtschaftlich, politisch und sozial bestimmte Rück- oder Schattenseiten. Der Glaube, der »zivilisatorische Standard« bestimme das Verhalten von Einzelnen, Gruppen und Institutionen ist angesichts von Bürgerkriegen nicht mehr naiv, sondern zynisch gegenüber unschuldigen Opfern kalkulierter und interessegesteuerter Gewalt.

Eine pfiffige Variante des Rekurses auf »die« Zivilisation präsentierte 1993 der amerikanische Politologe Samuel P. Huntington. Nachdem der Osten und dessen Herrschaftsideologie zusammengebrochen sind, sieht er die nächsten Konflikte entlang der Grenzen der »Kulturen« und »Zivilisationen« ausbrechen (The Clash of Civilizations – Der Zusammenprall der Kulturen). Die erste »zivilisatorische« Tat Huntingtons besteht darin, dass er sich im Schutz einer billigen Polemik gegen den »Menschenrechtsimperialismus« von universalistischen Normen verabschiedet, um die Abschottung der eigenen »Kultur« legitimieren zu können. Begriffsgeschichtlich dokumentiert er seine Vernagelung dadurch, dass er auf den weit gefassten angelsächsischen Zivilisationsbegriff verzichtet und stattdessen auf »culture« setzt – im Amerikanischen allemal nur ein Synonym für den »American way of life«. Insofern steht die deutsche Übersetzung des Aufsatzes den wahren Absichten des Autors näher als das Original und entlarvt dessen Chauvinismus. Was der »westlichen« Besitzstandswahrung dient, kommt gerade recht, so auch ein paar frisch angestrichene geopolitische Ladenhüter: Der Brennpunkt künftiger Konflikte liege, so Huntington, »zwischen dem Westen und mehreren islamisch-konfuzianischen Staaten«, denn »der Westen ist westlich und modern«. In jeder Hinsicht ein weites Feld.

Besonders beliebt ist neuerdings die Schuldzuweisung für den »zivilisatorischen« Verfall an lasche Lehrerinnen und Lehrer sowie an deren emanzipatorische Erziehungsmethoden. Falls die Geltung »zivilisatorischer Standards« allein oder auch nur primär vom Tun oder Nichttun des Schulpersonals abhängen sollte – wie die Schuldzuweisung unterstellt –, sollte man den Zivilisationsladen lieber gleich dichtmachen. Garantie für »zivilisatorische Standards« – das schafft kein Schulsystem; zum Glück übrigens, sonst hätte die Demokratisierung nach 1945 wenig Chancen gehabt, denn das damals angeblich mit der »Zivilisierung« betraute Lehrpersonal kam direkt aus dem Krieg und blieb noch sehr lange im Amt. Statt bei jeder passenden und unpassenden Gelegenheit larmoyant den Verlust »zivilisatorischer Standards« zu beklagen, ohne jede Reflexion darauf, was »Zivilisation« bedeutet, käme es darauf an zu untersuchen, wie die empörenden gesellschaftlichen Realitäten historisch, politisch, wirtschaftlich und sozialpsychologisch mit dem vermeintlich rundum Akzeptablen und Positiven zusammenhängen. Die sonntägliche Beschwörung »zivilisatorischer Standards« verschleiert nur, was jede historisch bestimmte Art zu leben und zu arbeiten, zu regieren und regiert zu werden an Hässlichem und Alltäglichem hervorbringt. Das ist Teil und Moment des widersprüchlichen Ganzen und lässt sich nicht anachronistisch verrechnen mit irgendwelchen »zivilisatorischen«, »westlichen« oder wie auch immer beschworenen Kassenbeständen oder Überschüssen aus besseren Tagen, im Jargon »Werten«. Als Horkheimer in wahrlich finsterer Zeit (1944/45) vom »Zusammenbruch dieser Zivilisation« und etwas ungeschützt von »Werten«, die »zu neuem Leben« gebracht werden müssten, sprach, notierte Adorno am Rand des Textes: »Vorsicht, klingt zu kulturkonservativ. Sagen, dass die Werte bewahrt werden, wenn man sie nicht bewahrt, sondern weitertreibt.«

Die Vorstellung einer universalgeschichtlich aufsteigenden Linie »der« Zivilisation ist nicht falsch, aber einseitig, denn solch aufsteigender Fortschritt betrifft nicht »die« Zivilisation, sondern vor allem jene Bereiche, in denen sich starke Interessen mit Macht und Herrschaft verschwistern: »Keine Universalgeschichte führt vom Wilden zur Humanität, sehr wohl eine von der Steinschleuder zur Megabombe« (Th. W. Adorno). Mit anderen Worten: Was Menschen sind, was aus ihnen geworden ist und weiterhin wird, bleibt ziemlich ungewiss und vielfältig verflochten mit dem geschichtlichen Prozess, d. h. dem Auf und Ab von Kontinuität und Diskontinuität, Entwicklung und Stagnation, Zivilisierung und Barbarisierung. Unbestreitbar ist jedoch der massive technologische Fortschritt in der Welt der Mittel; diese werden mehr und perfekter und dies in jeder Hinsicht. Jene Menschen und Institutionen, die mit Hilfe dieser Mittel Macht, Herrschaft und Gewalt verwalten, kriegen immer ungeheuerlichere und unberechenbarere Arsenale in die Hand. Und die Zwecke, denen diese Mittel zu Diensten stehen, tragen immer neue Verkleidungen. Mit einem lupenreinen Gesinnungsbegriff von »Verantwortung« wird versucht, der (vielleicht!) berechtigten und angemessenen militärischen Intervention ein zivilisatorisches Motivkostüm umzubinden. Die Welt der Herrschafts- und Gewaltmittel hat sich teilweise verselbständigt und kann jenen, die über sie legal verfügen, jederzeit ganz oder teilweise über den Kopf wachsen oder sie zu hilflosen Zauberlehrlingen und Marionetten machen. Greifen jedoch Einzelne zur Gewalt und verüben entsetzliche Taten, sieht der common sense immer schon »die« Zivilisation untergehen, so als ob das schlechthin Böse als eine Art Heimsuchung von außen in eine sonst friedliche Gesellschaft eingedrungen wäre. In dem Moment, in dem sich Siebzehnjährige bewaffnen oder von interessierten Bürgerkriegshäuptlingen bewaffnet werden, stellen sich viele und komplexe Fragen, aber nicht die simple und simplifizierende nach dem Verbleib »zivilisatorischer Standards«. Genauso wenig, wenn zwei zehnjährige Buben ein dreijähriges Kind eineinhalb Stunden durch Liverpool schleppen und dann ermorden: »Vielleicht sagt der scheinheilige Aufschrei über den Kindsmord mehr aus über das Land als über die Tat« (Reiner Luyken, DIE ZEIT 3.12.93).

Auf allen drei Ebenen werden »Zivilisation« und »Barbarei« entknotet und einzelnen bzw. Gruppen zugeordnet statt in ihrem gesellschaftlich und historisch bestimmten Zusammenhang gesehen. Diese tagespolitische Debatte durchzieht auch eine wissenschaftliche Auseinandersetzung darüber, ob es einen »Prozess der Zivilisation« überhaupt gebe, oder ob man das Ganze als »Mythos« abtun könne.

Welche Konfusion die pauschale Berufung auf »Zivilisation« und »zivilisatorische Standards« oder die Unterstellung eines mehr oder weniger linearen »Prozesses der Zivilisation« hervorruft, lässt sich an der Kontroverse um die Bücher von Norbert Elias und Hans Peter Duerr zeigen. Elias begreift »zivilisiertes Verhalten« als Resultat historisch permanent zunehmender Affektkontrolle der Menschen. Diese Selbstkontrolle ist verbunden mit einer Privatisierung bzw. Intimisierung körperlicher Funktionen. Begleitet wird dieser »Prozess der Zivilisation« zunächst mit der Konzentration, dann mit der Monopolisierung der Gewalt in staatlicher Hand. Gewalt wird durchorganisiert und arbeitsteilig verschiedenen Trägern übergeben. »Man kann die Zivilisation des Verhaltens und den entsprechenden Umbau des menschlichen Bewusstseins- und Triebhaushalts nicht verstehen, ohne den Prozess der Staatenbildung und darin jene fortschreitende Zentralisierung der Gesellschaft zu verfolgen« (Norbert Elias). Ohne Zweifel beruhigt die staatliche Konzentration der Gewalt – unter bestimmten Bedingungen – das gesellschaftliche Gewaltgeschehen. Überzogen ist jedoch die Vermutung, der Prozess der Institutionalisierung der Gewalt und die Verwandlung von Fremd- in Selbstzwang durch die Verinnerlichung »zivilisatorischer« Normen laufe immer und automatisch auf eine Rationalisierung der Gewalt hinaus. Rationalisierung verstanden in dem Doppelsinne von Beschränkung und vernunftgeleiteter Anwendung der Gewalt. Die Institutionalisierung von Gewalt, so viel lehrt ein rascher Blick auf die Geschichte allemal noch, *kann* die Gewaltanwendung berechenbarer, rationaler in ihrer Ziel-Mittel-Relation und gerechter machen. Haltbare Garantien dafür gibt es aber noch nicht sehr lange und längst nicht überall. Was die im einzelnen Menschen verankerten »zivilisatorischen Standards« dazu beitragen, ist weitgehend ungeklärt. Empirisch erwiesen ist jedoch, dass jene Standards nachhaltigem wirtschaftlichem Druck und andauernder sozialer Not nicht lange standhalten. Ganz zu schweigen vom förmlichen Verschwinden jeglicher »zivilisatorischer Standards«, wenn marodierende Männerbanden unter staatlicher Aufsicht Bürgerkriege ausfechten. Aber auch die Haltbarkeit rechtsstaatlicher Begrenzung der Gewalt steht nirgends ein für allemal fest; dass staatliche Gewalt berechenbar, rational und neutral eingesetzt wird von den sie verwaltenden Institutionen, ist jedenfalls auch in demokratischen Rechtsstaaten kein Naturgesetz.

Das hängt mit der Begründung von Staatsmacht zusammen. Viel eher als in der Form von Vertragsabschlüssen oder anderen konsensualen Verfahren ist die Begründung von Staaten historisch wie aktuell als organisiertes Verbrechen darstellbar (einen matten Abglanz davon enthält das Wort »Vereinigungskriminalität«). Der New Yorker Historiker Charles Tilly hat solche komplizierten Prozesse 1985 unter dem Titel »War Making and State Making as Organized Crime« (»Kriegführung und Staatsbildung als organisiertes Verbrechen«) beschrieben. Aus der Fülle des Materials greife ich nur ein Beispiel heraus. Die venezianische Regierung erpresste von ihren eigenen Kaufleuten Schutzgelder in einer Weise, die nicht zu unterscheiden ist von der Schutzgelderpressung gewöhnlicher Krimineller; die Regierung installierte sich während Jahrhunderten förmlich als Sicherheits- und Schutzverkäufer – mit entsprechenden Provisionen. Freilich schlachtete man die Kuh nicht, von deren Milch man lebte und sorgte mit militärischen und politischen Attacken auf den Konkurrenten – allen voran Genua – dafür, dass auch dort die Schutz- und Sicherheitskosten anstiegen. Die heimischen venezianischen Kaufleute sollten ja konkurrenzfähig bleiben. In dem Maße, wie sich das Sicherheits- und Schutzgeschäft auf größere Territorien ausdehnte und an stehende Heere vergeben wurde, stiegen die Kosten. Staaten wurden so zu Großschuldnern und damit zu lukrativen Partnern der Financiers und Banken. Als Ludwig XIV. 1715 starb, betrug die kriegsbedingte Verschuldung drei Billionen Francs, das entspricht dem königlichen Steuerertrag von 18 Jahren. Diese symbiotische Verbindung von militärischer Gewalt, Staatsapparat, Finanz- und Steuerwesen treibt zwischen Mittelalter und Neuzeit den modernen Staat mit Gewaltmonopol hervor. Die Gewalt gegen eigene und fremde Bürger sowie die gewaltsame Durchsetzung von Interessen gegenüber Dritten waren dabei nicht zufälliges Beiwerk, sondern konstitutive Momente und wichtige Triebkräfte. Wenn man Elias' These, dass Soziogenese des Staates und Psychogenese der »zivilisierten« Menschen sich ergänzende und bedingende Prozesse sind, wortwörtlich nähme, dürfte man sich über den Verlauf der letzten 500 Jahre Geschichte gar nicht mehr wundern. Auf jeden Fall ist es ratsam, die These nicht ganz wörtlich zu nehmen und sich im Übrigen an Kant zu halten, der 1784 in einer unerhörten Formulierung von der »barbarischen Freiheit der schon gestifteten Staaten« sprach. Oberflächlich mögen sich die Bürgerinnen und Bürger in diesem wechselseitigen Prozess von Staats- und Zivilisationsbildung einen »zivilisatorischen« Firnis als Schutz zugelegt haben. Allzu kratzfest durfte dieser schon allein deshalb nicht sein, weil bislang fast jeder Staat »seine« Bürgerinnen und Bürger schon einmal dazu aufrief und verpflichtete, Angehörigen anderer Gemeinwesen den Status des »Zivilisierten« zuerst abzusprechen, dann mit rabiaten Methoden wegzunehmen. Und wo Staaten zögerten, halfen gesellschaftliche Agenturen nach.

Es wäre jedoch töricht zu bestreiten, dass es das, was Elias in einem nach wie vor faszinierenden Tableau als »Prozess der Zivilisation« beschreibt, gegeben hat. Rationalität und Haltbarkeit der Ergebnisse dieses Prozesses jedoch hat er ohne Zweifel überschätzt, dessen fundamentale Doppeldeutigkeit und Doppelbödigkeit weitgehend übersehen.

Und genau daraus will Hans Peter Duerr Norbert Elias einen Strick drehen, indem er ihn in die Nähe jener Kolonialideologen rückt, die »westliche Zivilisation« normativ verstanden und verstehen, um diese dem Rest der Welt aufzuherrschen. Zwar konzediert er, dass Elias »keine expliziten Werturteile gefällt« habe und kolonialistischem bzw. eurozentrischem Überlegenheitsdünkel fernstehe, befürchtet aber, dass man Elias Thesen so verstehen könnte. Was gilt? Bei Duerr kann ziemlich oft »genauso gut das Gegenteil der Fall sein«. Diese krude Argumentationsweise kann man vergessen. Für unseren Zusammenhang relevant ist, wie Duerr sein Vorhaben versteht. Im Prinzip will er Elias nicht zum Kolonialisten stempeln: »Mir geht es vielmehr darum, die Behauptung, ›westlichen‹ Menschen sei innerhalb der letzten fünfhundert Jahre das, was Nietzsche ›die Tierzähmung des Menschen‹ genannt hat, wesentlich besser gelungen ist als den Orientalen, den Afrikanern oder Indianern, als falsch aufzuweisen.« Ein vernünftiges Vorhaben. Wer wollte es bestreiten? Duerr breitet im vorerst letzten Band seiner Studie zum »Mythos vom Zivilisations-Prozess« (»Obszönität und Gewalt«) auf über 700 Seiten ein immenses Material aus. Mit einer Beispiel an Beispiel reihenden Belegsammlung ohne jeden erkennbaren theoretischen Anspruch, größere historische Zusammenhänge herzustellen oder gar zu analysieren, will Duerr gleichsam kasuistisch darlegen, dass jener »Prozess der Zivilisation«, den Elias untersuchte, eigentlich gar nicht stattgefunden habe bzw. nicht stattfinden konnte, weil »in sämtlichen menschlichen Gesellschaften die gleichen elementaren Gefühls- und Verhaltensdispositionen anzutreffen sind«, die die Menschen zu immer gleichem Verhalten bringen. Alles läuft immer auf ungefähr dasselbe hinaus, alle Kulturen werden gleich und alle Katzen grau. Duerr rechtfertigt das aparte Vorgehen: »Selbstverständlich vernachlässigt derjenige die Unterschiede, der nach den Gemeinsamkeiten sucht. Das ist das Wesen der Abstraktion.« Richtig, aber es kommt schon noch ein wenig darauf an, wovon abstrahiert wird und welche Unterschiede man vernachlässigt. Wenn man von sozialen Prozessen die für jeden einzelnen charakteristische Differenzen wegstreicht oder einfach identische Handlungsmotive in sie hineinprojiziert, kommt man zum bündigen Ergebnis, dass alle Kulturen gleich sind. Im Grunde dreht Duerr Elias' positiv besetzten Zivilisationsbegriff nur um und akzentuiert ihn negativ. Das ist nicht Duerrs Erfindung, sondern hat einen Grund in der Sache selbst.

Begriffsgeschichtlich lässt sich zeigen, dass mit demselben Begriff ein und derselbe Prozess positiv oder negativ charakterisiert oder seine Existenz gar bestritten werden kann. Die Doppeldeutigkeit ist konstitutiv für den Begriff »Zivilisation«, und diese Doppeldeutigkeit allein macht ihn unbrauchbar für eine theoretisch konsistente Argumentation. Wenige sozialwissenschaftliche Grundbegriffe sind nach wie vor so mit historischen Mystifikationen verbunden wie der Begriff »Zivilisation«. An der zählebigsten dieser Mystifikationen hat Elias selbst mitgestrickt. Es geht dabei um die Rückprojektion der erst Ende des

19. Jahrhunderts einsetzenden und im Ersten Weltkrieg kulminierenden Kontroverse um die »Ideen von 1789« und die »Ideen von 1914«. 1789 steht dabei für »Zivilisation«, die von deutscher Seite als seichte Vorstufe der Barbarei abgewertet wurde; 1914 steht für »Kultur«, die von Frankreich her als Ausbund von Nationalismus und Militarismus dargestellt wurde. In modifizierter Form hat Elias die Ansätze dieser Kontroverse ins 18. Jahrhundert zurückverlegt: demnach war »Kultur« eine »gegen den Adel gerichtete Schöpfung der politisch ohnmächtigen deutschen Bildungsschicht« und betonte das Nationale, »während sich in ›civilisation‹ die französische höfische Gesellschaft artikuliert habe«, mit einem Vorrang für das Übernationale. Der Zürcher Historiker Jörg Fisch hat die unhaltbare Konstruktion eines wesentlichen Unterschieds zwischen dem französischen und dem deutschen Sprachgebrauch im 18. und 19. Jahrhundert fundiert zurückgewiesen.

Entgegen solchen Anachronismen ist von einer weitgehend gleichen und positiven Bedeutung der beiden Begriffe auszugehen, die vor dem Ende des 19. Jahrhunderts weder national akzentuiert waren noch eine hierarchische Ordnung unterstellten. In den beiden artikulierte sich aber andererseits ein klarer Überlegenheitsanspruch gegenüber Nicht-Europäern. Gegenbegriffe zu »Kultur« und »Zivilisation« sind »Natur« und »Barbarei«, übergeordnet werden ihnen gelegentlich »Bildung« (etwa bei Humboldt) oder »Moral« (z. B. bei Kant).

Bevor die beiden Begriffe zu Synonyma wurden, bezeichnete das lateinische Wort »cultura« die Bestellung des Bodens in der Landwirtschaft und erst sekundär die Erziehung des Menschen (»cultura animi«). »Zivilisation« bzw. das lateinische »civilitas« dagegen verlor nie ganz die Verbindung mit dem Stammwort »civis«/Bürger bzw. »civitas«/ Bürgerschaft, Staat. Doch hat sich der Gegensatz zwischen landwirtschaftlich und politisch verstandenem Begriff schnell zersetzt, weil die Wörter »civilitas«, »civilité«, »civility« und – in geringerem Maße – »civiltà« gleichsam entpolitisiert wurden und seit der frühen Neuzeit »Höflichkeit« und »gutes Benehmen« bedeuten.

Spätestens mit der Aufklärung werden »Kultur« und »Zivilisation« in allen europäischen Sprachen zu Synonyma und in dem Maße geschichtsphilosophisch aufgeladen, wie die theologisch begründeten Weltbilder verblassen oder ganz verschwinden. »Kultur« und »Zivilisation« bilden jetzt das Telos der Geschichte. Als geschichtsphilosophische Zielprojektionen haben sie kaum empirisch bestimmbare Gehalte und dienen vor allem dazu, die Menschen von der Natur und natürlicher Evolution abzuheben und auf die Zukunft auszurichten. In dieser Perspektive geraten »Kultur« und »Zivilisation« zur zweiten Natur der Menschen, zu dem, was diese von der Natur grundsätzlich unterscheidet.

Mit der geschichtsphilosophischen Ladung handeln sich die beiden Begriffe eine Doppeldeutigkeit ein: »Kultur« und »Zivilisation« werden zwar im allgemeinen als aufsteigende Linie oder Fortschritt konzipiert, doch muss aus plausiblen Gründen und bloßer Erfahrung eingeräumt werden, dass die einzelnen Schritte der Kultivierung und Zivilisierung positive und/oder negative Konsequenzen zeitigen können. Das hängt damit zusammen, dass »Kultur« und »Zivilisation« immer ein Doppeltes gemeint haben, den Prozess der Kultivierung bzw. Zivilisierung und dessen Resultate. Damit entsteht und wächst die Gefahr, die – letztlich – positiven Resultate mit den – unter Umständen – negativen Seiten des Zivilisationsprozesses zu verrechnen, nach der Devise: Passiere, was wolle, für »Kultur« und »Zivilisation« als Resultate bleibt der Saldo immer positiv, denn die Schattenseiten des Prozesses erscheinen nur als historische Reibungsverluste. Unüberbietbar hat das FAZ-Feuilleton (21.12.93) die verlogenen Prätentionen, die mit beiden Begriffen fest verschweißt sind, noch einmal aufgetischt: »Die Umweltproblematik ist zur Kulturfrage unserer Zivilisation, nicht nur der Industrienationen, geworden und damit zum Zentralbegriff einer neuen Kosmopolitik.«

Vereinzelte Versuche, der Doppeldeutigkeit zu entgehen, indem man etwa den Zivilisationsbegriff für die negativen, den Kulturbegriff für die positiven Seiten des Prozesses wie der Resultate der »Zivilisation« reklamierte, setzen sich nicht durch. Heinrich Pestalozzi identifizierte das Ancien Régime 1797 als »Civilisationsverderben«, »Civilisation« mit »Tierheit« und »Cultur« mit »Menschlichkeit«. Auch der umgekehrte Normierungsversuch scheiterte: »Das Streben der Menschheit ist ihre Civilisation. Jeder Fortschritt, den ein Volk in seiner Civilisation macht, wird als eine teilweise Erfüllung seiner Lebensaufgabe betrachtet und geehrt; und nicht leicht achten wir ein Opfer für zu groß, wenn es der Förderung oder Ausbreitung menschlicher Civilisation dient« (Johann Caspar Bluntschli 1857).

Solange das Fortschrittsmodell unbestritten blieb, galt auch das »Axiom der Vergleichbarkeit« (Jörg Fisch) und der Messbarkeit von »Kultur« und »Zivilisation« an einem einzigen, von Europa aus definierten Maßstab. Mit der Pluralisierung von Kulturen und Zivilisationen in der wissenschaftlichen Ethnologie, einsetzend mit Edward Burnett Tylor (1871), hat der Maßstab seine Selbstverständlichkeit und seine Geltung eingebüßt. Kulturen und Zivilisationen sind heute nicht mehr länger mit Hinweis auf den buchhalterisch bereinigten »Stand« von »Kultur« und »Zivilisation« einzuordnen, sondern nur – auf der Basis der Anerkennung universalistischer ethischer und rechtlicher Normen – untereinander zu vergleichen. Die Kriterien dafür sind in den doppeldeutigen und doppelbödigen Begriffen »Kultur« und »Zivilisation« im Singular gerade nicht zu fassen, sondern nur ethisch-politisch bzw. rechtlich; als normierende und normative Begriffe sind sie deshalb obsolet geworden.

Dem versucht man wieder einmal zu entgehen, indem man den geschichtsphilosophisch positiv aufgeladenen Begriff »Zivilisation« negativ umpolt. Das Muster dafür liefert der seit dem Fin de siècle geläufige, abendländisch oder untergangssüchtig oder beides zugleich orchestrierte Kultur- und Zivilisationspessimismus – wilhelminischer Stammtisch-Nietzsche.

Zygmunt Bauman diagnostizierte das »Jahrhundert der Lager« als Kulminationspunkt und legitimes Produkt »unserer modernen Zivilisation«. Günter Kunert räsonierte über »die Abschaffung der Kultur durch die Zivilisation« (DIE ZEIT 4.2.1994), als ob er das Abendland mit der Munition aus dem gymnasialen Gesinnungsaufsatz der 50er Jahre verteidigen müsste: »Wir haben doch mehr Geräte ... als je zuvor ... Man ist nicht mehr neugierig ... Obwohl wir ... mehr Freizeit haben, fehlt uns, um diese zu nutzen, die Muße ... Wir sind längst von Ungeduld infiziert.« Wer ist »wir«?

Bauman und Kunert sehen den zivilisatorischen Zug bremsen- und führungslos auf einer einzigen abschüssigen Strecke davonrasen und vergessen darob die Vielfalt des Geländes, durch das sich der Zug seit der Aufklärung bewegt. An der bisherigen Geschichte gibt es gar nichts zu beschönigen, aber mit einem weichenlosen, schnurgeraden Schienenweg hat sie nichts zu tun – in ihren Abgründen wie in ihren besseren Momenten. »Die Kritik der instrumentellen Vernunft« (Max Horkheimer) und »Die Dialektik der Aufklärung« (Max Horkheimer/Th. W. Adorno) haben das unvermeidliche Pendeln aller bisherigen zivilisatorischen Bewegungen zwischen Kultur und Barbarei an den gesellschaftlichen Realitäten dargelegt; ein Pendeln, das »nicht auf einem Zuviel, sondern einem Zuwenig an Aufklärung« beruht, und »die Verstümmelungen, welche der Menschheit von der gegenwärtigen partikularistischen Rationalität angetan werden«, ebenso produziert wie Widerständiges und Kritik: »Residuen von Freiheit« und »Tendenzen zur realen Humanität«.

An die Stelle fortschrittstrunkenen Vertrauens auf die Zivilisation ist insbesondere bei Bauman einfach deren pauschale Denunziation getreten. Fahrplanmäßige Schematismen ersetzen dialektisches Denken. Ein geschichtsphilosophisch konstruiertes »widerspruchsloses Gesamtsubjekt« hat das andere abgelöst und suggeriert erneut »simple Totalentwicklung« – dieses Mal abwärts. »Solche Vorstellungen gehören zur Fassade, den kurrenten Ideen von Universalgeschichte und Lebensstil.«

5 Geopolitik oder: Man braucht Platz

Ein Gerücht schleicht durch Europa. Dem Gerücht nach sollen die Wörter »Geopolitik« oder »geopolitisch« Sachhaltiges aussagen. Gerüchte leben davon, dass sie sich unabhängig von ihrer Stichhaltigkeit verbreiten. Sie sind Selbstläufer wie gemeine Dummheiten und Binsenwahrheiten. Im Falle der »Geopolitik« lautet die vom Gerücht zur Binsenwahrheit eingedickte Reduktionsformel: »Die Geopolitik ist nichts anderes als eine von den Zwängen der Geographie geforderte Politik« – so Pierre Béhar, Professor »für deutschsprachige Literatur und Kultur« sowie »zentraleuropäische Geopolitik«. Trotz des forschen Tons ist über »Zwänge der Geographie« wissenschaftlich nichts ausgemacht außer der Banalität, dass einem Inselstaat am Äquator Schiffe wichtiger sind als wintertaugliche Kettenfahrzeuge. Aber schon die Frage nach Art der Schiffe, die ein solcher Staat benötigt, findet in seiner geographischen Lage keine Antwort. Dass Politik in Raum und Zeit stattfindet und insofern eine geographische Grundlage und eine chronologische Dimension hat, ist eine logische Voraussetzung, die nichts dazu sagen kann, wie und in welchem Ausmaß geographische Lage und Chronologie (sowie erheblich wichtigere Faktoren!) eine bestimmte Politik zu einem bestimmten Zeitpunkt beeinflussen. »Geopolitische Erklärungen« sind deshalb notorisch erschlichen und von kaum unterbietbarer Schlichtheit. So offeriert der Militär-Geopolitiker Heinz Brill in seinem Ullstein-Buch »Geopolitik heute« für die Tatsache, dass die USA auf den Fall der Mauer gelassener reagierten als andere Staaten, die »geopolitische Erklärung«, dass die USA »kein unmittelbarer Nachbar Deutschlands« seien. Was nicht reines Gerücht bleibt, sondern das Niveau einer Binsenwahrheit erreicht, bewegt sich in Brills Buch zur »Geopolitik« in dieser Preislage. Eine andere Studie »zur Modellierung geopolitischer und geoökonomischer Prozesse« (Stefan Immerfall) kommt über Pleonasmen nicht hinaus: »Zentrumsbildung und Grenzziehung« haben demnach »oft« eine »geographische Dimension« – und Schimmel sind »oft« weiß. Nur wo Wissenschaft mit »integrativer Integrität« betrieben wird, ist auch die Bemerkung erlaubt, »mehr und mehr« werde »die Bedeutung von Raum und Zeit für soziale Geschehensabläufe wieder entdeckt.« Was wären denn »soziale Geschehensabläufe« außerhalb von Raum und Zeit? Einbildungen und Phantasmen. Raum und Zeit sind elementarste Voraussetzungen aller Wahrnehmung, Erfahrung und Erkenntnis.

Was es dagegen mit der Konsistenz »geopolitischer Logik« nach der von der »taz« (7.6.95) beschworenen »Rückkehr der Geopolitik« auf sich hat, beschreibt Béhar: »Die geopolitischen Fakten sind zweifacher Art. Einige dieser Fakten sind zwingend«, andere »nur richtungsweisend«. Trefflich. Welche Art von Fakten wohin gehören, und nach welchen Kriterien sie abgegrenzt werden, verrät der Autor nicht. Er kann dies so wenig wie alle anderen, die von »Geopolitik« daherreden, als gäbe es diese als »Faktum«, als »Wissenschaft« oder als »Logik«. »Geopolitik« beruht nicht auf Fakten oder Logiken. Sie leitartikelt sich »Fakten« und »Logiken« zurecht und konstruiert beliebige Bezüge, die als »Kausalitäten« oder »Gründe« für politisch kontingente Ziele herhalten: »Die Demokratie hat einen geopolitischen Raum: den Nationalstaat« (so die »Geopolitiker« Lucio Caracciolo und Angelo Bolaffi). Drei Großbegriffe, aus denen zwei Anachronismen und ein Gemeinplatz destilliert werden. Erstens: Die Behauptung über den im Übrigen immer sehr lockeren und kurzfristigen Zusammenhang von Demokratie und »Nationalstaat« ändert nichts daran, dass einige Formen der Demokratie über zweitausend Jahre älter sind als der Frischling »Nationalstaat«. Zweitens: Wahrscheinlich ist, dass die Demokratie, wenn sie den Namen verdient, in Zukunft ohne den Anspruch auf »Nationalstaatlichkeit« auskommen muss, weil über das Kriterium nationaler Zugehörigkeit niedergelassene Ausländer immer von politischer Partizipation ausgeschlossen, aus dem Land getrieben oder getötet wurden. Der »geopolitische Raum« schließlich ist jenseits der Banalität, dass jeder Staat ein Territorium braucht, für demokratische Verfassungen so wichtig wie das Wetter.

Der Versuch, aus dem Gebrauch des Schlagworts Geopolitik herauszukriegen, was damit gemeint ist, scheitert daran, dass der Begriff eingesetzt wird wie ein Joker. Wenn man trotzdem nicht aufgeben will, stellen sich zwei Fragen. Wann entstand und was war Geopolitik? Und warum taucht Geopolitik in Frankreich, Italien und hierzulande wieder auf?

Auf die Frage, wann sie entstanden ist, gibt es von Seite der Geopolitik – wie bei der Frage nach dem Status ihrer »Fakten« – zwei Antworten. Die erste läuft darauf hinaus, der Geopolitik durch hohes Alter Reputation zu verschaffen. »Die Geopolitik ist eine Tochter der Geographie ... Die Geographie ist eine alte Wissenschaft« (Pascal Lorot). Im Prinzip werden damit alle Autoren als Geopolitiker eingemeindet, die sich seit der Antike irgendwie mit geographischen Fragen befasst haben. Die französischen Geopolitiker haben einer ihrer Zeitschriften aus solchem Ehrgeiz den Titel »Hérodote« verpasst. Für andere beginnt die Geopolitik mit Montesquieu, der sich im »Esprit des Lois« (1748) Gedanken über den Zusammenhang von Gesetzen, Klima, Bodenbeschaffenheit, Sitten, Einwohnerzahl, Handel und Religion machte, oder mit Turgot, der 1751 einen Traktat »Über politische Geographie« schrieb, oder mit Hegel, der 1830 über den »Naturzusammenhang oder die geographische Grundlage der Weltgeschichte« spekulierte. Die geographischen Überlegungen von Montesquieu, Turgot und Hegel haben einen restlos untergeordneten Stellenwert in deren Gesamtwerk. Für die Begründung einer Geopolitik geben sie so wenig her wie kosmologische Spekulationen antiker Philosophen für die Kernphysik.

Die zweite Antwort auf die Frage nach Entstehung der Geopolitik verlegt den Zeitpunkt in die Epoche des Imperialismus. Damals beschäftigten sich Geographen wie Friedrich Ratzel (1844-1904) mit den »Gesetzen des räumlichen Wachstums der Staaten«. Von der Ideologie des Alldeutschen Verbandes imprägniert, suchte Ratzel nach Rechtfertigungen, um Grenzen zu verschieben und Gebiete »geopolitisch« zu arrondieren. Das als Organismus verstandene Reich Bismarcks sollte nach 1871 wachsen wie ein menschlicher Körper. Max Weber kleidete 1895 dieselbe Hoffnung in das Wort von der Reichsgründung als »Jugendstreich«, dem »Taten« folgen sollten. Ratzels Hauptwerke, »Politische Geographie« (1897) und »Der Lebensraum« (1901), enthalten zwar das Wort »Geopolitik« nicht, aber ihr Autor verstand sich als Ratgeber der Reichsführung bei deren Jagd nach einem »Platz an der Sonne« (Staatssekretär v. Bülow 6.12.1897): »Es liegt im Wesen der Staaten, dass sie im Wettbewerb mit den Nachbarstaaten sich entwickeln, wobei die Kampfpreise zumeist in Gebietsteilen bestehen« (Ratzel). Mit dem Buch »Das Meer als Quelle der Völkergröße« (1900) wurde Ratzel zu einem der Mentoren unter den »Flottenprofessoren«, die das bürgerliche Deutschland ex cathedra auf das Flottenbauprogramm – und damit auf einen Krieg gegen England – einschworen. Ein zentraler Begriff Ratzels ist jener des »Lebensraums«, den er von Oscar Peschel übernommen hat, der ihn 1860 bei der Besprechung von Darwins »On the Origin of Species« (1859) verwendete. Ratzel definierte den Begriff an keiner Stelle, sondern beschwor ihn nur in Analogien und Analogieschlüssen. Nachhaltig wirkte der Vergleich mit Beobachtungen von der pazifischen Insel Laysan, wo sich aus Mangel an »Nistplätzen der Seevögel ... das Recht der Besitzenden mit grausamer Folgerichtigkeit« durchsetze. Die »Volk-ohne-Raum-Propaganda« konnte hier nahtlos anschließen.

Als Begründer der Geopolitik und Erfinder des Neologismus gilt der schwedische Geograph Rudolf Kjellén, dessen Arbeiten zwischen 1901 und 1916 erschienen. Aber erst die deutsche Übersetzung von 1917 (»Der Staat als Lebensform«) fand breitere Beachtung. Der gelegentlich als Begründer der Geopolitik genannte britische Geograph Halford J. Mackinder (1861-1947) gebrauchte den Begriff in seinem 1904 erschienen Aufsatz »Der geographische Angelpunkt der Geschichte« ebenso wenig wie der amerikanische Marineschriftsteller Alfred T. Mahan. Dem ersten ging es um britische Seeherrschaft, und der zweite dachte nur sandkastenmäßig-militärisch.

Kjelléns »Der Staat als Lebensform« umfasst fünf Kapitel zu Ethnopolitik, Wirtschaftspolitik, Sozialpolitik, Herrschaftspolitik und Geopolitik. Letztere umschreibt er als »die Lehre vom Staat als geographischem Organismus oder Erscheinung im Raume: also der Staat als Land, Territorium, Gebiet oder ... Reich.« Es ist bezeichnend für die geopolitische Mode zwischen 1917 und 1945, dass keiner ihrer Anhänger auch nur bescheidene Anstrengungen unternommen hat, den Gegenstandsbereich und die Methoden der von vielen (nicht von allen) als Wissenschaft verstandenen Geopolitik zu bestimmen. Bei Kjellén wird der Staat von seiner elementarsten Voraussetzung her gefasst, von seiner Territorialität, aus der der Rest abgeleitet wird. Für ihn wiegen denn auch Gebietsverluste schwerer als der Verlust von Menschenleben.

Nirgends fand Geopolitik so viel Beachtung wie bei deutschen Konservativen und Nationalsozialisten. Beiden war sie ein Hebel zur Revision der Pariser Friedensverträge von 1919/20. Die schillerndste Figur war Karl Haushofer (1869-1946), Mitglied der NSDAP, mit einer Frau jüdischer Herkunft verheiratet, befreundet mit Rudolf Hess und intimer Feind von Goebbels, der ihn nach 1939 kaltstellte. Auch wenn man den direkten Einfluss der Geopolitiker auf die Herrschaft der Nazis nicht überschätzen darf, so hat sich doch das Unternehmen, das sich zwischen 1924 und 1944 um die »Zeitschrift für Geopolitik« gruppierte und den Nazis die Stichwörter lieferte, nachdrücklich diskreditiert: Vom Kampf gegen Weimar über den Antisemitismus bis zum »Drang nach dem Osten« ist hier »geopolitisch« alles zur Propaganda aufbereitet worden. Das kritisch gemeinte Wort vom deutschen »Drang nach dem Osten« prägte der Pole Julian Klaczko 1849; Geopolitiker und Nazis drehten es um und machten es zur Fanfare. Daran ändert nichts, dass Haushofer selbst gegen den Krieg mit der Sowjetunion war. »Das Gesetz der wachsenden Räume« formulierte Fritz Hesse schon 1924. 1933 deklarierte sich die Geopolitik freiwillig als »nationale Staatswissenschaft«, ganz nach Haushofers Motto: »Die Geopolitik will Rüstzeug zum politischen Handeln liefern und Wegweiser im politischen Leben sein.« Umso peinlicher berührt es, wenn neuerdings akademische Gesellenarbeiten versuchen, Geopolitik und Geopolitiker von ihrer Kollaboration mit den Nazis reinzuwaschen. Haushofer hat es abgelehnt, der Forderung seines Kollegen Richard Hennig nachzukommen, Geopolitik eindeutig von Rassenpolitik abzugrenzen. Er räumte nur den Vorrang des »Rechts des Bodens« ein und sprach von »Blut und Boden als Widerlagern« des »gewaltigen Bogens« (4.6.1935), den die Politik nach 1933 geschlagen habe. Die 1994 erschienene Dissertation Frank Ebelings sieht dagegen in der Geopolitik einen Beitrag zur »Stabilisierung ... der Weimarer Republik«. Er schreibt Haushofer »skeptischen Realismus« zu und verniedlicht dessen Unterstützung für Hitlers Außenpolitik als »Ausdruck des Willens einer Idee, über die nationalen Grenzen hinaus ordnungsgebend tätig zu werden.« Mit dem »Denken der Welt« und »Größe« (Michel Korinman) hat die abgeschmackte Scharlatanerie, die zwischen 1917 und 1945 in Deutschland als Geopolitik auftrat, nichts zu tun. Deren trostlose Geschichte kann es nicht gewesen sein, die die Geopolitik in Frankreich, Italien und in der BRD wiederbelebt hat.

Die Gründe dafür liegen in den drei Ländern unterschiedlich, wenn es auch Gemeinsamkeiten gibt und Frankreich den Vorreiter spielt. Man kann das in jeder großen Pariser Buchhandlung überprüfen. Dort füllt die Abteilung »Géopolitique« sechs Laufmeter, gefolgt von einem Meter »Polémologie« (Kriegeskunde), an die sich die Abteilung »Menschenrechte/Humanitäres« mit kaum einem halben Meter Bücher anschließt. Geopolitik hat Konjunktur, und ein »Dictionnaire de géopolitique« ordnet alle Gemeinplätze handlich auf über 1000 Seiten. Seit neuestem ist Geopolitik in Paris ein universitärer Studiengang. Dass es dazu kam, ist das Verdienst des Geographen Yves Lacoste. Der erklärt sich den Wiederaufstieg der Pseudowissenschaft Geopolitik disziplingerecht schlicht: Als es 1979 zum Krieg zwischen den drei kommunistischen Staaten Vietnam, Kambodscha und China kam, fehlte den Journalisten eine Erklärung, denn das Ost-West-Raster versagte. Die Journalisten schauten auf die Karte, sahen das Mekong-Delta und verschrieben sich »geopolitischen Erklärungen« – eine journalistische Improvisation steht also am Beginn der Renaissance der Geopolitik in Frankreich.

Diese Renaissance fiel zusammen mit dem Auftreten der »Neuen Philosophie« in Frankreich. Ebenso theatralisch wie hypermoralisch grundiert, verabschiedeten sich damals Teile der Pariser 68er-Intelligenz von ihrem konfusen Bistro-Maoismus. Lacoste selbst gehörte nicht zu dieser Generation, aber zu einer Fraktion von »Tiers-Mondistes« (Dritte-Welt-Fans), denen die Verbrechen Pol Pots und anderer Diktatoren ihr Weltbild zerstörten. Denjenigen, denen früher das Herz für den Klassenkampf im Weltmaßstab und für »die Verdammten dieser Erde« schlug, erschien jetzt über Nacht »die Geographie als Handlungsmittel« (moyen d'action). Als »militante Geographen« wandten sie sich zunächst gegen »die Geographie der Professoren« (Yves Lacoste). Später versuchten sie Einfluss auszuüben auf die »Entscheider« in Wirtschaft, Politik und Militär. Historische Analogien sollten das Prestige steigern: Herodot sei, so Lacoste, nicht nur Historiker gewesen, sondern habe mit seinem Wissen über Persien die Raubzüge Alexanders des Großen erst ermöglicht. Ob bei der Investitionsberatung multinationaler Konzerne, bei staatlichen Entwicklungsprojekten oder als »Ratgeber von Staatschefs« – für alles stellt »die Geographie« nach Lacoste »ein ausgezeichnetes Herrschaftsmittel« bereit (»Den Boden denken«, Autrement, Nr. 152, 1995). Der Formel à la mode entsprechend, wird da zwar »bodennah« platt geredet, aber wenig gedacht – schon gar nichts zu Ende. In der Zeitschrift »Hérodote«, die den Untertitel »Revue de géographie et géopolitique« erst seit 1982 trägt, hieß die Zielgruppe 1976 noch etwas anders: »für die Unterdrückten«. Was jedoch den Gegenstand und die Methode der aufgewärmten Geopolitik ausmacht, so ist alles beim Alten geblieben: Kein einziger Beitrag in 20 Jahren, der die Grundlagen klärte. Vielmehr tischt das Organ unentwegt Ladenhüter auf, die in ihrer Schlichtheit auch von Haushofer stammen könnten. »Die geopolitische Methode« bezieht »ihre Argumente aus der geographischen Logik, und als Arbeitsgrundlage dienen ihr Karten« (Yves Lacoste 1990). Allenfalls kann man von einem Rückzugsmanöver sprechen, wenn Lacoste einräumt, dass »es ja nicht eine Geopolitik, sondern verschiedene Geopolitiken« gibt – und zwar so viele wie Nationalstaaten. Das war die Einbruchstelle für den mit Ressentiments gegen Deutsche unterlegten Salon-Nationalismus, in den Lacoste und die gesamte Zeitschrift nach 1989 umkippten. Die Zeitschrift bietet heute nur noch nationale Propaganda, unter dem Vorwand, man dürfe die »Idee der Nation« nicht der »nationalistischen extremen Rechten« (Hérodote, Nr. 72/73, 1994) überlassen. Fazit: Zu den »geopolitischen« kamen die post-Jetons hinzu (»Westen«, »Zivilisation«, »Identität« und »kollektives Bewußtsein«). Geopolitik aber blieb, was sie immer war: Leutnants-Latein in Form militärischer Geländekunde, die bestimmt wird durch logistische, taktische und strategische Plausibilitätserwägungen oder Leitartikel-Prosa, die ihre nationale Borniertheit hinter begrifflichen Nebeln verbirgt. Nur lächerlich wirkt, wenn derlei von der deutschen Anhängerschaft als »Hérodote-Schule« beweihräuchert wird.

Der italienischen Linie der Geopolitik fehlt jede intellektuelle Eigenständigkeit. Sie schwimmt mit ihrer Zeitschrift »Limes« im Pariser Schlepptau. »Limes« ist hemmungsloser – da darf man auch das »Italien ohne Helden« oder den »Genozid an der Nation« bejammern. Ein Teil der Autoren gehörte einst zur kommunistischen Linken. Nachdem diese aus der

Mode kam, bleiben vielen nur »unsere wahren nationalen Interessen« (Federico Rampini) und Nationalismus übrig. Mit Carlo Jean hat die Zeitschrift ein Mitglied im »wissenschaftlichen« Beirat, das im Stil wilhelminischer Generäle über die »nationale Idee der Sicherheit« und »gerechte Kriege« schwadroniert. Andere machen die »Entnationalisierung« der Linken für den Zustand der staatlichen Institutionen verantwortlich, nicht etwa Parteiensumpf, Mafia und Korruption. »Die Mäßigung«, die sich »Limes« auferlegt, nachdem »wir immer zu groß oder zu klein sein wollten«, endet bei der blutsrechtlichen Eingemeindung aller emigrierten Italiener: »Dann kommen wir auf etwa 100 Millionen«, d. h. auf »ein geopolitisches Vorkommen, das darauf wartet, ausgebeutet zu werden« (Limes 4/1994). Aus dem Editorial der Zeitschrift »Geopolitica« von 1939 tönte die »Mäßigung« ähnlich: »Die Grenze Italiens liegt in den Karpaten.« Geopolitik ist in Italien eine Schöpfung der faschistischen Regierung, was die heutigen Adepten nicht zu stören scheint. Man redet einfach von »der Gewohnheit unserer Kultur, sich bei der Analyse verschiedenster Bereiche des räumlichen oder territorialen Schlüssels« zu bedienen. Im publizistischen Handgemenge dominieren Seichtigkeiten und Vereinfachungen: Deutschland sei »besessen von einem Gefühl der Unsicherheit ...: dem Fehlen eines Selbstbewusstsein stiftenden Kollektivgedächtnisses und einer sicher definierten geographischen Lage. Daher sein unruhiger Charakter, die ständige Versuchung, auf geopolitische Wanderschaft zu gehen, immer auf der Suche nach der eigenen Identität« (Angelo Bolaffi) – wie gehabt, Verdun und Stalingrad als Folge der Leidenschaft für »geopolitische Wanderschaft«.

In der Bundesrepublik hat es drei Versuche gegeben, die Geopolitik wiederzubeleben. Mit dem ersten brachten die alten Kämpen die »Zeitschrift für Geopolitik« von 1951-56 wieder heraus. Das Unternehmen driftete so weit nach rechts, dass bald Autoren und Leser fehlten. Der zweite Versuch begann 1981 parallel mit Kohls »geistig-moralischer Wende«. Konservative Historiker führten in tagespolitisch motivierten Beiträgen alte »geopolitische« Klischées und simple Denkmuster »stillschweigend« und ohne »stichhaltige Argumente« (Hans-Ulrich Wehler 1982) in die Debatte ein. Vereinzelt fand Michael Stürmer damit zwar Nachahmer in Leitartikeln und Feuilletons, aber der Vorstoß versandete. Der dritte Anlauf, Geopolitik salonfähig zu machen, setzte nach 1989 ein. Neokonservative Nachwuchshistoriker bliesen zur Planierung der Brüche in der deutschen Geschichte und zu deren »Normalisierung« im Namen der Nation (B. Seebacher-B.). Mit dem »Rückruf in die Geschichte« sollte die Geopolitik als »Orientierungswissenschaft« (Karlheinz Weißmann) installiert werden. Die Trommler der »selbstbewussten Nation« entdeckten die »Mittellage« bzw. Haushofers »Zerrzone« und empfahlen gleich die Rückkehr zu den »Erfahrungen der Großväter und Urgroßväter« (Karl-Eckard Hahn). Karl Schlögel sah Berlin »an einer Magistrale, ... die Westeuropa mit dem Pazifik verbindet« und mahnte ultimativ die Beschäftigung mit »Erdkunde und Geopolitik« an.

Mittlerweile ist diese Agitation in offenen Nationalismus und Revisionismus umgeschlagen, die sich in Sammelbänden zur »Westbindung« und zur »selbstbewussten Nation« ausleben. Es geht nicht darum, jedem, der sich am restlos ausgedroschenen nationalen oder geopolitischen Stroh zu schaffen macht, eine alte Schelle umzuhängen. Nachzufragen ist, ob einer überhaupt Sinnvolles und Sachhaltiges ausdrückt, wenn er Geopolitik sagt oder schreibt. Die Beweislast dafür liegt bei den Autoren, und diese sind die Belege bislang schuldig geblieben.

So wie in Frankreich und Italien ortlos gewordene Linke in der Geopolitik neue Orientierung suchten, so auch hierzulande. Mit Haushofer will man zwar nichts mehr zu tun haben, aber damit »keineswegs ... pauschal den Stab über alle Varianten geopolitischen Denkens brechen« (Dan Diner). Derlei Beteuerungen werden nicht überzeugender mit dem Hinweis auf »die Schule von Yves Lacoste«, denn auch für sie gilt, dass von den vielen Varianten, in denen der Begriff »Geopolitik« auftaucht, keine diskutablen Standards genügt – von Modischem in der Preislage einer »Geopolitik multikultureller Gesellschaften« (Claus Leggewie) abgesehen.

Viele ostdeutsche Politologen fielen nach Abwicklung und Warteschleife nicht nur in ein existentielles Loch. Sie verloren gleichzeitig ihre zum Katechismus verkommene methodologische Grundausstattung – den Marxismus-Leninismus. In zwei ostdeutschen Zeitschriften (»Berliner Debatte INITIAL« und »WeltTrends«) schufen sich einige dieser Wissenschaftler Foren der theoretischen und politischen Selbstverständigung. Beide suchten nach »neuen Sichten«, »neuen Diskursnetzen« und »intellektuellen Freiräumen«, landeten aber zügig in einer Sackgasse: Unter westdeutscher und ausländischer Beteiligung machte man sich an die Wiederbelebung einer Totgeburt und prüfte »die Erklärungsmächtigkeit geopolitischen Denkens«. An den Zeitläuften wie ihrem früheren

Dogmatismus und Determinismus irre geworden, griffen sie zum geopolitischen Dogmatismus, der gegenüber dem alten den Vorteil intellektuell noch anspruchsloserer Handhabbarkeit aufweist. Yves Lacoste und Étienne Sur dürfen sich und die französische »Géopolitique« in den »WeltTrends« gleich selbst loben, und der Doyen der deutschen »Geopolitik« – Hans-Adolf Jacobsen – bügelt deren Geschichte wieder einmal glatt. Andere Autoren möbeln das Vokabular zeitgeistig auf und empfehlen den »Geopolitikern«, sich »als Wissenschaftler zu profilieren.«

»Raum und Zeit« werden zu »an sich bedeutungslosen Termini« erklärt. Demnach könne man zwischen »Zeit- und Raumlogik« wählen wie zwischen Wein und Bier. Die Pointe dieser These: Der Marxismus-Leninismus war der »Zeitlogik« verfallen, also muss man fortan auf »Raumlogik« umschalten. Die Begründung liest sich rührend: »In einem dunklen Kerker oder in moderner Isolationshaft hat man alle Zeit der Welt, doch man kann daran nur irre werden. Und warum ziehen es begüterte Schichten stets vor, in großen Wohnungen ... zu wohnen, und warum haben auch Honecker & Co. sich eher selten mit einer sozialistischen Einraumwohnung als ihrem Domizil begnügt? Warum sind ... ganze Altbaustadtviertel in Westdeutschland von ehemaligen 68ern mit Beschlag belegt? (...) Doch wohl genau deshalb, weil alle diese Gruppen wissen und täglich spüren, dass man Platz und Raum braucht, um sich zu entwickeln oder um sich wohlzufühlen« (Berliner Debatte INITIAL 3/1995). »Geopolitische Raumlogik« beruht auf suggestiven Fragen mit Binsenwahrheiten als Lösungen – »man braucht Platz«. Geopolitisch nichts Neues – im Osten wie im Westen.

6 *Aufgeklärter Pazifismus und Friedensschwärmerei*

Bei der Debatte über Pazifismus brennen Sicherungen durch – intellektuelle, politische und moralische. »Dass die Begriffe ›Militarismus‹ und ›Pazifismus‹ ihren Charakter als aggressiv wirkende Reizvokabeln verloren« hätten und »als analytische Kategorien« anerkannt würden – so hoffte Wolfram Wette noch 1991 –, liest sich wie ein Spottvers. Wieder einmal dient »der« Pazifismus als Prügelknabe.

Die »realpolitisch« nicht zitierfähige »Friedensschwärmerin« und Nobelpreisträgerin Bertha von Suttner hat vom Pazifismus wenig begriffen, aber früh geahnt, dass es diesem ergehen könnte wie Liebhabern und jenen politischen Theorien, die sich noch etwas anderes vorstellen können, als das, was der Fall ist. In der ersten Phase werden »sie verlacht, in der zweiten bekämpft und in der dritten wirft man ihnen vor, dass sie offene Türen einrennen«. So wie die Dinge liegen, befinden wir uns – was den Pazifismus betrifft – am Übergang von der zweiten zur dritten Phase. Und dies seit längerer Zeit.

Kurz bevor sich die deutschen zusammen mit anderen europäischen Eliten 1914 zum Krieg entschlossen, publizierte der »Deutsche Wehrverein« ein Buch mit dem Titel »Die Friedensbewegung und ihre Gefahren für das deutsche Volk«. Nach 1918 kam den Militärs und den konservativ-deutschnationalen Eliten »der«. Pazifismus gerade recht als Ursache für die Niederlage und den Versailler Vertrag. Während der Nachrüstungsdebatte 1981 erschien ein Buch mit dem Titel »Zuviel Pazifismus?«. Seither suchen einige nach den versteckten »nationalen Ursprüngen und Tendenzen« der Friedensbewegungen und landen bei ihrer Jagd immer nur bei theoretisch halt- und empirisch substanzlosen Spekulationen über »generationenverschobene« Prozesse, in denen pazifistische Enkel die Ängste von militaristischen Großvätern vor Niederlagen und die Alpträume von Kriegsverbrechern »kontraphobisch« und »kollektiv« ausleben oder abreagieren – als »Antiamerikanismus«, »Neo-Nationalismus von links« oder »Antisemitismus«. So Dan Diners Sozialpsychologie aus dem Geist der Kaffeesatzleserei.

Es ist eigenartig, aber immer, wenn es um Krieg und Frieden geht, arbeiten Kritiker von links und rechts mit ähnlichen Methoden. Das gilt für die Debatten in den 50er Jahren um die Wiederbewaffnung, in den 60ern um Abrüstung und Atomwaffen, in den 70ern um Kriegsdienstverweigerung und in den 80ern um die »Nach«rüstung ebenso wie bei der Auseinandersetzung um den Golfkrieg 1991 sowie um die Proteste gegen die Attentate auf ausländische Bürger: Immer traten der Anlass und die politische Konsistenz der pazifistischen Aktionen zurück hinter dem Gerede über die – freihändig erschlossenen – Motive der Akteure.

In den 80er Jahren bekämpfte Heiner Geißler »den« Pazifismus ohne Motivspekulationen, dafür mit einem intellektuellen Trick, den man früher »jesuitisch« genannt hätte. Aus der aktuellen Argumentationsnot der Verteidiger der atomaren Aufrüstung presste Geißler in alter Demagogentugend den Verdacht, dass jene, die hier dagegen sind, denen drüben dienen: Wer gegen Aufrüstung ist, hilft dem Gegner. Um der bodenlosen Behauptung medialen Schwung zu verleihen, rührte Geißler »Pazifismus« und »Auschwitz« zusammen. Weil Pazifisten die militärische Gewalt skeptisch betrachteten oder ablehnten, wurden sie mitschuldig daran, dass die deutsche Wehrmacht im Zusammenspiel mit nationalsozialistischen Spezialeinheiten sowie einer gut geölten Staats- und Justizmaschinerie Millionen von Menschen umbringen konnte. Der kleine Haufen Pazifisten hat nach der grob gestrickten Logik mitzuverantworten, was eine Mehrheit von Deutschen passiv hingenommen und eine qualifizierte Täterschaft in Millionenhöhe zu verantworten hat – den Vernichtungsfeldzug durch Europa und die Vernichtungslager. Geißlers Sündenbock ist klein, aber seine Schuld immens. Sein Name ist »Pazifismus«.

1995 soll die Bundesrepublik Deutschland den wirtschaftlichen Speck, den sie seit 1949 angesetzt hat, politisch und militärisch abtrainieren. Im gängigen Jargon heißt das: »The party is over«, »weltpolitisch« mitmachen, vom »Zwerg« zum »Riesen« wachsen oder ganz schlicht, »Sonderrolle vermeiden«, »normal werden«. Die neueste Argumentationsnot des politischen Konformismus spricht aus Joschka Fischers panzer-pazifistischem Argument – einer parteitaktischen Improvisation ohne intellektuelle Durchschlagskraft. Das Argument kennt keine Gründe, keine Herkunft, keine Differenzen und keine Grenzen des Geschmacks, sondern nur noch Ortsnamen: »Genau wegen Auschwitz dürfen wir keine weiteren Srebrenicas geschehen lassen.« Wer hindert uns an dieser einfachen Sicht der Dinge? »Der« Pazifismus.

Pazifismus – der Begriff ist relativ jung und stammt vom französischen Notar Émile Arnaud, der sich

1901 eben damit von der bloß religiös, moralisierend und karitativ unterlegten Friedensschwärmerei absetzen wollte. Friedensvereine hatten sich von den USA über England und Frankreich vom Beginn des 19. Jahrhunderts an in ganz Europa ausgebreitet. Arnauds Versuch, seiner Theorie und seinem Programm »mit einem Wort auf -ismus« dieselbe Aura zu verschaffen, die Theorien und politische Bewegungen des Liberalismus, Anarchismus und Sozialismus schon besaßen, trug bald Früchte. Aber in den Friedensbewegungen – der Singular ist bei der Vielfalt, um die es ging und geht, stets falsch – und in den pazifistischen Konzepten war immer beides vertreten: eine eher reflexionsferne und unpolitische, emotional oder religiös motivierte Sehnsucht nach Frieden und Verständigung zwischen den Völkern und eine theoretisch reflektierte und politisch artikulationsfähige Suche nach Frieden und nicht-kriegerischen Konfliktlösungen.

Insofern ist »Pazifismus«, als totalisierender Ausdruck für dieses bunte Gemisch von Sehnsüchten, Konzepten und Theorien, viel älter als der Begriff. Die ersten ausformulierten Friedenspläne stammen aus dem 16. Jahrhundert von Erasmus von Rotterdam (»Querela Pacis«), Thomas Morus (»Utopia«) und Juan Luis Vives (»De pacificatione«). Europaweit bekannt und kommentiert wurde der Plan des Abbé Saint-Pierre von 1713 (»Projekt, den Frieden in Europa zu verewigen«). Der theoretisch bedeutendste, noch die Friedensbewegungen des 20. Jahrhunderts beeinflussende Entwurf stammt von Immanuel Kant (»Zum ewigen Frieden«, 1795).

Kant formulierte erstmals zwei Einsichten. Friede ist mehr als Nicht-Krieg oder Waffenruhe und hängt ganz entscheidend von der rechtlichen und gesellschaftlichen Verfassung der Staaten ab. Monarchisch-despotische Staaten sind ebenso wenig friedensfähig wie Staaten, in denen Armut und Zensur herrschen oder stehende Heere die Gesellschaft dominieren. Die zweite Einsicht betrifft das Verhältnis der Staaten untereinander, die – selbst wenn sie nach innen rechtsstaatlich-demokratisch organisiert sind – unter dem Deckmantel »Souveränität« nach wie vor »die wilde (gesetzlose) Freiheit« genießen, Kriege zu führen. Um diese zu verhindern, sollen die einzelnen Staaten in einen »Föderalism freier Staaten« eingebunden werden und sich Rechtsprinzipien unterwerfen wie die Bürger im Rechtsstaat. Nach Kants unerhörter Formulierung ist es die »barbarische Freiheit der schon gestifteten Staaten«, die – analog zum Innenverhältnis – mit einer Verfassung domestiziert werden muss, wenn Friede herrschen soll.

Seit Beginn des 20. Jahrhunderts werden solche Überlegungen in den europäischen Friedensbewegungen aufgenommen. Während der Gefühlspazifismus zurückwich, gewann der vor allem von Professoren als Antwort auf den national orchestrierten Sozialdarwinismus vertretene »wissenschaftliche« oder »organisatorische Pazifismus« (Alfred H. Fried) an Boden. Gemeint ist damit die Ordnung der Staatenbeziehungen nach Rechtsprinzipien mit internationaler Schiedsgerichtsbarkeit sowie militärische Abrüstung. Von ihrer sozialen Zusammensetzung her waren die Friedensbewegungen zunächst Clubs von Honoratioren mit guten Beziehungen zur Geschäftswelt sowie zur damals liberalen »Frankfurter Zeitung«. Die Universitätslehrstühle besetzten nationalistische »Flottenprofessoren«, einige Mutige nur standen für Frieden ein. Und mit Ausnahme der SPD waren alle Parteien bis 1914 ebenso kriegerisch wie nationalistisch – danach auch Teile der SPD. Der Linksliberale Friedrich Naumann bekannte 1905: »Der Militarismus ist die Grundlage aller staatlichen Ordnung und bürgerlichen Wohlfahrt«. Die Professoren Karl Lamprecht, Hermann Cohen, Paul Natorp, Otfried Nippold, Georg Friedrich Nicolai, Albert Einstein, Friedrich Wilhelm Foerster, Theodor Lessing, Emil Julius Gumbel, Walther Schücking und einige andere verstanden sich explizit als Pazifisten oder neigten Friedensbewegungen zu wie ein paar Frankfurter Bankiers oder der Krupp-Direktor Wilhelm Muehlon. Die meisten Professoren wurden im Kaiserreich wie in der Weimarer Republik geächtet und gemaßregelt, einige aus dem Land getrieben. Erst nach 1918 gewann dieser »Professoren- und Geheimratspazifismus« eine breitere soziale Basis, ohne dass die organisatorische Zersplitterung der Bewegungen und das Sektierertum überwunden worden wären. Die Friedensbewegungen selbst brachten ihre schärfsten Kritiker hervor – von Ludwig Quidde und Fritz Küster und von Kurt Tucholsky und Hellmuth von Gerlach bis zu Erich Kästner und Carl von Ossietzky, der den Friedensfreunden vorwarf, sie wollten »die ganze Menschheit am liebsten auf Kohlrabi-Diät« setzen. Der pazifistische Mäzen Richard N. Coudenhoven-Kalergi sah überall »zu viele Schwärmer, zu wenig Politiker« und meinte: »Das größte Übel des Pazifismus sind die Pazifisten.«

Die neuerdings wieder modische Verteufelung »des« Pazifismus als unpolitische Schwärmerei und als moralisch wie intellektuell unzurechnungsfähiger Irrationalismus wird der Theorie und der politischen Bewegung nicht gerecht, ist sachlich falsch und bleibt theoretisch in Anachronismen befangen. – Die pazifistischen Bewegungen in Europa – die älteren wie die jüngeren – verdienen die pauschale Abqualifizierung als unpolitisch nicht. Zu solchen Urteilen neigen Kritiker, die Details zum Ganzen aufplustern und sich vor dem Fernseher am einen oder anderen unreflektierten Slogan (»Kein Blut für Öl«, der im Übrigen aus den USA stammte) festbeißen. Nach fünf Jahren ist der Nebel, den Zensur und Propaganda 1991 verbreiteten, verflogen: Hintergründe, Verlauf und Ergebnisse des Golfkriegs versetzen die hämische Kritik an Auswüchsen des pazifistischen Protests ins Unrecht.

Sachlich falsch ist der Vorwurf unpolitischer Irrationalität, weil selbst für die sentimentale Bertha von Suttner das Gegenteil belegt werden kann. Während die FAZ das amerikanische Bombardement der vietnamesischen Zivilbevölkerung noch am 4.3.1965 als »Politik aus der Luft« verharmloste, erkannte »die Schwärmerin« schon 1912, was die italienische Luftwaffe erstmals in der Geschichte über Tripolis ausprobierte: »die Barbarisierung der Luft«. Protestantische Pfarrer durchschauten 1928 die Verherrlichung des »Gaskampfes« durch einen Breslauer Chemiker als »militaristische Chemie« und debattierten darüber auf höchstem Niveau. Demgegenüber wirkt das universitäre Spießertum, das heute den »Lehrmeister Krieg« (K. O. Hondrich) – wie 1914 – vom Katheder herunter anpreist, ebenso schal wie das Lamento, hierzulande gebe es

Friedens- und Konfliktforschung, »statt Militärwissenschaft und Kriegsgeschichte«.

Die steinerne Dumpfheit »ehrloser Strategeme« (Kant) regiert auf der dritten Ebene. Mit theoretischen Anachronismen soll »der« Pazifismus endgültig abgetan werden, indem er je nach Gusto als unfähig, Konflikte zu lösen, oder als verantwortlich für die Fortsetzung von Kriegen und Bürgerkriegen hingestellt wird – zuletzt in einem »Berliner Manifest«, das den »gnadenlosen Pazifismus« als Ersatzkriegsverbrecher ausmachte. Eine fatale Rolle spielen bei solcher Stimmungsmache Carl von Clausewitz und Max Weber.

In dem Maße, wie Clausewitz' Definition des Krieges als »Instrument der Politik« zum Gemeinplatz versimpelt wurde, Krieg sei nur »ein anderes Mittel« oder eine »Strafaktion«, gerieten Alternativen zu so verkürzter Politik in Vergessenheit. Der Krieg in der Hinterhand galt fortan als Passepartout für Konfliktlösung – von den Stammtischen bis in die Kabinette. »Krieg?« »Ja, selbstverständlich«, hechelt jetzt ein Teil der ehedem kritischen Intelligenz (SZ 17.8.95). Die historische Bilanz für das Passepartout Krieg sieht erbärmlich aus. Die wenigsten Kriege wurden allein oder auch nur hauptsächlich mit militärischen Mitteln beendet. Die Folgen kriegerischer Konfliktaustragung und der atavistische Glaube daran sorgten notorisch dafür, dass sich jede Nachkriegszeit schnell zur neuen Vorkriegszeit auswuchs und nicht zum Frieden.

Pazifistischen Theorien dagegen ging es immer um eine alternative Politik, die den vermeintlichen Realismus, demzufolge der Kampf konkurrierender Interessen nur durch Krieg entschieden werden könne, als Ideologie entblößten. Und was haben »Interessenpolitik«, »Staatsraison« und »Machtpolitik« im Lauf der Geschichte nicht alles als »real« präsentiert! Zu den alternativen Konzepten gehört als Herzstück die Frage nach den rechtlichen, sozialen und ökonomischen Bedingungen, unter denen Friede möglich ist. Pazifistischen Ideen der Kriegsprävention und Konfliktlösung Versagen oder Undurchführbarkeit vorzuwerfen, ist billig, denn sie wurden bislang kaum ernsthaft umgesetzt – ganz im Unterschied zu den realpolitisch-militärischen Hausrezepten. Deren Leistungen können bei der kritischen Geschichtswissenschaft nachgeschlagen oder auf Friedhöfen und Soldatenfriedhöfen besichtigt werden.

Max Webers Unterscheidung von »Verantwortungs- und Gesinnungsethik« dient heute dazu, Friedensbewegungen und Pazifismus pauschal der »Moralisierung der Politik« und der Verwechslung von Recht und Moral zu bezichtigen. Wer aus dem militaristischen Paradigma ausbricht, wonach nur den Krieg vorbereiten müsse, wer Frieden wolle, gilt als Gesinnungsapostel. Der Pferdefuß dieser forschen Attacke besteht darin, dass Webers Unterscheidung selbst die Spuren ihrer kriegerischen Geburtsstunde auf der Stirn trägt. 1895 hielt er seine Antrittsvorlesung und deklarierte die preußisch-deutsche Reichsgründung von 1871 zum »Jugendstreich«, den man auch hätte lassen können, wenn dem nicht etwas in der Preislage einer Vergrößerung Deutschlands folge. Dem Krieg von 1914 verlieh Weber »die Weihe eines deutschen Krieges«. Seine Unterscheidung von »Gesinnungs- und Verantwortungsethik« entwickelte er direkt aus den Gegenpositionen in und zu diesem Krieg. Die Differenz von »Herrenvolk« und »Machtstaat« auf der einen, »Polentum« und »Verschweizerung« (1915) auf der anderen Seite ist das Modell für die Unterscheidung von Kriegsberechtigten, die angeblich aus realpolitischer »Verantwortung« handeln, und Bekriegten, deren Protest als »gesinnungsethisch« abgetan wird, weil die verantwortungsethische Herrenmoral dem überlegen sei. »Verantwortungsethik« ist das Schmiermittel für Politik, die zuerst nach »Feind und Freund« (Carl Schmitt), den »Divisionen des Papstes« (Stalin) oder den Kosten fragt und bestenfalls nach der Schlacht nach den rationalen und moralischen Grundlagen ihres Handelns.

Pazifisten lehnen das ab und verfallen angeblich der »Moralisierung des Rechts«, wenn sie rechtliche Normen (die immer ein ethisch-moralisches Fundament haben) und Sanktionsmechanismen für den Bereich zwischenstaatlicher Beziehungen einklagen. Pazifistische Konzepte entfernen den Schleier von ideologischen Konstruktionen, die unter den Tarnnamen »Völkergemeinschaft« oder »Staatengemeinschaft« auftreten, um partikulare Interessen durchzusetzen; sie erweisen deren real- und machtpolitische Praxis als inkonsistent, moralisch unvertretbar und nicht verallgemeinerungsfähig; sie entzaubern die vermeintliche Normalität von Kriegen im Namen »nationaler Souveränität« und »legitimer Machtinteressen« als irrational; sie demonstrieren, wie fragwürdig die theoretische Fundierung »nationaler Selbstbestimmung« geworden ist; sie belegen die Konsequenzen von Vorstellungen, die Politik, Moral und Rationalität glauben voneinander abtrennen zu können.

Gegenüber solchen Versuchen bestand Ernst Tugendhat vor Jahren darauf, dass »moralische Argumente ebenso rational sein können wie andere«, sofern in die Moral argumentativ begründbare Prinzipien eingehen, die rationaler Kontrolle zugänglich sind. Und genauso verhält es sich mit Recht und Moral: Staatliche Gewalt muss sich in demokratisch verfassten Rechtsstaaten bei ihrer Ausübung nach innen wie nach außen an rechtliche Normen halten. Und »die demokratische Legitimierung des Rechts soll garantieren, dass das Recht mit anerkannten moralischen Grundsätzen in Einklang bleibt« (Jürgen Habermas). Dieser Zusammenhang von Recht und Moral hat nichts mit einer Moralisierung des Rechts zu tun, sondern bildet die Basis eines Rechtsstaates.

In der aktuellen Debatte wird »der« Pazifismus beschuldigt, sich seinerseits jenseits der Moral anzusiedeln, weil er bereit sei, Kriegen und Bürgerkriegen tatenlos zuzuschauen. Dieses Argument trifft allenfalls auf einen randständigen Pazifismus zu, der Gewaltanwendung prinzipiell ablehnt. Absolute oder bedingungslose Gewaltablehnung ist kein moralisch und rational begründbarer Standpunkt, da er sich nicht auf verallgemeinerbare Prinzipien beruft, sondern auf religiöse Überzeugungen oder individuelle Präferenzen. Die Heiligkeit des Lebens etwa ist kein moralisches Prinzip, sondern ein unhaltbares Dogma, das schon im Falle eigener Notwehr oder beim möglichen Schutz Dritter vor Mördern als Handlungsmaxime versagt.

Alle reflektierten Formen von Pazifismus lassen sich jedoch auf die Diskussion ein, welche Formen von Gewaltanwendung unter welchen Umständen für die Erreichung welcher Ziele zulässig sind. Sie sind insofern in einer strukturell analogen Lage wie traditionelle Macht- und Realpolitiker, die bei ihren Entscheidungen abwägen müssen, welchen Mitteleinsatz sie für welche Ziele riskieren und notfalls auch verantworten können. Die Kriterien, nach denen reflektierte Pazifisten und herkömmliche Macht- oder Realpolitiker Entscheidungen beurteilen, unterscheiden sich allerdings nach Herkunft, Reichweite, Begründungskonsistenz und Zielsetzung ihrer Argumente fundamental. Jene suchen nach ökonomischen, sozialen, politischen und moralischen Bedingungen des Friedens, und diese rechnen einzig mit dem »Ernstfall« und setzen auf militärische Kriegsvorbereitung oder militärische Beendigung von Kriegen und Bürgerkriegen.

Der Vorwurf, »der« Pazifismus sei moralisch indifferent und schaue zu, wie anderswo Menschen umgebracht würden, fällt auf traditionelle Macht- und Realpolitiker zurück. Das gebetsmühlenhaft wiederholte Wort vom »Zuschauen« macht die Verwirklichung von Menschenrechten sozusagen zur Hausaufgabe des Fernsehzuschauers und entlastet die politisch Verantwortlichen. Im Übrigen erschleicht sich der unmittelbare Vergleich von Alltagssituationen (ein Dritter schützt ein Opfer vor einem potentiellen Mörder mit Gewalt) mit Interventionen von Drittstaaten in Kriege und Bürgerkriege seine Evidenz durch eine Kette von durchsichtigen Scheinplausibilitäten. Zweitens wird über nichts so willkürlich und nach situativen Interessen entschieden wie über militärische Interventionen. Pazifistische Konzeptionen setzen auch deshalb auf Kriegsprävention. Alfred H. Fried sprach 1908 vom »ursächlichen Pazifismus«. Er meinte damit »die Beseitigung der Kriegsursachen«, d. h. jener innerstaatlichen und zwischenstaatlichen Strukturen, die ein Zusammenleben in Frieden gefährden. Insofern kann man es pazifistischen Konzeptionen nur bedingt vorwerfen, wenn sie für Kriege, die Macht- und Realpolitik zu verantworten haben, keine Patentrezepte vorlegen, wie zu beenden wäre, was andere angefangen haben. Und drittens sind die humanitäre Hilfe und die großzügige Aufnahme von Flüchtlingen wirksamer, als militärische Interventionen, die fehlschlagen können, unter Umständen die Lage verschärfen oder nur vorgenommen werden, um das Kriegsziel »ethnisch homogener Staaten« arbeitsteilig durchzusetzen wie 1993 beim Zusammenspiel von NATO-Bombardement und der Vertreibung von 200 bis 250 000 Serben aus Kroatien und Bosnien. Viertens eignet militärischer Intervention oft eine sublime Dialektik: Nach dem inakzeptablen Einmarsch der Roten Armee in Afghanistan (angeblich zur Beendigung des Bürgerkriegs), rüsteten westliche Staaten die anderen Bürgerkriegsarmeen so auf (angeblich zur Selbstverteidigung), dass nach dem Abzug der Roten Armee bis heute ein Bürgerkrieg tobt, der in jeder Hinsicht überbietet, was auf dem Balkan geschehen ist und geschieht.

Einer militärischen Intervention, zugunsten der Garantie von Menschenrechten, Demokratie und Rechtsstaatlichkeit, wäre nichts entgegenzuhalten, wenn die Interventionen wirklich deshalb und gegenüber Menschenrechtsverletzungen und Diktaturen überall in der Welt nicht nur erwogen, sondern durchgeführt würden. Die beiden ersten

Interventionsbedingungen – Menschenrechte, Demokratie und Rechtsstaatlichkeit als Motive sowie Gleichbehandlung aller Konflikte – sind offensichtlich nicht erfüllt. Für die Praxis eines gleichzeitig universellen, d. h. weltweiten, und universalistischen, d. h. nach verbindlichen Normen agierenden Interventionismus für Menschenrechte, Demokratie und Rechtsstaat fehlt es bislang an allem – am politischen Willen der Einzelstaaten, an Strukturen, Organisationen und Ressourcen. Ob die Einzelstaaten je dahin kommen, auf Kosten ihrer Souveränität die Voraussetzungen dafür zu schaffen, ist eine offene Frage. Bis es so weit ist, gibt es nur eine rational und moralisch vertretbare Entscheidung. Die Relation zwischen den für militärische Interventionen und der für humanitäre Hilfen oder präventive Kriegs- und Bürgerkriegsverhütung aufgebrachten Mitteln muss sich zugunsten humanitärer Hilfe und präventiver Interventionsformen verschieben. Die von den führenden Staaten in der UNO und in der NATO bestimmte Politik läuft in die entgegengesetzte Richtung. Das tangiert auch die Glaubwürdigkeit jener militärischen Interventionen, die vom Prinzip her berechtigt sein könnten.

Ein pazifistischer Faden verstärkt das Gewebe des Grundgesetzes. Wer ihn entfernen möchte, »normalisiert« das Land in die Vergangenheit von (Groß-)Machtpolitik mit ihrer ordinären Gleichsetzung von »Souveränität« und »Kampfeinsatz« (FAZ 27.2.93). Gegenüber Versuchen, »den« Pazifismus zu entlegitimieren, gilt: Souverän ist, wer bei der Debatte darüber nicht gleich den Verstand verliert und »militärische Pazifizierung« mit »Friede« verwechselt.

7 *Brockhaus: fast die ganze Welt im Bücherregal*

Im Glücksfall ereignet sich in einer Runde von Menschen, die sich bei einem Glas Wein treffen, was man altmodisch »eine gesellige Konversation« nennt. Und wenn dabei etwas strittig wird, muss jemand entscheiden. Da ist es immer gut, den »Brockhaus« im Rücken und womöglich nicht zuoberst im Regal zu haben. Zwar definierte der erste »Brockhaus«, der zwischen 1796 und 1808 erschien, erst im Nachtragsband, was »Conversation« bedeutet – »der Umgang, der Verkehr, die Unterhaltung mehrerer Personen mit und untereinander« – aber den Zweck des Unternehmens umrissen die Herausgeber Renatus Gotthelf Loebel und Christian Wilhelm Franke schon in der Vorrede zum ersten Band (1796): Das »Conversationslexikon mit vorzüglicher Rücksicht auf die gegenwärtigen Zeiten« sollte »dem Weib wie dem Mann, dem Nichtgelehrten wie dem Gelehrten ... ein dem Umfange der Conversation angemessenes Wörterbuch für dieselbe« zur Verfügung stellen, sozusagen »eine Art von Schlüssel ..., um sich den Eingang in gebildete Zirkel« und zu »guten Schriftstellern« zu verschaffen. Das Werk von Loebel und Franke war nicht das erste, sondern hatte die »Zeitungslexika« des 17. und 18. Jahrhunderts als Vorläufer und Vorbilder. »Zeitungslexika« dienten als Lesehilfe für »dunkle Wörter«. Die Konversationslexika zehrten natürlich von den legendären enzyklopädischen Werken der Aufklärung. Der »Dictionnaire historique et critique« (1697) von Pierre Bayle – er wurde 1740 von Gottsched in ein hölzernes Deutsch übersetzt – gehört ebenso dazu wie die 34 Bände der berühmten »Encyclopédie« (1751-1780) von Diderot und D'Alembert oder das monumentale »Universallexikon aller Wissenschaften und Künste« mit seinen 68 Bänden (1732-1750) von Johann Heinrich Zedler. Verwendeten diese Werke Gelehrte, so waren die Konversationslexika regelrechte Hausbücher und der Stolz des Bildungsbürgertums im letzten Jahrhundert – vom arrivierten Apotheker in der Stadt bis zum Landpfarrer.

Pünktlich zum 200. Jahrestag der ersten erscheint zwischen 1996 und 1998 die 20. Auflage des »Brockhaus«. Mit der ersten hat diese Auflage gar nichts mehr gemeinsam. Längst sind aus den Konversationslexika, aus denen Bildung, aber auch »der feine Ton« und die »Kunst der geselligen Unterhaltung« (1814) gelernt werden sollten, wissenschaftlich fundierte Nachschlagewerke geworden, die sich in ihrem Anspruch eher mit den Enzyklopädien des 18. als mit den Konversationslexika des 19. Jahrhunderts vergleichen lassen. Der Titel des »Brockhaus« wechselte von Auflage zu Auflage und versuchte früh, den Nimbus der Enzyklopädien mit dem Zusatz »deutsche Real-Enzyclopädie« zu beerben. Aber zu wissenschaftlichen und zugleich allgemein verständlichen Nachschlagewerken wurden erst die Auflagen unseres Jahrhunderts. Seit der 17. Auflage (1967-1974) trägt man dieser Entwicklung auch im Titel Rechnung und nennt das Werk »Brockhaus Enzyklopädie«.

Wie die erste Auflage ist die neueste ein Produkt eines radikalen Umbruchs. Sieben Jahre nach der Französischen Revolution begonnen, geriet das Unternehmen Loebels und Frankes, das Friedrich

Arnold Brockhaus 1808 in bankrottem Zustand übernahm, in die Wirren der Kriege, mit denen Napoleon Bonaparte Europa überzogen hatte. Die Produktion der sechs dünnen Bändchen dauerte 14 Jahre. Und mitten in die Produktion der 19. Auflage fiel das Jahr 1989 mit seinen politischen und gesellschaftlichen Verschiebungen. Dies war mit ein Grund dafür, so kurz nach dem Abschluss der 19. (1994) die 20. Auflage des »Brockhaus« folgen zu lassen. Modernste Technik erlaubt es, die 24 Bände von je etwa 750 Seiten Umfang im Zeitraum von zwei Jahren fertig zu stellen. Das vierzigköpfige Leipziger Redaktionsteam und die Mannheimer Schlussredaktion – unter der gemeinsamen Leitung von Annette Zwahr, Gerhard Kwiatkowski und Werner Digel – liefern damit eine logistische Meisterleistung lexikographischer Editionstechnik ab und obendrein einen Beleg für einen der seltenen Bereiche, in denen die Vereinigung der beiden deutschen Staaten gut funktioniert. Die Texte von rund 1000 externen Autoren durchlaufen mehrere Bearbeitungen von Fachredakteuren, fachfremden Redakteuren, Korrektoren und Redaktionsleitung, bis sie die Kriterien lexikalischer Stimmigkeit, Prägnanz und Verständlichkeit erfüllen.

Die Geschichte des Konversationslexikons ist eine Erfolgsgeschichte und als solche eng verbunden mit dem Aufstieg und der Verbreiterung des deutschen Bildungsbürgertums vor 1914. Auch der geschäftliche Erfolg des »Brockhaus« war enorm: Allein 10 Auflagen bis 1850, bereits von der 5. setzte man 32 000 Exemplare ab und der Firmengründer verkündete, »seit der Erfindung der Buchdruckerkunst ist kein Beispiel gleichen Erfolgs ... bei einem Werke dieses Umfangs in irgendeinem Lande bekannt« geworden. Das lockte Konkurrenten an. Heinrich August Pierer und sein Nachfolger Joseph Kürschner brachten innerhalb von sechzig Jahren sieben Auflagen des »Universal-Lexikons« heraus, das in wissenschaftlichem Anspruch und Umfang dem »Brockhaus« überlegen war und als Clou am Außenrand jeder Seite ein dreizehnsprachiges »Universal-Sprachen-Lexikon« enthält. Außer den drei modernen Weltsprachen sind das Griechische und Lateinische sowie das Böhmische, Dänische, Italienische, Holländische, Schwedische, Norwegische, Ungarische und Russische vertreten. Aber ökonomisch war dieses lexikographische und typographische Wunderwerk dem Druck nicht gewachsen, den außer Brockhaus seit den fünfziger Jahren Joseph Meyer mit seinem »Konversationslexikon für alle Stände« und Hermann Julius Herder mit seinem »Neuen Konversationslexikon« ausübten. Brockhaus, Meyer und Herder beherrschten fortan den Markt, nachdem sich früh ein Publikationsrhythmus eingespielt hatte, mit dem alle drei Unternehmen gut leben konnten. Der »Meyer« übertraf alle, und setzte allein mit der 4. Auflage (1885-90) rund 200 000 Exemplare ab. Solche Zahlen erzielten der »Brockhaus« und der »Meyer« erst wieder in der Aufbruchsstimmung der sechziger Jahre mit der ersten »Brockhaus Enzyklopädie« (20 Bände, 1967-74) und dem »Großen Meyer« (25 Bände, 1971-78), als die beiden Werke zur eisernen Ration der sozialen Aufsteiger aus bislang bildungsfernen Schichten wurden. Seit der 1984 erfolgten Fusion der Verlage, in denen »Brockhaus« und »Meyer« erschienen, haben sich die Verhältnisse auf dem

Markt für Großlexika vereinfacht, aber ob ein Erfolg mit der 20. Auflage im restaurativen und verbiesterten Gesellschafts- und Bildungsklima der späten 90er Jahre nochmals gelingt, ist offen. Der Verlag geht ein hohes Risiko ein, u. a. auch deshalb, weil vielleicht die junge kaufkräftige Generation lieber ein paar CD-Rom-Scheiben kaufen würde als eineinhalb Regalmeter des sperrigen Stoffes Buch, der ihr vom Hörensagen besser bekannt ist als vom Gebrauch. Trotz der beeindruckenden Zahlen wurde bisher keines der Lexika »zur zweiten Familienbibel Deutschlands«, wie ein Enthusiast von 1848 meinte. Die Historikerin Anja zum Hingst hat gezeigt, dass die Lexika »zu keiner Zeit – weder im 19. noch im 20. Jahrhundert – Volksbücher« waren, sondern immer »kaufkräftigen Schichten« vorbehalten blieben.

Aktualität, Objektivität, Selektivität und Präzision sind die Grundanforderungen an jedes Lexikon. Die vier Anforderungen bergen jedoch zugleich die Grundprobleme jedes Unternehmens, weil sie schwer miteinander vereinbar sind: Der Anspruch aktuell zu sein, kann die Objektivität gefährden. Die Auswahl tangiert die Aktualität und die Objektivität, und auch Präzision ist mit Objektivitäts- und Auswahlproblemen verknüpft. Und eine große Rolle spielen die Erwartungen des Zielpublikums. Lexikographie ist inhaltlich und finanziell ein Jonglierakt mit vielen Kugeln. Der »Brockhaus« hat dem Kriterium der Aktualität immer große Bedeutung eingeräumt, was sich auch in Titelzusätzen wie – »mit besonderer Rücksicht auf die älteren und neuesten merkwürdigen Zeitereignisse« (1814/19) – zeigt. Trotzdem ist durch das ganze 19. Jahrhundert hindurch ein politisches Defizit festzustellen, in dem sich bildungsbürgerliche Politikferne, parteiliche Befangenheit und die Angst vor obrigkeitsstaatlichen Zugriffen spiegeln.

Das lässt sich an Personen wie an Themen belegen. Konrad Engelbert Oelsner (1764-1828), den deutschen Anhänger und Beobachter der Französischen Revolution, kennt die 5. Auflage (1819/20) noch, aber dann verschwindet er, und man darf gespannt sein darauf, ob ihn wenigstens die 20. Auflage wiederbelebt. Einen der faszinierendsten Deutschen im revolutionären Paris, Anacharsis Cloots (1755-1794), kennt »Brockhaus« bis 1864 unter dem diffamierenden Beinamen – »der seltsamste aller Schwärmer«. In den folgenden vier Auflagen fehlt der Artikel und taucht erst in der Weimarer Republik wieder auf. Viele Revolutionäre von 1848 – wie Johann Phillip Becker – entdeckte der »Brockhaus« erst lange nach dem Zweiten Weltkrieg und zeigte damit zumindest ein seltsames Verständnis von Aktualität und Objektivität, weil inzwischen selbst nationalliberale Weinhändler, Filmgrößen und bloße Konjunkturritter »brockhauswürdig« geworden waren.

Defizitär blieb auch lange die Behandlung politischer Begriffe wie »Demokratie« oder »Freiheit«. Erstaunlich offen, eindeutig und präzis stellte man dagegen bis zur Jahrhundertwende immer die Verfolgung und Diskriminierung der Juden in der europäischen Geschichte dar. So umfasste der entsprechende Artikel 1892/95 noch über elf Spalten und enthielt eine klare Absage an den Antisemitismus. Diese fiel in der 15. Auflage (1928/35) schwächer aus, und der Artikel hatte nur noch sieben Spalten. Andere Bereiche waren bis in die jüngste Zeit mit

Haut und Haaren dem jeweiligen Zeitgeist verpflichtet. Besonders deutlich wird das, wenn man die Artikel über »Frauen« liest. Sie stürzen den heutigen Leser in einen Taumel zwischen Erheiterung und Trostlosigkeit. Für Jahrzehnte sind die Frauen »Repräsentanten der Liebe wie die Männer des Rechts«, dann ist der »Mann stark im Handeln, Mitteilen und Befruchten, das Weib im Dulden, Empfangen und Gebären.« Gegen Ende des Jahrhunderts erscheint »die Höhe des germanischen Frauenideals« wilhelminisch aufgemotzt als »mehr gemütvoll und häuslich-schlicht als witzig und geistreich« – kurz als Gegensatz zu »romanischer Galanterie«. Friedrich Engels, der weltläufige und gebildete Grandseigneur des Sozialismus, nannte Konversationslexika wegen solcher Abstürze »Eselsbrücken des deutschen Bildungsphilisters«. Im Gegensatz zu den politik-, gesellschafts- und geschlechtsbezogenen Artikeln wurden die Länderartikel – auch jene über Polen oder Russland – gegen Ende des 19. Jahrhunderts streng versachlicht und klarer strukturiert. Damit entfielen leider auch Artikelanfänge wie das Fanal auf höchstem sprachlichem Niveau (1819): »Polen, ein Land, ein Volk und ein Staat, seit tausend Jahren fast nur durch Unglück denkwürdig.«

Stärker als ein Ausbund von Objektivität war der »Brockhaus« ein Ausdruck der jeweils herrschenden Mehrheitsmeinungen. Die sozialdemokratische Presse im Kaiserreich lobte das Lexikon als Werk der Aufklärung, registrierte aber mit Recht »Tendenzgeschichtsschreibung« und »Vernationalliberalisierung«. Heinrich Cunow kritisierte die Jubiläumsausgabe von 1901, weil sie die Eingriffe Bismarcks in die »Emser Depesche« damit rechtfertigte, diese hätten die Depesche »um so eindrucksvoller« gemacht. Ein Mangel an Objektivität war auch die Unterschlagung der »Hunnenrede« Wilhelms II., mit der er »seine« Soldaten nach China schickte. Einwände dieser Art sind gegen jedes Lexikon leicht formulierbar, denn Objektivität, wie sie auf naturwissenschaftlichem Gebiet herrscht, ist auf gesellschaftlich-historischem prinzipiell unmöglich. Hier gibt es immer nur Annäherungen.

Keine Frage der Annäherung an objektive Darstellung, sondern eine des Zerfalls aller lexikographischen Sitten ist die »völlig neu bearbeitete Ausgabe« der 15. Auflage, von der 1939 nur der erste Band erschienen ist. Er erhielt nicht bloß braune Tupfer, sondern eine nationalsozialistische Vollimprägnierung. Er war sehr aktuell und verniedlichte bereits die Pogrome vom November 1938. Nationalsozialistische Ideologen, antisemitische Rassenkundler bzw. faschistische Politiker wie Hermann Ahlwardt, Otto Ammon und Giacomo Acerbo sind ebenso verzeichnet wie die »Adolf-Hitler-Schulen« oder die »Adolf-Hitler-Spende«. Auf der Bildtafel zum Artikel »Akt« wurden neben Werken von Dürer, Giorgione, Goya und Rubens peinliche Produkte von Staatskunsthandwerkern wie Josef Wackerle und Fritz Klimsch abgebildet. Den »Arbeitsdienst« stellte man auf sechs Seiten dar, und den »Arierparagraphen« begründete »Brockhaus« damit, »den Einfluss der Rassefremden, insbesondere der Juden, im Deutschen Reiche auszuschalten«. Juristische Artikel kannten nur noch die Gewährsleute Ernst-Rudolf Huber, Carl Schmitt, Ernst Kriegk, Otto Koellreutter und andere Leuchten des »nationalsozialistischen Verfassungsrechts«.

Zwar erschien nur ein Band, aber in der Redaktion und unter den Autoren überwinterte der Geist, der solches hervorbrachte – in Watte gehüllt – auch in den ersten Auflagen nach 1945. Otto Köhler hat das 1975 für die 17. Auflage mit Details belegt. Vieles ist seither korrigiert worden. Nicht alles. Dem Theologen Paul Althaus (1888-1966), der zwischen 1934 und 1936 allein vier Werke mit Titeln wie »Die deutsche Stunde der Kirche« oder »Obrigkeit und Führertum« verfasste, wurden diese »Sünden« schon 1953 durch großzügige Auslassung verziehen, und die neueste Ausgabe von 1996 tut noch so, als hätte der Mann im Alter von 60 Jahren – 1948 – erstmals ein Buch publiziert. Im Artikel »Abmeierung« fehlt auch 1996 jeder Hinweis darauf, dass die Nazis den Begriff im »Reichserbhofgesetz« wiederbelebten. Und unter »Altona« steht nichts zum »Altonaer Blutsonntag« (17.7.1932), der den Preußenschlag – die Einsetzung v. Papens als Reichskommissar – auslöste und die Strangulierung des Rechtsstaates einleitete.

Dem insgesamt bestechenden Eindruck, den die neue Auflage inhaltlich wie von der graphischen Gestaltung und der Papierqualität macht, schaden Schönheitsfehler wenig. Als Kritiker solcher Spitzenleistungen gerät man leicht in den Verdacht unverhältnismäßiger Ansprüche oder kleinlicher Nörgelei. Solange nur ein Band vorliegt, kann man nur auf Kleinigkeiten aufmerksam machen.

Außer Sach- und Personenartikel enthält jeder Band Artikel zu »Schlüsselwörtern«. Darunter präsentiert die Redaktion Probleme, die in der aktuellen Diskussion eine besondere Rolle spielen. Im ersten Band sind das »Abfallwirtschaft«, »Abrüstung«,

»Aggressivität«, »Agrarpolitik«, »Aids«, »Allergie«, »Altern« und »Angst«. »Brockhaus« pflegt solche Schwerpunktsetzungen, seit 1838/1841 das »Conversations-Lexicon der Gegenwart« erstmals erschien (1848/1856 erweitert). Die heutigen Ausführungen zu den »Schlüsselwörtern« sind knapp, kompetent, auch dem gebildeten Laien verständlich und mit Literaturangaben versehen. Die Artikel vermitteln ein Basiswissen, mit dem die Sachhaltigkeit und Sachgerechtigkeit der täglich über uns ausgeschütteten Informationen überprüft werden kann. Ein Test, den vieles vom Bildschirm nur als medialer Müll überlebt.

Gut geschrieben, übersichtlich strukturiert und von hohem Aktualitätsgrad sind die Länderartikel. Stichproben mit »Ägypten«, »Afghanistan« und »Algerien« sind überzeugend ausgefallen, und was man vermisst, wird durch ein raffiniertes System von Verweisen in den nächsten Bänden erschlossen werden. Der Artikel über Afghanistan erfasst auch noch das Auftreten der Taliban-Milizen im Herbst 1995, jener über Algerien die Wahlen vom November 1995. Einzig bei der Beurteilung der Rolle jener westlichen Staaten, die Afghanistan seit 20 Jahren mit Waffen beliefern und damit den Bürgerkrieg verlängern, hält man sich etwas allzu vornehm bedeckt. Solche Rücksicht trotz aktenkundiger Tatbestände gibt es auch in der Darstellung des Kriegs in Algerien 1954-1962. Das betrifft die Anwendung der Folter – von französischer wie algerischer Seite – und die Umstände des Massakers vom 17. Oktober 1961, bei dem rund 200 Algerier mitten in Paris von der Polizei unter der Führung von Maurice Papon umgebracht wurden.

Angesichts der Bedeutung, die er in Ost und West während rund vierzig Jahren gespielt hat, ist der Artikel »Antikommunismus« entschieden zu knapp ausgefallen mit einer etwa gleichen Länge wie jener über »Anis«. Das gilt auch für die zu kurzen Ausführungen über »Anerkennung«. Im ersten Artikel fehlt jede Literaturangabe, im zweiten umfasst sie nur Teilbereiche von dessen semantischer Reichweite.

Solche Disproportionen sind leicht einzuklagen, aber sie entspringen nicht nur subjektiven Erwartungen, sondern haben durchaus das Problem des Gesamtumfangs im Blick. Nichts veraltet so schnell wie das Wissen in vielen naturwissenschaftlichen und technischen Bereichen, die unser Leben bestimmen. Die Arbeit am Wissen der Gegenwart gleicht deshalb einer permanenten Baustelle. Die Erfassung des langsamen wie des rapiden Wissenswandels verlangt Antworten auf heikle Gewichtungs- und Wertungsfragen. Natürlich will ein heutiger Benützer wissen, was eine »CD-ROM« oder ein »Carver-Ski« ist. Andererseits kann ein Lexikon unmöglich alle technischen Neuerungen registrieren. Das Lexikon muss aus der Masse des täglich neu entstehenden Wissens das Wichtige auswählen, benutzerfreundlich ordnen und das veraltete Wissen so eliminieren, dass keine kulturellen Brüche entstehen. Auch die Spuren der Erinnerung an wissenschaftliche Irrtümer und Sackgassen darf nicht völlig gelöscht werden: Bevor Joseph Priestley den Sauerstoff entdeckte, dominierte die Phlogiston-Theorie.

Die Lexikonredaktion verlässt sich bei der Entscheidung nicht nur auf ihre Erfahrung, sondern hat Ohren und Augen offen für das, was rundum passiert. Sie verfolgt die Fachpresse aller Wissensgebiete, steht im Kontakt mit externen Fachleuten und Autoren und wertet neben zahlreichen Leserbriefen auch die telefonischen Anfragen aus, die in Leipzig und Mannheim eingehen. Darauf folgen harte Diskussionen in der Redaktion und mit Experten darüber, was zum Wissen der Gegenwart gehört und was nicht. In den darauf basierenden Entscheidungen spiegelt sich die intellektuelle Leistung und geistige Beweglichkeit der Redaktion. Für die 20. Auflage musste vor allem der enorme Wissenszuwachs aus den vier Bereichen Gen- und Elektrotechnik sowie Computer- und Sozialwissenschaften berücksichtigt und der entsprechende Platz dafür geschaffen werden. Damit hatte die Redaktion die Tatsache abzuwägen, dass fast drei Viertel der Benützer geisteswissenschaftlich-historische und politische Fragen an den »Brockhaus« stellen.

Wenn der Gesamtumfang des Lexikons nicht ständig anwachsen und das Werk unerschwinglich werden soll, kann die Bandzahl nur stabil gehalten und Platz für neues Wissen gewonnen werden durch Kürzungen und Tilgung von Artikeln sowie durch das Verweissystem und eine intelligente Ausdünnung von »Komposita-Nestern«. Letzteres meint, dass man nicht alle möglichen Komposita mit dem Wort »Abgeordneter« aufführt, sondern nur die unentbehrlichen und den Stoff unter dem Hauptstichwort behandelt. Das ist dem neuen »Brockhaus« über weite Strecken gut gelungen. Die Notwendigkeit der Anhäufung von Komposita im naturwissenschaftlichen Bereich (z. B. mit »Amino-«) ist für den Laien in Sachen Chemie nicht beurteilbar. Freilich gibt es nach wie vor Wörter und

Komposita aus dem Alltagssprachgebrauch wie aus dem Fachjargon, die selten nachgeschlagen werden dürften (»Allwetterjäger«, »Allwettertauglichkeit«, »alkoholische Getränke«). So hat man den redundanten Artikel »aktenarme Verwaltung« aus dem ersten Band der 19. nicht mehr in die neue Auflage übernommen. Mit solchen Strichen wurde Platz geschaffen, um z. B. den Artikel »AIDS« von einer Spalte (1986) zum neun Spalten umfassenden Schlüsselwort aufzuwerten und neu zu gewichten. Umgekehrt ist »Alkoholismus« jetzt kein Schlüsselwort mehr. Dahinter steckt eine starke Wertung, über deren Grundlagen man nur spekulieren kann.

Eine ganz widersinnige Streichung ist die Liste der Preisträger beim Artikel »Albert-Einstein-Friedenspreis«. Damit verliert der Artikel die Beine, auf denen er stand. Viele Streichungen sind belanglos, einige ein kultureller Verlust, auf den hinzuweisen nicht bedeutet, eine Lösung für das Auswahlproblem gefunden zu haben. Bis 1939 konnte man bei »Brockhaus« noch erfahren, dass der großartige Koch François Appert 1804 auch erstmals Fertigmahlzeiten in Weißblechdosen konservierte. Und um etwas über seinen Namensvetter und wichtigen Autor für Fragen des Gefängniswesens – Benjamin Nicolas Appert – zu erfahren, muss man schon den »Pierer« von 1888 konsultieren, wenn man mehr und Genaueres wissen möchte als das, was Michel Foucault in »Überwachen und Strafen« (1975) über ihn mitteilte. Lexikalisch überstand vom brandenburgisch-preußischen Geschlecht derer von Alvensleben von den sieben, die »Pierer« noch nannte, nur einer unser Jahrhundert.

Der Vergleich der beiden letzten Auflagen zeigt, wie intensiv die lexikographische Kärrnerarbeit die Aktualisierung des Zahlenmaterials vorantrieb. Aber noch nützlicher wäre es natürlich, wenn – bei der Angabe von Firmenumsätzen z. B. – die zweitjüngste Zahl stehen gelassen würde, damit der Leser erfährt, dass die »ALDI-Gruppe« ihren Umsatz zwischen 1984 und 1995 verdoppelt hat.

Manchmal staunt man über Inkonsequenzen. Die Abkürzung »AL« erscheint für allerhand wie »Aluminium« und »Alabama«, aber nicht für »Alternative Liste«. Es gibt einen Artikel »alternative Liste«, aber der nützt gar nichts für den Benutzer-Normalfall, in dem man eben nicht, nicht mehr oder noch nicht weiß, was »AL« bedeutet. Dasselbe gilt für ACI, wenn man nicht an den italienischen Automobilclub, sondern an vergangene Schultage denkt. Bei »ADN« gibt es einen Verweis auf »ddp/ADN«, aber keine Angabe zur Herkunft der Abkürzung. »Antiintellektualismus« existiert für »Brockhaus« ebenso wenig wie »Alexandergrab«, obwohl es darum ein publizistisches Dauertheater sondergleichen gibt. Hier erwartet der Benutzer geradezu einen nüchternen Bescheid aus Leipzig, um den nächsten Sensationsartikel im »Focus« gar nicht mehr lesen zu müssen. Und warum kennt man »Apostelkrüge«, aber nicht die als Taufgeschenk seit dem 15. Jahrhundert üblichen Apostellöffel?

Die Personenartikel bergen heikle Probleme – bei der Objektivität der Darstellung wie bei der Auswahl. Generell kann man festhalten, dass der »Brockhaus« bei den Personenartikeln zu einer ebenso lapidaren wie hoch verdichteten Darstellung gefunden hat, die Informationsfülle und sprachliche Eleganz verbindet und sich darin schwerlich übertreffen lässt. – Über Einzelheiten kann man sich ärgern oder schmunzeln. Dass man den Vater und Violonisten Michelangelo Abbado durch den bedeutenderen Sohn und Dirigenten Claudio Abbado ersetzte, ist wohl kaum strittig. Der CDU-Politiker Ernst Albrecht kann daraus ermessen, was ihm in der nächsten Auflage blühen könnte, wenn sein Neffe weiterhin Furore macht als Generalmusikdirektor in Darmstadt. Dass der Philosoph und Marxist Louis Althusser etwa gleich knapp behandelt wird wie der Radfahrer Rudi Altig, ist ein ebenso peinliches Versehen wie die Tatsache, dass der langjährige Chef der italienischen Neo-Faschisten – Giorgio Almirante – in der neuen Auflage fehlt wie auch die Schwester Gianni Agnellis, die es immerhin zur italienischen Ministerin brachte. Franz Alt wird es als Vorzeichen auf den totalen Verlust der Brockhauswürdigkeit deuten, wenn er sieht, dass er nun schon ohne Foto erscheint im Gegensatz zum nicht gerade rundum bekannten Schweizer Schriftsteller Jürg Amann, der den Vorzug erhielt vor dem bedeutenden Zürcher Zeichner und Radierer Jost Amann (1539-1591), der ein toter Hund bleibt. Johannes Agnoli, einer jener Professoren, der von sich sagen kann, dass eines seiner Bücher eine ganze Generation von Studenten gelesen hat, erscheint weder mit Text noch mit Bild – genauso wie der Schriftsteller und Stasi-Spitzel Sacha Anderson. Wem ist denn der italienische Motorradfahrer Giacomo Agostini ein Ersatz für solche Lücken? Obwohl die Redaktion in Leipzig arbeitet, gibt es eine Ungleichbehandlung bei den Politikern. Erich Apel (SED, 1917-1965) hat in der DDR vergleichbare Funktionen ausgeübt wie Hans Apel (SPD, geb. 1932) in der BRD. Der östliche Apel (nicht verwandt mit dem westlichen) fehlt jedoch völlig. Subtile Auszeichnungen sind in der nüchternen Lexikonprosa höchstes Lob. Der Vita des ehemaligen regierenden Bürgermeisters Heinrich Albertz wird in der Neuauflage der Satz hinzugefügt: »Er warb danach für ein gewisses Verständnis für die APO.« »Danach«, d. h. nach der Erschießung des Studenten Benno Ohnesorg durch einen Polizisten am 2.6.1967. – In einem guten Lexikon stecken nicht nur der Teufel, sondern auch Lob und Tadel im sprichwörtlichen Detail. Den Test hat der erste Band der Neuauflage bestanden.

8 *Die Encyclopédie von Diderot, D'Alembert und Jaucourt wird 250 Jahre alt*

Der Werbeprospekt tönte bombastisch: »Das Werk, das wir ankündigen, ist nicht mehr ein nur in Vorbereitung befindliches Werk. Das Manuskript und die Zeichnungen dazu sind fertig.« Am 24. Juni 1751 erhielt der erste Textband das königliche Druckprivileg und war bereits vier Tage später auf dem Markt. Der Prospekt versprach ferner, bis 1754 acht Text- und zwei Bildbände zu liefern. – Der Autor des großspurig angekündigten Projekts war Denis Diderot, und das Werk trägt den Titel: »Encyclopédie, ou Dictionnaire Raisonné des Sciences, des Arts et des Métiers, Recueilli des Meilleurs Auteurs« (»Enzyklopädie oder auf Vernunfterkenntnis gegründetes Lexikon der Wissenschaften, der Künste und der Gewerbe, gesammelt von den besten Autoren«). Fünfundzwanzig Jahre später – 1776 – war das 1750 angeblich »fertige« Werk wirklich fertig und umfasste 17 Text-, 11 Bild-, 4 Ergänzungs- und 2 Registerbände – insgesamt 72 000 Artikel und 2800 Kupferstiche in 34 Bänden im Folio-Format mit durchschnittlich 1000 Seiten Umfang.

Angefangen hat alles 1745 mit dem Vorhaben, Ephraim Chambers' zweibändige »Cyclopaedia or Universal Dictionary of Arts and Sciences« (1728) ins Französische zu übersetzen. Der Verleger und Drucker André François Le Breton erwarb zwar ein Druckprivileg, konnte aber die Finanzierung nicht garantieren. Das Projekt gewann erst an Konturen, als Le Breton drei weitere Pariser Verleger für das

Geschäft interessieren konnte. Als Herausgeber engagierten die vier Verleger 1746 Abbé Jean-Paul Gua de Malves, als Übersetzter Denis Diderot (1713-1784) und Jean Le Rond D'Alembert (1717-1783), einen glänzenden Astronomen und Mathematiker.

Bevor die Arbeiten anfingen, zerstritten sich die Verleger mit Gua de Malves. Nun sollten Diderot und D'Alembert Herausgeber und Übersetzer werden. Das scheiterte zunächst daran, dass Diderot am 22.7.1749 nach einem berüchtigten Geheimbefehl (»lettre de cachet«) verhaftet und in Vincennes inhaftiert wurde. Man hielt ihn – zu Recht, aber unbeweisbar – für den Verfasser der 1745 in Amsterdam anonym gedruckten »Philosophischen Gedanken« und traute ihm auch die schlüpfrigen Geschichten unter dem Titel »Die indiskreten Kleinode« (1748) zu. Während der Haft intervenierten die Verleger beim Kanzler d'Aguesseau. Dieser wie Justizminister d'Argenson sahen in der »Encyclopédie« der »philosophes« ein Projekt »zum Ruhme Frankreichs und zur Schande Englands«. Nach 103 Tagen kam Diderot wieder frei.

Teile des Hofes und der Klerus beobachteten das Unternehmen »Encyclopédie« von Anfang an mit Misstrauen. Die Jesuiten vom »Journal de Trévoux« entdeckten im ersten Band ein Defizit: Es fehlten die Namen von »Königen, Gelehrten, Heiligen«, während »viele heidnische Gottheiten« vorkamen. Sie machten die »philosophes« unter dem erfundenen Wort »cacouacs« zum Gespött. Noch 1952 charakterisierte die katholische Zeitschrift »Études« die »Encyclopédie« als »die fürchterlichste Maschine, die jemals gegen die Religion in Stellung gebracht« wurde. Nachdem Abbé Jean-Martin de Prades –

Autor des Artikels »Gewissheit« – in seiner Dissertation die These vertreten hatte, die Heilungen durch Jesus Christus glichen methodisch jenen des griechischen Arztes Äskulap, brach ein Sturm der Entrüstung aus. De Prades musste fliehen. Klerikale Einflüsterungen erreichten, dass der Staatsrat am 7.2.1752 gegen die ersten beiden Bände der »Encyclopédie« eine »scharfe Missbilligung« aussprach. Das war ein faktisches Verkaufsverbot, aber keine Rücknahme des Druckprivilegs. Man konnte nicht nur weiterarbeiten, sondern die Regierung bat die Herausgeber weiterzumachen – auch zum Schutz der Eigentumstitel der Subskribenten. Allerdings sollten künftig drei theologisch gebildete Zensoren jeden Artikel abzeichnen.

Eingefädelt hatte das alles, wie Arthur M. Wilson, der beste Diderot-Kenner, gezeigt hat, Chrétien Guillaume de Malesherbes. Malesherbes war der Chef des Buchwesens und der Zensurbehörde – zugleich Freund und Förderer der »Encyclopédie«. Als Diderot in Gefahr war, verhaftet zu werden, bot der Oberzensor ihm an, die »gefährlichen« Manuskripte dort aufzubewahren, wo sie am sichersten waren – im Büro der Zensurbehörde. »Ich bin mit der Aufsicht von Schriftstellern, Wissenschaftlern und Autoren aller Art beauftragt, d. h. von Leuten, die ich liebe und schätze.« Er verstand sich als Garant der »Ausdrucksfreiheit«, weil »diese Freiheit ... stets mehr Vorteile als Nachteile mit sich« bringe. Diderot revanchierte sich kokett mit einer Verneigung vor dem Zensor im Artikel »Librairie«. Gelegentlich gab Malesherbes Diderot Tipps, wie ein Thema zu behandeln sei, ohne die Theologen zu wecken. Wenn die Macht Malesherbes nicht ausreichte, half dessen Vater aus – der war Innenminister.

Beide konnten jedoch nicht verhindern, dass das Pariser »Parlement« – ein Gerichtshof – ein weiteres Dekret gegen die »Encyclopédie« erließ. Am 6.2.1759 wurde die Verbreitung der bisher erschienenen sieben Bände verboten. Der königliche Staatsrat zog am 8.3.1759 nach und widerrief das Druckprivileg mit dem Argument, der Beitrag der »Encyclopédie« zum »Fortschritt der Wissenschaften und Künste« könne »das irreparable Verschulden gegen die Sitten und die Religion nicht ausgleichen.« Einige Monate später setzte die Kirche die »Encyclopédie« auf den Index verbotener Bücher und forderte die Gläubigen auf, die Bücher zur Verbrennung abzuliefern.

Was zunächst wie eine Katastrophe für das Projekt aussah, erwies sich bald als Produkt systemtypischer Zweideutigkeit. Bereits 1755 ließ sich Madame Pompadour, die Favoritin unter den Mätressen des Königs, vom berühmten Maler La Tour porträtieren. Gar nicht diskret, sondern gut sichtbar im Bildhintergrund stand der vierte Band der «Encyclopédie«. Der oberste Zensor Malesherbes und sein Nachfolger verhinderten, dass die Weiterarbeit verboten wurde. Die zunächst geforderte Rückzahlung der Subskriptionsgelder wurde nicht angeordnet und die Herausgabe der Bildbände formell genehmigt. Malesherbes spielte jahrelang ein virtuoses juristisches Spiel mit den Begriffen »stillschweigende Erlaubnis«, »Duldung« und »polizeiliche Erlaubnis«. Zeitweise überlegte Diderot, die »Encyclopédie« unter dem Schutz des aufgeklärten preußischen Königs Friedrich II. fortzuführen. Aber Voltaire riet davon ab, da es in Berlin »eine gewaltige Menge Bajonette, aber sehr wenige Bücher« gebe.

Herausgeber und Verleger einigten sich darauf, die restlichen zehn Textbände zusammenzustellen, zu drucken und dann auf einen Schlag auf den Markt zu bringen. Das geschah 1766 unter den Augen der Polizei, der nicht entgangen sein konnte, wenn eine solche Riesenmenge von Büchern in Druckereien in Paris und in der Provinz gedruckt, gestapelt und transportiert wurde. Als fiktiven Druckort nennen die Bände 8-17 das damals preußische Neuchâtel auf der schweizerischen Seite des Jura.

Zu den faszinierendsten Seiten des Unternehmens »Encyclopédie« gehört ihr wirtschaftlicher Erfolg, den Robert Darnton in seinem Buch »The Business of Enlightenment« analysiert hat. Für die erste Auflage gewann man in kürzester Zeit 4225 Abnehmer – je zur Hälfte aus dem In- und Ausland. Das ist eine riesige Auflage, verglichen mit ähnlichen Werken, von denen nie über 500 bis 1000 Exemplare gedruckt wurden. Absolut exklusiv war der Preis von 980 Livres, was etwa eineinhalb Jahreslöhnen eines Druckereiarbeiters entsprach. Der Verleger Le Breton konnte sein Kapital in knapp vierzig Jahren verdreißigfachen. Zum Kassenschlager wurde das Geschäft mit den fünf Nachdrucken, die vor 1789 in Genf, Lucca, Livorno, Neuchâtel, Lausanne und Bern erschienen sind – mit einer Gesamtauflage von fast 25 000 Exemplaren, wobei die Preise für die Folio-, Quart- und Oktav-Ausgabe zwischen 840 und 255 Livres lagen. Insgesamt zogen die Verleger aus ihren Geschäften mit der Aufklärung in wenigen Jahren etwa 2,5 Millionen Livres an Profiten. Diderot erhielt für seine zwanzigjährige Arbeit

80 000 Livres, sein wichtigster Mitarbeiter – Louis, Chevalier de Jaucourt – gar nichts.

Louis de Jaucourt (1704-1780) stammte aus einer alten Adelsfamilie, studierte in Genf, Leiden und Cambridge Theologie, Mathematik, alte Sprachen und Medizin, übersetzte Leibniz und medizinische Fachbücher. Die Verleger »honorierten« ihn mit Naturalien – mit Büchern im Wert von 2750 Livres. Der Chevalier musste seinen Palast 1754 für 21 000 Livres verkaufen, um seine Schreiber bezahlen und selbst überleben zu können. Der Käufer war Le Breton, zusammen mit Charles-Joseph Panckoucke der schlaueste unter den »Encyclopédie«-Verwertern. Von Jaucourt gibt es kein Bild, und sein Todesdatum ist nicht exakt bekannt. In der Literatur erscheint er herablassend als »fleißiger« oder »braver Jaucourt«, dabei wäre das Projekt ohne ihn nie fertig geworden. Diderot lobte Jaucourt zwar in den Vorworten des zweiten und des dritten Bandes, zollte ihm aber sonst nicht die Anerkennung, die er verdient hätte. 28 Prozent der Artikel in den Bänden 3 bis 17 stammen von ihm, in den drei letzten Bänden liegt sein Anteil bei über vierzig Prozent. Natürlich hat Jaucourt vieles aus anderen Werken abgeschrieben und kompiliert. Aber er trug entscheidend zum Profil des Werks bei – etwa mit den Artikeln über »Sklavenhandel«, »Toleranz«, »Steuern«, »Hebamme« oder »Regierung«. Hier heißt es: »Das wichtigste Gut des Volkes ist seine Freiheit. Freiheit ist für den gemeinschaftlichen Staatskörper, was Gesundheit für jedes Individuum bedeutet; ohne Gesundheit kann der Mensch keine Vergnügen genießen, ohne Freiheit verschwindet das Glück aus den Staaten.«

Nichts ist falscher als die Gleichsetzung der »Encyclopédie« mit einem heutigen Nachschlagewerk. Sie hatte und hat zwar *auch* diese Funktion, zielte aber weit darüber hinaus auf »eine Revolution in den Köpfen ... Unsere Devise lautet: keinen Pardon für Abergläubische, Fanatiker, Unwissende, Narren, Böse und Tyrannen« (Diderot). Dieser und D'Alembert wollten das Wissen angeblich nur neu und »methodisch« ordnen, aber sie krempelten es dabei gründlich um, zerstörten Autoritäten und Traditionen und kehrten das Unterste zuoberst. Das konnten sie gegenüber staatlicher Macht, Kirche und (milder) Zensur nicht mit offenem Visier tun. Um das Wissen aus dem Klammergriff hierarchisch-herrschaftlicher und kirchlich-dogmatischer Traditionen zu befreien, bedienten sie sich der vernunftgeleiteten Kritik ebenso wie rationalistischer Zersetzungsstrategien und subversiver Taktiken. Daraus konstruierte das klerikale Ressentiment einen Zusammenhang von Aufklärung, Freimaurertum und Revolution. Carl Schmitt und seine Verehrer setzen bis heute den »Krieg« der Kritiker gegen Dogmen und Autoritäten mit Bürgerkrieg und mangelnder Loyalität gegenüber dem Staat gleich.

Der »Baum des Wissens«, wie ihn der erste Band der »Encyclopédie« vorstellt, suggeriert ein strenges System, in dem sich auf den drei Säulen Gedächtnis, Vernunft und Einbildungskraft, alle Formen von Wissen über die Geschichte, die Natur, die Philosophie und die Kunst hierarchisch ein- und unterordnen. In der schematischen Darstellung behält die »sakrale« den Vorrang vor der »bürgerlichen Geschichte«. Aber schon bei der Erläuterung des Schemas unterlief Diderot die hierarchische Systematik, indem er »Gotteskunde«, »Seelenkunde«, »Theologie« und »Aberglaube« in einem Atemzug nannte mit »Literaturgeschichte«. »Prophezeiung« entkleidete er der theologischen Aura und definierte sie trocken als »eine Art Geschichte, bei der die Erzählung dem Ereignis vorausgeht.«

Eine zentrale Umwertung nimmt bereits der Titel vor. Er stellt das Wissen der Wissenschaften und Künste mit demjenigen über Handwerke und Gewerbe auf eine Stufe. Für das simple Wort »baguettes« (»Stab«) weist die »Encyclopédie« Spezialbedeutungen in sieben Gewerben nach. Und die Artikel und Kupferstiche über »Porzellan« oder »Anatomie« sind so präzis, dass sie als technik- und medizingeschichtliche Dokumente ersten Ranges gelten. Adam Smith benützte zur Klärung des Prinzips der Arbeitsteilung den Artikel und die Bildtafeln zur Herstellung von Nägeln aus der »Encyclopédie«. Erstmals wurde hier nicht nur das Wissen aus Büchern geordnet, sondern auch das »Wissen aus den Werkstätten«, in die Diderot seine Autoren und Graveure schickte, um Sprachgebrauch und technische Details der Produktion sprachlich und bildlich zu erfassen. Jaucourt bedauerte im Artikel »Heraldik« (»diese unnütze und lächerliche Wappenkunde«), dass es keine verlässlichen Informationen gebe »über die Kunst, Hemden, Strümpfe, Schuhe oder Brot herzustellen.«

Vernunftgeleitete Erkenntnis, wie sie die Enzyklopädisten verstanden, wollte im Sinne aufgeklärter Nützlichkeitskalküle nicht länger trennen zwischen dem Fortschreiten des Denkens und dem Fortschreiten naturwissenschaftlicher Erkenntnis im Dienste der Existenzerhaltung. Der spätere Minister

Turgot statuierte das Gesetz des wirtschaftlichen Fortschritts: »Öffentlicher Nutzen ist das oberste Gesetz.« Daraus ergibt sich der riesige Umfang von Artikeln aus den Bereichen der Agrikultur und Ernährung. Die Zwiespältigkeit solcher Nützlichkeitskalküle erweist sich im Artikel »Anatomie«, der im Namen der Nützlichkeit auch eine Verrechnung von Kosten und Opfern des Fortschritts vornahm. Im Stil einer geschichtsphilosophischen Buchhaltung erwägt der anonyme Autor das Recht der Gesellschaft, einen Mörder, der mit seiner Tat gegen »die gewöhnliche Disposition des Herzens« verstoßen und seine Fähigkeiten nicht »zum Vorteil des Menschengeschlechts« angewendet habe, nicht einfach zum Tode unter dem Fallbeil zu verurteilen, sondern lebendigen Leibes zu sezieren und zwar vor den medizinischen Kapazitäten der Pariser Universität. Der Tod des Verbrechers im medizinischen Hörsaal – so das Kalkül – nütze der Menschheit mehr als die Hinrichtung vor den Augen Tausender lüsterner Zuschauer. Zum Trost für den Delinquenten erwog der Autor, jenem das Leben zu schenken, falls er das Experiment im Hörsaal überleben sollte.

Die forsche Nutzenmaximierung bildet die Dialektik der Aufklärung, die man besser versteht, wenn man den historischen Kontext betrachtet. Die staatliche Theatralisierung von Gewalt aus Gründen der Abschreckung hatte damals Hochkonjunktur. Robert François Damien attackierte am 5.1.1757 den König mit einem Messer und verletzte ihn leicht. Das Hinrichtungsspektakel am 28.3.1757, in dessen Verlauf der Körper des Delinquenten mit eisernen Nägeln, flüssigem Metall und heißem Asphalt bearbeitet und zuletzt mit vier Pferden in Stücke gerissen wurde, dauerte sechs Stunden. Casanova hat die Szenerie von einem Fenster an der heutigen Place des Vosges aus miterlebt, während er sich an einer Mitzuschauerin zu schaffen machte. Den jungen Jean-François Lefèbre, Chevalier La Barre folterte man so lange, bis er gestand, gottlose Lieder gesungen, ein Kruzifix zerstört und bei einer Prozession den Hut aufbehalten zu haben. Zur Strafe für solche »Albernheiten« (Diderot) schnitt man ihm am 28.2.1766 zuerst die Zunge heraus und dann den Kopf ab, bevor der Restkörper verbrannt wurde.

Oft tarnte sich die radikale Kritik mit umgekehrt proportionalen Artikellängen. Das Alltägliche (Hanf, Hunde, Hüte, Kerzen, Postkutschen) wird in Text und Bild aufwendig und präzis dokumentiert, während für das erhabene römische Kolosseum ein paar Zeilen genügten. Der Artikel »Frankreich« von Jaucourt umfasst 900 Wörter, die fast ausschließlich vom Elend und vom sozialen Gefälle handeln. Diderot beanspruchte für den Artikel »Encyclopédie« dagegen volle 31 Seiten mit rund 34 000 Wörtern, um dem Publikum das Neue und die neue Art zu denken zu demonstrieren. Den »Frauen« sind 12 Seiten gewidmet, auf denen traditionelle Vorurteile mit hypothetischen Erwägungen kritisch zersetzt werden: »Es scheint zunächst, dass es schwierig zu beweisen ist, dass die Autorität des Mannes von der Natur stammt, weil dieses Prinzip der natürlichen Gleichheit der Menschen widerspricht.«

Auf den semantischen Feldern von Politik, Theologie, Kirche und Erotik entschärfte die »Encyclopédie« die Kritik mit einem raffinierten Verweissystem, das harte Thesen und Tatsachen portionsweise dosiert versteckte. Der Artikel »Cordelier« (»Franziskaner«) enthielt – nach Diderots eigenen Worten – »ein pompöses Lob« des Ordens. Darauf folgt ein Verweis auf den Artikel »Kapuze«, wo die ganze Scholastik als Gezänk um die Größe von Mönchskapuzen verspottet und das Lob ironisch-satirisch entzaubert wird. Dem diente auch die Verfremdung antiklerikaler Inhalte, indem man christliche oder höfische Bräuche archaischen Völkern zuschrieb wie etwa im Artikel »Kniebeugung«. Die Handlung wird im Imperfekt geschildert, so als ob sie nicht gängige Praxis gewesen wäre bei Hofe und in der Kirche. Abschließend folgt der Bescheid: »All dies ist, wie Herr Voltaire sehr gut sagt, nichts anderes als eine Geschichte der menschlichen Eitelkeit; und diese Geschichte verdient nicht, dass wir uns länger damit befassen.« Aus religionskritischen Motiven erfand die »Encyclopédie« die stehend betenden »Nicht-Kniebeuger« (»Agonyclytes«), um Sekten und Ketzerverfolgung gleichermaßen lächerlich zu machen. Hintersinnig behauptet das Nachschlagewerk, das »Lamm Gottes« (»Agnus Dei«) habe seinen Namen von seinem »Gepräge«, wohl kalkulierend, dass das französische Wort »empreinte« auch »Trittspur« bedeutet. Wortspiele gehörten ebenso zum Repertoire wie vergiftete Referenzbezeugungen. Den Artikel »Hurerei« eröffnet Voltaire mit der Provokation, »der Dictionnaire de Trévoux sagt, das sei ein Begriff der Theologie.« Im »Journal de Trévoux« schrieben die schärfsten Kritiker der »Encyclopédie« – die Jesuiten, die so mit »Hurerei« in Verbindung gebracht wurden.

Bereits das Vorwort zum Band 3 erklärt, wovon das neu geordnete Wissen nichts mehr wissen will: von »Eroberern, die die Erde verwüstet haben« oder vom »Leben von Heiligen« und von »genealogischen Stammbäumen von Herrscherhäusern«, es sei denn die Herrscher hätten »philosophischen Geist« oder Sinn für »unsterbliche Genies, die die Welt aufgeklärt haben.«

Mit Ironie, Sarkasmus oder unsinnigen Nebensätzen etwa über die Frage, ob Hirsche im Alter vernünftig würden, verflüssigt das Lexikon dogmatische Wahrheiten und autoritative Gewissheiten oder fügt mitten in die objektiv sachlichen Darlegungen über das Volk der Chaldaer einen programmatischen Satz ein: »Der Mensch ist dazu geboren, selbst zu denken«, um dann fortzufahren, dass nur Chaldaer auf die Idee kommen könnten, »der Vernunft Grenzen zu ziehen«. Der Diderot-Biograph Pierre Lepape nennt dieses Verfahren »Dramaturgie der Wahrheit«, da es Wahrheit nicht als Resultat präsentiert, sondern als Prozess, in dem mit »Ironie, Hinterlist, der Anhäufung einander widersprechender Zitate« und »der emphatischen und lächerlichen Darstellung der gegnerischen Positionen« Handreichungen zum »methodischen Zweifel« an Autoritäten und Dogmen geboten werden.

Der Artikel »Lust« (»jouissance«) ist ein einziges Loblied auf den sexuellen Genuss, denn es ist nach Diderot einzig »die Wollust, die die Kette der lebenden Wesen verlängert ... Schweig, Unglücklicher, und bedenke, dass es das Vergnügen ist, das dich dem Nichts entrissen hat.« Mit beißender Ironie wird im Artikel »Hymen«, »das französische Puffmütter« als »Dame der Mitte« bezeichneten, über drei Spalten hinweg der Expertenstreit über die »dauernde Existenz« der Membran referiert. Abschließend werden zwei (!) Fälle von Jungfrauengeburt erwähnt. Im Artikel »Gebärmutter-Raserei«

(»fureur utérine«) geht es in neun Spalten recht freimütig um Nymphomanie. Gelegentlich erlaubten sich die Autoren auch Derberes. »Conius«, die latinisierte Form von »cône« (»Kegel«), erscheint als ein Übername für Jupiter. Das französische Wort bedeutet freilich auch »Fruchtzapfen«. Dass Jupiter unter diesem Pseudonym »einen Tempel ohne Dach« besessen bzw. besucht habe, darf man als schlüpfrige Anspielung lesen. Diderot bestätigt diese Lesart indirekt in einem Brief mit seiner Bemerkung, »das Werk ist ernst und es ist heiter. Es ist voller Kenntnisse, Scherze, Bosheiten, Wahrheit. Ich amüsiere mich selbst dabei.«

9 Globalisierung: Universalismus der Reichen

Auf wenige Fragen wird man heute so vielfältige Antworten bekommen wie auf jene, was Globalisierung bedeute. »Dabei bietet die Globalisierung große Vorteile für alle Volkswirtschaften und Gesellschaften. Jeder kann seine relativen Stärken besser nutzen« (Reimut Jochimsen). »Die Raubzüge der Globalisierung sind real und brutal« (William Pfaff, Herald Tribune). »Die Globalisierung hat nicht nur einen Weltmarkt für Güter und Kapital, sondern auch einen Weltmarkt der Ideen geschaffen, und dieser Markt steht auch uns offen« (Roman Herzog). »Ach ja, die Globalisierung. Die ist eine wunderbare Entschuldigung für vieles« (Robert M. Solow, Nobelpreisträger). »Sie haben gesagt, dass die Globalisierung die Kluft zwischen Arm und Reich verstärkt. Ich glaube, genau das Gegenteil ist der Fall« (Hans-Olaf Henkel, BDI-Präsident). – Außer der Vielfalt sticht die Eindimensionalität der Antworten ins Auge. Mit Globalisierung bezeichnet man einen wirtschaftlichen Prozess. Dessen politische, gesellschaftliche und kulturelle Dimensionen spielen in der Diskussion keine oder eine untergeordnete Rolle. Das gilt für Kritiker wie Apologeten. Eine gewisse Ausnahme, auf die noch zurückzukommen sein wird, bildet Ulrich Beck, der Erfinder der »Globalisierungssoziologie« und der »reflexiven Globalisierung«, die die »reflexive Modernisierung« (Dezember 1996) abgelöst habe.

Wenn man unter »Globalisierung« einen notwendigen oder gar wünschenswerten wirtschaftlichen

Prozess versteht, müsste man wenigstens sagen, worin die damit behauptete Universalität besteht. Denn im wörtlichen Sinne ist offensichtlich weder global noch verallgemeinerungsfähig, was als »Globalisierung« auftritt. Das würde freilich den Marktwert der Parole gefährden.

Ein Vergleich mit Freihandels-Rhetorik und Manchester-Ideologie des 19. Jahrhunderts drängt sich auf. Diese behaupteten einen der Globalisierung vergleichbaren Universalitätsanspruch: Freihandel als Königsweg zu Freiheit, Frieden und Wohlstand für alle. Aber damals war der Handel nicht frei, und schon der Ökonom Friedrich List vermutete hinter der Parole »Handelsfreiheit« die Absicht der »stärksten Nation, den Handel und die Industrie der schwächeren Nationen um so sicherer in den Zustand der Sklaverei zu versetzen«. Theoretisch bezogen sich die Freihändler ganz zu Unrecht auf Adam Smith, den Begründer der modernen Nationalökonomie. Dieser forderte die Beseitigung aller wirtschaftlichen Restriktionen und die Einrichtung »des einfachen Systems natürlicher Freiheit«. Deren Grenzen bestimmen nach Smith freilich nicht Marktgesetze, sondern juristische, politisch-moralische und religiöse Normen – von den Strafgesetzen über »Gesetze der Gerechtigkeit« bis zu den Gesetzen göttlichen Ursprungs: »Die Handhabung des großen Systems des Universums, also die Sorge um das umfassende Glück (universal happiness) aller verständigen und vernünftigen Wesen, ist Gottes Geschäft und nicht dasjenige des Menschen«. Freiheitliche Wirtschaft sollte Smith zufolge nicht als ökonomischer Automatismus verstanden werden, sondern als eine politisch, juristisch und theologisch normierte Ordnung.

Die Freihandels- oder Manchester-Ideologie des 19. Jahrhunderts vergröberte und verkürzte Smith' Theorie zu einem »System allgemeiner Handelsfreiheit« (Karl Murhard). Der Begründer der Corn-Law-League in Manchester – Richard Cobden – begriff »die Schule der Freihändler« als unpolitisch: »Ich nenne mich selbst weder Whig noch Tory; ich bin Freihändler.« Marktgesetze verstand man jetzt als »volkswirtschaftliche Naturgesetze« und den Kaufmann als Krönung der Schöpfung: »Wenn alles krank ist, bleibt der Kaufmann, Gott sei dank, gesund. Sein Organismus altert nicht wie der der Nationen und Staaten« (Julius Faucher). Nach der Vorstellung seiner Lobredner sollte der Freihandel alle Probleme lösen von der »sozialen Frage« bis zum dauerhaften Frieden unter den Nationalstaaten.

Die Freihandelsschule des 19. Jahrhunderts vulgarisierte nicht nur das Werk von Adam Smith, sondern diskreditierte gleichzeitig die Ideen des Kosmopolitismus oder Weltbürgertums, wie sie die Aufklärung des 18. Jahrhunderts entwickelt hatte.

Der Kosmopolitismus hat geistesgeschichtliche Wurzeln, die bis in die griechische und die römische Antike zurückreichen, aber erst im 17. und 18. Jahrhundert gewann die Idee ein schärferes intellektuelles Profil. Freilich konnte sich Kosmopolitismus immer mit beidem verbinden – mit unpolitisch schwärmerischen Ideen und mit rational begründeten rechtlichen und politischen Vorstellungen. Christian Daniel Voss, der Herausgeber der Zeitschrift »Der Kosmopolit«, fasste sein Programm 1797 mit den schlichten Worten: »Der Kosmopolit ... sucht nur das Wahre, Nützliche, Schöne und Edle, – das allgemeine Ziel der Menschheit – wahre Humanität zu befördern«.

Wieland und Kant dagegen verbanden mit Kosmopolitismus nicht hohles Pathos und schwärmerische Ideen, sondern Kritik und Aufklärung. Wieland hielt »Vaterlandsliebe« und »Patriotismus«, die im 18. Jahrhundert Hochkonjunktur hatten, für diffuse Vorstellungen oder »mit den kosmopolitischen Grundbegriffen unverträgliche Leidenschaften«. Und als solche waren sie mit der »kosmopolitischen Pflicht, ... das, was ich für Wahrheit erkannt habe, ohne Scheu ... mündlich und schriftlich auszubreiten« unvereinbar. Sein Roman »Die Abderiten« (1774) gibt sich als »Beitrag zur Geschichte des menschlichen Verstandes«, ist jedoch im Kern eine polemische Satire gegen Normalität und Realpolitik. Im Geiste des vernünftig argumentierenden Demokrit, der dem alten »Orden der Kosmopoliten« angehört, nimmt Wieland das modische Gerede aufs Korn.

Kant übersetzte die vage Idee des Kosmopolitismus in klare, ihrer Intention nach universalistische Rechtsbegriffe. So wie innerstaatlich die Freiheit und Autonomie des Individuums nur im »Gehege« einer »gerechten bürgerlichen Verfassung« möglich war, so musste »die barbarische Freiheit der schon gestifteten Staaten« durch einen Bund »freier Staaten« eingeschränkt werden. Mit Kants Begriffen: Der innerstaatliche »Republikanismus« musste durch den zwischenstaatlichen »Föderalismus der Staaten« ergänzt werden. Die nach innen freien, verfassungsmäßig geordneten Staaten (die freilich Frauen, Knechte und Arme von der Staatsbürgerschaft ausschlossen) sollten sich den gleichen völkerrechtlichen Normen unterwerfen und mit dem »sich immer ausbreitenden Bund den Strom der rechtscheuenden, feindseligen Neigungen« – also den Krieg – aufhalten und Frieden befördern. »Das Weltbürgerrecht« schließlich beschränkte Kant »auf Bedingungen der allgemeinen Hospitalität«, d. h. auf ein »Besuchsrecht«. Als Recht formuliert, hatte das Prinzip mehr Bestimmtheit und Verbindlichkeit als die schillernden Vorstellungen von Brüderschaft, Verbrüderung und Völkerfreundschaft.

Mit der Französischen Revolution gerieten über kurz oder lang alle Staaten in den Sog nationaler Bewegungen und Ideologien, die ein Kritiker, ein Mitstreiter Wielands, »Nationalschurkism« nannte. In der Perspektive nationaler Bewegungen und Ideologien, die das 19. Jahrhundert beherrschten, erschien Kosmopolitismus als »eine Krankheit der Zeit«, die »bei geistig gesunden, strebenden Männern bestenfalls eine vorübergehende Erscheinung« (1875) sei. Vom intellektuell anspruchsvollen Programm des Kosmopolitismus blieb deshalb fortan nur die triviale Schwundstufe des Freihändler- und Manchestertums übrig.

»Globalisierung« und »Freihandel« ähneln sich nicht nur in ihrem vorgetäuschten Universalitätsanspruch. Beide verdanken ihre Popularität auch einem Doppelleben. Beide beschreiben den unbestreitbaren Tatbestand der Verdichtung und Internationalisierung wirtschaftlicher Beziehungen, und beide fungieren zugleich als ideologische Parolen und Schlagwörter im Streit der Interessen und Interessenten. Die englischen Politologen Paul Hirst und Grahame Thompson gehören zu jener Minderheit von Wissenschaftlern, die den realen Prozess der Globalisierung nicht nur beschwören, sondern empirisch untersuchten. Ihre Ergebnisse (»Globalization in Question«, 1996) beleuchten vor allem jene ökonomischen Prozesse auf den Weltmärkten, die mit dem Begriff »Internationalisierung« präziser erfasst werden als mit »Globalisierung«. Wie dieser Begriff im ideologischen Meinungsstreit als »strategischer Begriff« auftritt, hat der Frankfurter Politologe Josef Esser schon 1993 dargelegt. In dieser Funktion dient er der Veränderung, nicht der Beschreibung einer gesellschaftlich-wirtschaftlichen Realität.

Die heutige Diskussion um Globalisierung dreht sich einseitig um wirtschaftliche Prozesse, ihr fehlt die historische Tiefe. Nach der Meinung Vieler sind wir seit ein paar Jahren ganz unvermittelt in »die Epoche der Globalisierung« eingetreten. Das ist natürlich nicht der Fall, denn spätestens mit der Industrialisierung ab Mitte des 19. Jahrhunderts und der Verbesserung der Kommunikationsmittel (Eisenbahn, Elektrizität, Dampfschiffe, Telegraphie) gibt es einen ständig anwachsenden Welthandel. Und dem vorangegangen war ein kleineres, aber dichtes Netz von kolonialem Handel während Jahrhunderten. Alle relevanten Wirtschaftsdaten zeigen, dass man es spätestens seit den 70er Jahren des 19. Jahrhunderts mit einer hochgradig »internationalisierten Wirtschaft« im Weltmaßstab zu tun hat. Die Vorstellung von wirtschaftlich souverän agierenden Nationalstaaten muss relativiert werden. Da die Währungen zwischen 1879 und 1914 fest an den unflexiblen Goldstandard gebunden waren, war der wirtschaftliche Handlungsspielraum europäischer Staaten damals viel geringer als heute – trotz der

Kompetenzverlagerung nach Brüssel im Rahmen der EU.

Von einer Globalisierung kann man – nach Hirst/Thompson – nur in mehrfach eingeschränktem Sinne reden: Die Zahl der transnational agierenden Firmen und Tochterfirmen ist seit 1980 von 44 000 auf heute 280 000 sprunghaft gestiegen, wobei sich Sitz und Aktionsfelder dieser Firmen keineswegs gleichmäßig über den Globus verteilen. Ebenfalls stark angestiegen sind in diesem Zeitraum die ausländischen Direktinvestitionen, von denen zwei Drittel der Weltbevölkerung nicht profitieren. Ein einseitiges Bild geben auch Handelsströme ab: 70 % der Güterexporte bewegen sich zwischen der Europäischen Union, Japan und den USA. Nimmt man noch die zehn wichtigsten Entwicklungsländer hinzu, sind es sogar 84 %. Das heißt, auf fast drei Viertel der Weltbevölkerung entfallen unter 20 % des Handelsvolumens. Allein diese Zahlen belegen, dass von der Globalisierung bedeutend mehr Menschen aus- als eingeschlossen werden. Was propagandistisch als Globalisierung erscheint, ist empirisch ein stark angestiegener Austausch von Waren, Dienstleistungen und Kapital im Dreieck Europa-USA-Japan und einigen »glücklichen Inseln« in Staaten der Dritten Welt. Das unter dem »Primat der Wirtschaft« beschworene Heilmittel »Globalisierung durch Freihandel« lässt das Wohlstandsgefälle permanent anwachsen. Zwei Drittel der Weltbevölkerung wird der lapidare Bescheid dazu nicht beruhigen: »Im übrigen fällt der Ausgleich zwischen Reich und Arm leichter, wenn die Armen reicher werden, als wenn die Reichen ärmer werden« (Carl Christian von Weizsäcker: »Freihandel als Friedensstifter«).

Mit der Globalisierungsstrategie werden freilich nicht nur Gesellschaften in der Dritten Welt gespalten, sondern auch die hiesigen. Die entwickelten Staaten treten untereinander in eine scharfe Konkurrenz um Arbeitsbedingungen, Sozialleistungen, Subventionsaussichten, Lohn- und Steuerniveau, um nur ein paar Schlagwörter aus der Diskussion um »Standortvorteile« zu nennen. Dieser Kampf unter »nationalen Wettbewerbsstaaten« (Joachim Hirsch, Frankfurt) zwingt diese zum Sparen, zum Abbau von Steuern und Sozialleistungen und damit zur Spaltung der Gesellschaft.

Der gewachsene Austausch von Gütern, Dienstleistungen und Kapital wird ganz wesentlich von den transnational operierenden Gesellschaften und ihren Tochtergesellschaften getragen. Für 1992 wird ihr weltweiter Umsatz auf 5,5 Trillionen Dollar geschätzt (der übrige Welthandel auf 4 Trillionen). Auch der Geld- und Kapitalmarkt hat nach der Liberalisierung in den 70er Jahren enorm expandiert, d. h. nachdem Regelungen, die den Devisen- und Kapitalmarkt beschränkten und kontrollierten, aufgehoben wurden. Das war keine Folge der »Marktlogik«, sondern eine politische Entscheidung. Man rechnet mittlerweile mit Tagesumsätzen aus Spekulationsgeschäften mit Devisen und Wertpapieren aller Art in der Höhe des jährlich erwirtschafteten deutschen Bruttosozialprodukts.

Von der Internationalisierung der Wirtschaft hat man allenthalben auf die Schwächung oder gar auf das Verschwinden des Nationalstaats geschlossen. Das ist nicht nur unwahrscheinlich, sondern empirisch überhaupt nicht gedeckt. Nationalstaaten – zumal diejenigen der Europäischen Union – haben im Zuge der Internationalisierung der Wirtschaft Kompetenzen abgeben müssen, aber gleichzeitig sind sie neben den global agierenden Firmen (den Global Players) die Träger der Strategie der Globalisierung. Und die beiden Träger sind aufeinander angewiesen, auch wenn einzelne Regelungskompetenzen an internationale Organisationen wie die Weltbank, den Weltwährungsfonds, GATT und WTO abgetreten werden.

Ob man deshalb schon von »der Transformation des National- zum Transnationalstaat« oder gar einer »De-Nationalisierung« (Ulrich Beck) sprechen kann, ist in zweierlei Hinsicht problematisch. Einmal zeigt sich, dass gerade der forcierte Druck auf die Anpassung der Gesellschaften an vermeintliche und wirkliche Sachzwänge des Weltmarktes weltweit Gruppen von Menschen erzeugt, die sich als »Globalisierungsverlierer« begreifen. Populistische und nationalistische Bewegungen nützen das aus, und das Resultat sind neo-nationalistische und rassistische Strömungen in allen Ländern. Wie wenig die – teilweise entmachteten – Nationalstaaten dabei sind, »Transnationalstaaten« zu werden, belegt ferner die Art und Weise, wie diese Staaten ihre Souveränität über das Grenzregime oder die rechtliche Behandlung von Ausländern, Asylsuchenden und Flüchtlingen handhaben. In manchen europäischen Staaten spürt man mehr von einer Re- als von einer De-Nationalisierung. Die Angst um den Arbeitsplatz lockt viele auf den Leim nationaler Parolen.

In seinem Bemühen, »die Schallmauern des nationalstaatlichen Denkens« zu durchbrechen, entdeckt Beck vor allem im Handeln nicht-staatlicher Organisationen und in der Kultur »transnationale

Handlungsräume«. Dazu zählt er den »Käuferboykott« gegen Shell ebenso wie die Tatsache, dass mexikanische Emigranten in den USA Geld sammeln für eine Wasserleitung in einem mexikanischen Dorf. Mit seinem Gewährsmann Arjun Appadurai ist Beck der Meinung, »kulturelle Globalisierung« in der »Sowohl-als-auch-Weltgesellschaft« eröffne selbst für »Kinderarbeiter« und »Müllmenschen, die in und von den Abfällen der Metropolen leben«, neue Perspektiven: Indem diese Menschen dieselben US-amerikanischen Soap Operas sehen, würden deren »lokale Lebensformen mit ›Vor-Bildern‹ aufgewühlt«, womit »das eigene und die möglichen Leben ... mindestens in einen ironischen Widerspruch« gerieten. Gerade an dem, was als »globalisierte Kultur« angepriesen wird, ließe sich jedoch demonstrieren, dass nur eine winzige Elite daran partizipiert. Handelt es sich um massenhaft verbreitete Produkte, bestehen sie aus Konsum- und Kulturschrott von der Stange, der nicht besser wird, wenn Konsumenten und Zuschauer während und nach dem Genuss ihre lokalen Wurzeln (wieder-) entdecken. »Die komplexen multikausalen Logiken der Globalisierung«, die Beck beschwört, ändern nichts daran: Die kulturelle Dimension des Prozesses besteht hauptsächlich, wenn auch nicht ausschließlich, in der »McDonaldisierung der Welt«.

Beck entwirft die Grundzüge einer »kosmopolitischen Demokratie«, in deren Zentrum nicht der Staat, sondern die Individuen und die nicht-staatlichen Organisationen und Institutionen stehen. Er beruft sich dabei auf das Modell einer »internationalen kosmopolitischen Demokratie«, das David Held 1992 zur Diskussion stellte und teilt dessen

Schwächen. Beide akzeptieren die Trennung zwischen Politischem und Ökonomischem und damit die theoretische Grundlage für die Vorfahrt der starken ökonomischen Interessen. Während die Verständigung von Staaten auf gemeinsam einzuhaltende Normen und transnationale Abkommen zwischen Staaten, nichtstaatlichen Organisationen und Institutionen für bestimmte Bereiche durchaus denkbar und möglich sind, wird eine Verständigung über wirtschaftliche Zusammenarbeit, soziale Gerechtigkeit und Gleichberechtigung nicht oder nur zu den Bedingungen der Reichen, ihrer Gesellschaften und ihrer Staaten zustande kommen. Die harten wirtschaftlichen Interessenstandpunkte und die ständig wachsende ungleiche Entwicklung von armen und reichen Staaten und Regionen lassen jede andere Hoffnung zunächst als aussichtslos erscheinen. Selbst die Machtverhältnisse in den bestehenden internationalen Organisationen von der Weltbank bis zur WTO sprechen in dieser Hinsicht eine ebenso eindeutige Sprache wie die Ergebnisse der internationalen Umweltkonferenzen von Stockholm bis Kyoto.

Natürlich ist das kein Argument gegen Becks Versuch, »die Selbstzerstörungsmaschinerie eines globalen Industriemegasystems« anzuhalten. Ob das schon gelingt, weil »ökonomische Investitionsentscheidungen, chemische Zusammensetzungen von Produkten und Medikamenten, wissenschaftliche Forschungsprogramme« und »die Entwicklung neuer Technologien« in wenigen reichen Gesellschaften nicht mehr ausschließlich hinter verschlossenen Türen beraten und entschieden werden, ist fragwürdig. Die partiell erzwungene Offenheit und

Öffentlichkeit von Konzernen gegenüber staatlichen Kontrollen und gesellschaftlicher Kritik hat Grenzen – in der Sache und erst recht regional. »Die Herzfrage, die Kapitalfrage« Becks, was »den transnationalen Unternehmern ... die Neubegründung der Demokratie wert ist«, haben diese jedenfalls längst beantwortet. Bemühungen, so etwas Bescheidenes wie einen Verhaltenskodex für transnationale Unternehmen einzuführen, laufen seit den 70er Jahren. Sie wurden bislang von den Interessenten abgeblockt, obwohl außer der Eigentumsgarantie nur elementare und selbstverständliche Pflichten arbeits-, steuer- und umweltschutzrechtlicher Art festgeschrieben werden sollten.

»Der unwegsame Pfad einer transnationalen Innenpolitik« (Jürgen Habermas) findet Anknüpfungspunkte bei Kant und dem Kosmopolitismus. Diese Anknüpfungspunkte liegen freilich nicht dort, wo Beck sie sucht. Anschlussfähig an Kant ist nicht der Käuferboykott, mit dem »der Bürger den Kaufakt als direkten Stimmzettel entdeckt«, sondern vielmehr die Rückbesinnung auf Staat, Recht und Demokratie und deren Funktionen. Nur soweit aus »Nationalstaaten« aufgeklärte Staaten werden, die sich ihrer nationalen Kostüme entledigt haben und sich demokratisch als Sozial- und Rechtsstaaten mit internationaler Verantwortung erneuern, bestehen Aussichten dafür, innerstaatlich wie im Weltmaßstab politische Partizipationschancen zu eröffnen, wirtschaftliche Ungleichgewichte auszugleichen und soziale Gräben zu überbrücken, die die Globalisierungsstrategie nicht allein aufgerissen, aber jedenfalls vertieft hat. Wie weit die Staaten bereit sind, die Liberalisierung der Finanzmärkte, die sie in den 70er Jahren aus Gründen der »Standortsicherung« beschlossen haben, rückgängig zu machen, ist nicht absehbar. Als Ende der 70er Jahre deutlich wurde, dass damit den transnationalen Firmen weltweit die Tore geöffnet wurden, um ihre Gewinne an den Steuerbehörden vorbeizuschleusen, schlug John Tobin eine Finanzmarktsteuer vor (Tobin-Tax). Sie könnte – trotz heikler technischer Probleme – schnell eingeführt werden und die berechtigten Klagen über Steuerausfälle abstellen, wenn sich nur die zwanzig wirtschaftlich stärksten Staaten darauf einigten. Die Aussichten dafür stehen schlecht und das belegt zweierlei: Die Rede von der »Staatengemeinschaft« ist bestenfalls ein Leitartikel-Euphemismus, und die sozial- und rechtsstaatliche Erneuerung ist als nur vom Staat ausgehende Veranstaltung chancenlos. Ohne Mobilisierung und Selbstmobilisierung der Gesellschaft ist eine solche Erneuerung nicht denkbar. Wo aber sollte ausgerechnet eine »transnationale Zivilgesellschaft« die intellektuellen, kulturellen und moralischen Ressourcen freimachen, um sich gegen die Globalisierung und deren innerstaatliche und weltweite Folgen zu wehren? Wie eine Gesellschaft, die sich als Vereinigung der »Artisten-Generation der selbstironischen Ich-Sucher« und »Selbst-Arbeiter« versteht, zum Motor »gesellschaftlicher Selbsterneuerung« (Beck) werden soll, bleibt nebulös.

Neue Formen demokratischer Selbstorganisation können auf den politischen Kerngehalt alter Vorstellungen von Kosmopolitismus und Weltbürgerschaft zurückgreifen, sofern sie bereit sind, die wohlstands-chauvinistische Perspektive »zivilgesellschaftlicher« und »nationalstaatlicher« Orientierungen aufzusprengen. Zaghafte Ansätze dazu sind in der Arbeit von Hilfs- und Menschenrechtsorganisationen und kirchlichen Basisgruppen erkennbar.

Was Becks »Weltparteien« dazu beitragen können, bleibt ebenso unklar wie die Gemeinsamkeit von Bill Gates, Tony Blair, Brigitte Bardot und Mick Jagger, die Beck in einem Interview mit der Frankfurter Rundschau bereits als Mitglieder begrüßte. Alle vier verbindet, dass sie über ein finanzielles Polster verfügen. Aber Blair hat sich fürs Regieren, BB für die Robbenbabys und Le Pen, Gates fürs Geldverdienen und Jagger für Vielerlei, aber nicht die »Weltparteien« entschieden.

II Porträts gegen das Vergessen

1 *Ulrich Bräker – Aufklärung von unten*

Er war Zeit seines Lebens ein armer Schlucker. Als knapp Zwanzigjähriger geriet er in die Fänge eines preußischen Werbeoffiziers und danach in den brutalen friderizianischen Kasernendrill. Bei der ersten Gelegenheit desertierte der Söldner und marschierte mittellos von Prag zurück in die Ostschweiz. Er arbeitete als Knecht, Sargmacher, Salpetersieder und Pulvermacher. Dann versuchte er sich mit wenig Erfolg, ständig wachsenden Schulden, aber immerwährender religiöser Zuversicht als Garnhausierer und Tuchhändler, Kleinstbauer, Spinner, Weber und Buchautor. Erst einige Monate vor seinem Tode resignierte er und schrieb seinen »herren creditoren« ein »Circular« über »soll« und »habe« (»jn die fabrik gestekt, gott weist wos stekt«), in dem er ihnen sein Häuschen und seine Habseligkeiten vermachte. »Alles strebt nach freyheit ... nur ich bin noch sclave ... sclave meiner creditoren.« Er verabschiedete sich von der Familie mit dem Bescheid, »nun auch einmahl auf meine selbst erhaltung zu dennken« und tauchte fünf Wochen unter. Einige Monate nach seiner Rückkehr starb er mit 63 Jahren völlig vereinsamt und verarmt. Der letzte Tagebucheintrag lautet: »Ach es sind der ausgaben so viele – und einnahmen – gar keine«.

Am 11. September 1998 jährte sich der 200. Todestag Ulrich Bräkers, des »Armen Mannes im Tockenburg«, dessen »Lebensgeschichte« nicht nur in die Literaturgeschichte eingegangen, sondern obendrein zur historischen Quelle geworden ist für unsere Kenntnisse über den Alltag, die Lebensweise und die Nöte der »armen Menschenclasse« im 18. Jahrhundert. Die Schweizer Großbank UBS, der Milliardär, demagogische Amateurhistoriker und national-populistische Politiker Christoph Blocher sowie die »Schweizer Illustrierte« haben sich zusammengetan, um das Gedenken an den »Armen Mann« gemeinsam zu versilbern. In Lichtensteig ließen sie das Londoner Globe-Theater – um zwei Drittel reduziert – nachbauen und auf dessen Bühne von Ende Juli bis Ende August Ulrich Bräkers Shakespeare-Adaption »Die Gerichtsnacht oder Was ihr wollt« spielen. Nicht nur der junge Toggenburger Schriftsteller Peter Weber findet die Manier, mit der kapitalkräftige zeitgenössische »Groß- und Größtbauern ... den Kleinbauern Bräker vor den Pflug spannen«, ziemlich geschmacklos.

Davon abgesehen verdienen die Jubiläumsveranstaltungen jede Beachtung. Zum 250. Geburtstag Ulrich Bräkers – 1985 – präsentierte eine Arbeitsgruppe unter der Leitung des Basler Germanisten Karl Pestalozzi eine 500 Seiten umfassende »Chronik Ulrich Bräker«. Diese wertete erstmals die rund 3000 Manuskriptseiten der Tagebücher Bräkers vollständig aus, die dieser zwischen 1768 und seinem Tod am 11. September 1798 führte. Die »Chronik« fasste die fast täglichen Eintragungen knapp zusammen, zitierte kurze Passagen und kommentierte diese fachkundig. Pünktlich zum 200. Todestag Bräkers erschienen die ersten drei der auf fünf Bände geplanten kritischen Werkausgabe (Ulrich Bräker, Sämtliche Schriften, hg. von Andreas Bürgi et al., München 1998 ff.). Sie enthalten den vollständigen Text aller erhaltenen Tagebücher von 1768-1798. Die Planungen für die Werkausgabe reichen bis in die 70er Jahre zurück und außer Karl Pestalozzi und seinen Mitarbeitern waren es vor allem die St. Galler Kantonsbibliothekare Peter Wegelin und Alois Stadler, die das Projekt hartnäckig verfolgten.

Ulrich Bräker wurde am 22.12.1735 auf dem Flecken Näppis bei Wattwil im Toggenburg als Sohn eines Salpetersieders geboren. Das war, wie er später selbst sagte, eine »dreckligte Handthierung«. Salpetersieder zogen von Bauernhof zu Bauernhof und sotten die harnstoffreiche Erde aus Kuhställen zusammen mit Pottasche, um Kalisalpeter zu gewinnen. Dieser diente zur Herstellung von Schießpulver. Nach einer höchst rudimentären Schulbildung von jeweils wenigen Wochen im Winter musste Ulrich »tagmen«, d. h. als Knecht im Tagelohn arbeiten. Später betrieb er zusammen mit seinem Vater das Salpetersieden und Pulvermachen. Als Neunzehnjähriger lockte ihn ein preußischer Werbeoffizier mit viel List nach Berlin, wo der Toggenburger den Drill und die gnadenlose Schinderei der preußischen Militärmaschine kennenlernte. Er hat die »prügelsüchtigen Jünkerlins« und das »Sklavenleben« im Hinterhof der Berliner Aufklärung zur Zeit Friedrichs des Großen erlebt, erlitten und beschrieben: »Der König allein ist König; seine

Generals, Obersten, Majoren sind selber seine Bedienten – und wir, ach! wir – so hingeworfene verkaufte Hunde – zum Abschmieren in Frieden, zum Todstechen und Totschießen im Krieg bestimmt.« In der Schlacht von Lobositz (1.10.1756) packte Bräker die Gelegenheit zur Flucht und desertierte.

Zurück im Toggenburg, stand er vor dem Nichts. Er besaß nichts und hatte nichts gelernt außer dem Salpetersieden. Der größte Teil der Bevölkerung im Toggenburg war gezwungen, die bäuerliche Lebensweise aufzugeben – »das ganze Tal war eine Baumwollenfabrik« geworden, so der Sozialhistoriker Albert Tanner. Baumwolle löste die Leinwand ab, und reiche Kaufleute in St. Gallen bedienten sich der verarmten Landbevölkerung im Appenzellischen und im Toggenburg als billige Heimarbeitskräfte. Diese waren eingebunden in ein Verlegersystem von sog. »Fabrikanten«, die ihrerseits das Rohmaterial bei den Kaufleuten erwarben – meistens auf Kredit. Die »Fabrikanten« beschäftigten dann Heimarbeitskräfte gegen Stücklohn zum Spulen und Spinnen von Garnen oder zum Weben und Besticken von Tuchen. Männer, Frauen und Kinder waren in dieses Dreiecksgeschäft eingeschlossen, bei dem mit wenigen Ausnahmen die »Fabrikanten« und Heimarbeiter zu den Verlierern gehörten, denn die Abnahmepreise für das Endprodukt bestimmten die Kaufleute mit der probaten Rechtfertigung, die Wechselfälle des Marktes drückten die Preise. Der Frankfurter Arzt und Geograph Johann Gottfried Ebel beschrieb in seinem Buch über die Schweiz 1793 auch das Toggenburg. Er diagnostizierte das Verschwinden von »Bürgertugend« und »edlem Ehrgeiz« sowie die Ausbreitung von »Rechnungsgeist« und »Gewinnbegier«: »Die ganze Tätigkeit hat sich auf das Fabrikwesen und Handelsschaft gelenkt.«

Im März 1759 beschloss Ulrich Bräker, von seiner Verlobten dazu gedrängt, ein solcher »Fabrikant« zu werden. Es fehlte ihm dafür an allem: an Geld, an technischen und an kaufmännischen Kenntnissen. Er räumte später ein, er hätte »nie gelernt, recht mit dem geld umzugehen« und blieb immer der religiös beeinflussten Meinung, dass »zwüschent keuffer und verkeuffer sünde stecket« – sündhafter Gewinn oder Verlust als gerechte Strafe für andere Sünden. Erst 1762 lernte Bräker selbst weben. Obendrein baute er sich ein kleines Haus und begann sein »bauel gewerb« (Baumwollgewerbe) mit 1000 Gulden Schulden – bei einem anfänglichen Jahresumsatz von 100 Gulden und ganzen 12 Gulden Jahresgewinn. Später betrieb seine Frau Salome Ambühl zeitweise einen Garnhandel und er selbst betätigte sich als Weber und Webfabrikant.

In den sechziger Jahren florierten Bräkers Geschäfte einigermaßen, aber seit 1770 befand sich der ganze Erwerbszweig mit Ausnahme von zwei kurzen Aufschwungsphasen 1771 und 1778/79 bis zum Ende des Jahrhunderts in stetigem »krebsgang«, wie die Tagebücher unendlich oft notieren. Die Angst, hungern oder betteln zu müssen, bestimmte sein ganzes Leben: »Fünf kinder und kein verdienst.« Die beiden ältesten Kinder, mit denen er schon als künftige Arbeitskräfte rechnete, starben fast gleichzeitig an einer Epidemie, die 1771 rund zehn Prozent der Bevölkerung des Toggenburgs das Leben kostete. Seit 1772 wartete Bräker vergeblich »auf zeit und gelegenheit, diese verdrießliche provesion zu vertauschen«. Er kam aus dem Gewerbe ebenso wenig heraus wie aus »disem schlame«, dem ruinösen Kreislauf, Schulden zu machen, um andere Schulden abzubezahlen. Nach 1796, als billiges englisches Maschinengarn auf den Markt kam, wurde die Lage der Heimarbeiter und Fabrikanten im Toggenburg noch aussichtsloser.

Bräker machte sich quälerische Selbstvorwürfe, fasste regelmäßig gute Vorsätze, aber an seinen desolaten Verhältnissen änderte sich nichts. Hinzu kamen dauernde Spannungen und Kräche mit Salome: »wieder nichts als ächzen – vorwürf über vorwürf« im »caos« der längst üblich gewordenen täglichen »haußbatalien« und »xantippischen winterstürme«. Bräker suchte Zuflucht beim Lesen und Schreiben, auf immer häufiger werdenden Reisen, die er zuweilen als Geschäftsreisen tarnte, vor allem aber beim Alkohol. Im Tagebuch berichtet er: »Dan spülte ich denn staub vom maten herz mit einer boutile erquickenden safts«, oder er meldet lapidar »verhoken« beim Kartenspiel bis tief in die Nacht – mit entsprechenden Folgen bei der Rückkehr zur Ehefrau.

Ulrich Bräker war schon fünfzig Jahre alt, als ein Dorfpfarrer merkte, dass der kauzige Garnhausierer und Tuchhändler, nunmehr auf der Hochsteig bei Lichtensteig im Toggenburg lebend, regelmäßig schrieb und ein Tagebuch führte. Bräkers nähere Umgebung tadelte seinen »närrischen Schreibhang« von Anfang an. Seine Ehefrau Salome, die weder schreiben noch lesen konnte, »speyte feur und flamen« gegen das Theater wie gegen das Lesen und Schreiben und drangsalierte ihn in einer dreißig Jahre dauernden »batalie«, die ebenso unnützen wie unchristlichen Tätigkeiten einzustellen. Seine Nachbarn hielten den »Bücherfresser« für einen Sonderling und das Schreiben genauso für eine Art von Hochstapelei wie seine Mitgliedschaft in der »Moralischen Gesellschaft« in Wattwil, wo sich weltliche und geistliche Herren als Philanthropen und Freunde der Aufklärung trafen und über Bücher und soziale Fragen debattierten. *Unten* hielt man Bräker wegen dieses nicht standesgemäßen Umgangs für einen »herrenschmecker« und »schmarotzer«, und *oben* dauerte das Interesse am schlagfertigen Kauz eine Zeitlang aus »curiosität und neugierde« an. Dann drängte man ihn in vielen vornehmen Häusern in die Rolle des bäurisch-skurrilen »hofnarren« und »armen tropfen«, was Bräker sofort durchschaute (»mit mir spielen wie eine katze mit der maus, lasse ich doch nicht gern«). Schließlich verschwand das Interesse an ihm völlig: »Meine correspondenten haben mich alle verlassen bis auf einen einzigen«, d. h. bis auf den auch als »mein einziger« angesprochenen St. Galler Bankier Daniel Girtanner (1757-1844), der ihn oft beherbergte und finanziell unterstützte.

Für Ulrich Bräker waren Lesen und Schreiben zwei Arten der Selbstverständigung, der Selbsterfahrung und der Selbstaufklärung. Es war »die universalmedicin der kranken seele«. Seit seiner Jugend in einem pietistisch inspirierten Elternhaus gehörte das Lesen und Vorlesen religiöser Schriften zum täglichen Gottesdienst. Die Schreibversuche in den ersten Tagebüchern und in der Schrift »Ein wort der Vermahnung, an mich und die meinigen, dass nichts besers sey den gott förchten zuallenzeitten«

(1768) erklären das Schreiben – im Wesentlichen Bibelauslegung – als gottgefällige Handlung und regelrechten Gottesdienst. Unentwegt lobte Bräker die Schöpfung, äußerte »sünden bekentnüße« und bemitleidete sich selbst als »todten hund« und »stinckenden sünden krüpel«. Sexuelle Versuchungen bekämpfte er mit weitschweifigen Beteuerungen und »ader lassen«. Die religiöse Grundierung seiner bekenntnisseligen Selbsterforschung und Selbsterbauung – »mein sündenbekenntnuß« – verschwindet nie in Bräkers Schriften. Aber sie wird im Laufe der Jahre schwächer, während die zunächst völlig verachtete Außenwelt (»weltplunder«) schärfere Konturen bekommt. In seiner 1789 in Buchform erschienenen »Lebensgeschichte« kritisierte Bräker seine früheren Tagebücher als »erzwengte frömeleien« und »schwärmereyen«, in denen »nur bisweilen ein guter Gedanke, in hundert lären Worten ersäuft war«. Bräker behielt als zugleich frommer und naiver Aufklärer Distanz zur Amtskirche (»heilige halunken«) und vermutete, es seien überall Geistliche zu finden, die es nicht »ungern sehen wenn wir ein bisgen in der unwüssenheit und aberglauben stecken«.

Obwohl Bräker 1789 bekannte, »ich schreibe keine weltgeschichte – diß ist vor gelehrte – die mehrere und bessere nachrichten haben als ich«, geben seine Tagebücher wie seine »Lebensgeschichte« auch Auskunft über seine Stellung zur Politik und zur Aufklärung. In seinem »euthusiaschtischen« Plädoyer für »gerechte justizpflege« und für »das schlafende thier – den grösseren menschenhauffen«, also für »egalitat«, »freyheit« und »menschenrechte«, ist er so wenig zu übertreffen wie in seinem aufklärerischen

Protest gegen Krieg, Militär und hohe Politik, »dises privilegirte raub- und mordsgesindel«. Die alliierte Koalitionsarmee von 800 000 Mann gegen das revolutionäre Frankreich bezeichnete er als »knap genug bezahlte lohnsoldaten, ... brodtfresser und handelsverderber« und wunderte sich über Menschen, die sich als Soldaten verdingen können, um gegen »recht und gerechtigkeit, wahre freyheit« zu kämpfen. Die »tyranische regierung« der jakobinischen Terrorherrschaft und die Hinrichtung Ludwigs XVI. waren ihm freilich ebenso ein Greuel wie »alle tyrannen und barbarische herrscher« und deren Kriegskunst, die Bräker bündig als »mordekunst« bezeichnet. Von Krieg und Teuerung profitieren »kapitalisten«, »güther besitzer« und »reiche baurn« – »eine die menschheit entehrende menschen claße« –, während es dem »armen mann« wie dem »mittelmann ... alle tage ärger« geht. Wenn Bräker vom Krieg redet, erwähnt er nicht heroische Taten, sondern erinnert an die »unschuldig gemordeten zu millionen«, »die unglücklichen schlachtopfer«. »Das militär mordet freilich nach menschen gesezen.« Das ist aufgeklärter Pazifismus avant la lettre.

Im Frühjahr 1798 wurde die Ostschweiz zum Kriegsschauplatz. Bräker trat schon vorher dafür ein, auch »kleine despoten in der Schweiz« müssten »sich gantz ... democratisieren«. Unter dem Druck französischer Truppen wurde die »Helvetische Republik« installiert, die den ehemaligen eidgenössischen Untertanengebieten der späteren Kantone Waadt, Aargau, Thurgau sowie dem Toggenburg die Befreiung von Feudallasten und die bürgerliche Gleichberechtigung brachten. Bräker begrüßte, »wie überall freyheit und gleichheit eingeführt« und

»alle alten regierungen und obrigkeiten in der gantzen Schweiz ... abgeschafft« wurden, musste jedoch bald feststellen, dass es sich beim französischen Besatzungsregime auch nur um »wilde kriegshorden« und »würgende tiere in menschengestalt« handelte, die durch ihre Plünderungen faktisch dementierten, was sie ursprünglich versprochen hatten: Freiheit. »Herienmini, welch eine freyheit, ia die freyheit zu betteln wann man nichts mehr hat« wegen der hohen Kontributionslasten.

Als seine Geschäfte in den 90er Jahren ganz schlecht liefen, dachte er sogar daran, seinen Lebensunterhalt durch seine »Autorschaft« – also »die hirngeburthen des armen mannes im Tockenburg« – zu bestreiten. Doch der Zürcher Verleger und Politiker Johann Heinrich Füssli (nicht zu verwechseln mit dem gleichnamigen Maler), der 1789 seine »Lebensgeschichte« herausgebracht hatte, zögerte und druckte 1792 nur einen schmalen Auszug aus den Tagebüchern, der bei der zeitgenössischen Kritik durchfiel: »Wenn jeder Mensch ... auf den tollen Einfall käme, alles aufzuschreiben, was er den Tag über gedacht oder nicht gedacht, getan oder nicht getan, gesprochen, gelitten, gehört, gesehen oder empfunden hätte ..., es würde, wenn auch nicht immer, unterhaltend und lehrreich, doch gewiss tolles Zeug genug zu Tage gefördert werden. Glücklicherweise haben die wenigsten Menschen hierzu Lust und Zeit. Und das ist gut. Denn oft genug würde nichts Besseres an den Tag kommen, als was wir hier aus den Tagebüchern des armen Mannes im Tockenburg erhalten«. Dieser fundamentale Einwand ist nicht völlig falsch. Verglichen mit der Lektüre der »Lebensgeschichte«, benötigt der Leser für jene der Tagebücher einiges an Nachsicht für Wiederholungen und Längen. Aber erst die jetzt vorliegenden Texte zeigen, wie stark sich Bräker der früheren Tagebucheintragungen als Gedächtnisstütze bedient hat, als er ab Mitte der 80er Jahre seine »Lebensgeschichte« niederschrieb. Und da es von dieser keine Handschrift mehr gibt, sondern nur die vom Verleger stark redigierte und sprachlich geglättete Fassung, bieten die Tagebücher in inhaltlicher wie formaler Hinsicht authentischere Einblicke in Bräkers Denken, als die Autobiographie. Der einzige Mangel der vorbildlichen Edition liegt darin, dass sie den Leser für den Kommentar auf den fünften Band vertröstet – so bleiben einige Stellen notgedrungen dunkel.

Die literarische Dichte von Bräkers »Lebensgeschichte« erreichen seine Tagebücher nicht, aber diese stehen jener in kultur- und mentalitätsgeschichtlicher Bedeutung nicht nach. Der Leser kann in diesen Texten verfolgen, wie sich Bräkers »wenigbedütende autorschafft« herausbildet. Er schrieb langsam und wäre darin gerne »so flink und fertig« gewesen wie »diß und iennes herrchen«. Man vermutet, dass hinter Bräkers »Lebensgeschichte« die Autobiographie Johann Heinrich Jung-Stillings als »Lektüreanstoß« (Karl Pestalozzi) steht. Gekannt hat er auch Goethes »Werther«, Gessners »Idyllen«, Rousseaus »Bekenntnisse« und die berühmte Darstellung der »Wirtschaft eines philosophischen Bauers« namens Kleinjogg (alias Hansjakob Gujer) durch den Zürcher Arzt Johann Caspar Hirzel. So wenig er sein »szribeln« (kritzeln) und seine »hirnproduction« trotz aller Bewunderung für Shakespeare (»unsterblicher william, du hast mir mehr gesagt als alle bücher der welt«) mit dessen Werk auch nur verglich, so bewusst blieb er sich seiner Grenzen als Dilettant – in seinen eigenen Worten »als mann, der gern schreibt und mahlt«. Selbstironisch stellte er einmal fest, dass er »erst seit einiger Zeit wahrgenommen« habe, »das man sich selbst mit kleinem i schreibt.« Sein Werk transportiert die Botschaft, dass alle Aufklärung mit Selbstaufklärung beginnen *muss*.

2 *Louis-Philippe, juste milieu, Geldherrschaft sans phrase*

Was man aus der Geschichte lernt, hängt davon ab, was man aus ihr lernen *will*, und selbst dann bleiben die Lehren sphinxhaft ambivalent. Momentan drängt sich alles in jene Mitte, die nur dem Schein nach neu ist. Wohin das Tandem Schröder/Fischer hinstrebt, da hat sich Helmut Kohl schon sechzehn Jahre zuvor gediegen eingerichtet – in der ominösen Mitte. Aber der Erfinder der Mitte ist der Pfälzer nicht. Das juste milieu ist älter und *die* bürgerliche Erfindung überhaupt: die Geldherrschaft sans phrase. Historische Vergleiche sind insofern problematisch, als die Differenzen zwischen Ereignissen, Regimes und Personen oft wichtiger und aussagekräftiger sind als die Parallelen. Das trifft auch auf den Vergleich des juste milieu von Louis-Philippe mit dem »System Kohl« zu: Louis-Philippe konnte Zeitungen zensieren und Journalisten gerichtlich drangsalieren; Kohl ignorierte einfach jene Teile der Presse, die er nicht mochte. Je länger man sich jedoch die Zustände im juste milieu des »Bürgerkönigs« (1830-1848) ansieht, desto öfter stößt man auf mentalitätsmäßige Affinitäten der heutigen Protagonisten der Politik der »Mitte« und der »neuen Mitte«. Im »System Kohl« reicht das bis zu Ähnlichkeiten beim führenden Personal und klimatisch identischen Stimmungslagen in sonst sehr unterschiedlichen politischen Systemen und historischen Konstellationen. Gemeinsam ist dem juste milieu, dem »System Kohl« und der »neuen Mitte« der Zuschnitt der Politik auf das Leitungspersonal und die umfassende Durchkommerzialisierung des politischen Betriebs von parteiinternem Mehrheitenkauf, über die Wahlkampffinanzierung aus trüben Quellen bis zur Schuldensanierung durch die Versteigerung des staatlichen Tafelsilbers an die Meistbietenden.

Kontinuierlich gewachsen ist in den 18 Jahren unter dem »Bürgerkönig«, der von den Bürgern so weit weg war wie die Politiker heute von »den Menschen draußen im Lande«, nur die Staatsverschuldung. Von dieser profitierten »Rentnerbourgeoisie« und Banken gleichermaßen schamlos wie heute die privaten Banken und »institutionellen« Investoren. »Die Julimonarchie war nichts als eine Aktienkompanie zur Exploitation des französischen Nationalreichtums, deren Dividenden sich verteilten unter Minister, Kammern, 240 000 Wähler und ihren Anhang. Louis-Philippe war der Direktor dieser Kompanie«, schrieb Karl Marx 1850 in seinem Buch »Die Klassenkämpfe in Frankreich«. Dessen liberaler Antipode – Alexis de Tocqueville – sah das im Rückblick genauso: »Die damalige Regierung hatte ... die Allüren eines Industriebetriebs angenommen, bei dem alle Operationen im Hinblick auf den Gewinn durchgeführt werden, den die Gesellschafter daraus ziehen können.« Ein zeitgenössischer Spitzname Louis-Philippes – »l'ordre des choses« (»Lauf der Dinge«) – ist auch eine Variante für »Aussitzen«.

Die Schlussphase des Regimes mit der Berufung François Guizots zum Außenminister (20.10.1840), der aber faktisch als Kopf der Regierung agierte, markiert den Übergang zur Politik des Stillstands und der Versteinerung. Ein Sohn des Königs schrieb am Ende dieses Prozesses (7.11.1847): »Es gibt keine

Minister mehr, ihre Verantwortung ist gleich null, alles läuft über den König. Der König ist in ein Alter gekommen, in dem man keine Bemerkungen mehr akzeptiert; er ist gewöhnt zu regieren, er liebt es zu zeigen, dass er regiert.« Die abgehobene Polit- und Geschäftswelt (»pays légal«) der Notablen, Grundbesitzer und Industriellen und der Alltag (»pays réel«) der Handwerker, Bauern und Arbeiter drifteten immer mehr auseinander. Politik schrumpfte auf Machtsicherung zusammen. Eingeschlossen in eine Scheinwelt, verstand sich der König nur noch als »Damm gegen die Revolution« und kam etwa auf die Idee, den Polizeipräfekten zur Streikschlichtung einzusetzen.

Guizot beabsichtigte, Staat und Gesellschaft endgültig »gegen den Juckreiz der Erneuerung« zu impfen. Ihm ging es nicht mehr um die Verbesserung von Gesetzen, die Veränderung von Institutionen oder Fortschritte anderer Art, sondern allein darum, »die bedrohte Ordnung zu verteidigen«. Politik auf die Verwaltung des Status quo zu reduzieren, ist der Sinn von Guizots berühmtem Ratschlag an die Abgeordneten, sich zu bereichern statt sich politisch einzumischen: »Bilden Sie eine Regierung, kräftigen Sie Ihre Institutionen, bilden Sie sich, bereichern Sie sich, verbessern Sie die moralische und materielle Lage Frankreichs: das sind die wahren Erneuerungen.«

Guizot wurde verstanden. Ludwig Börne brachte die französischen Zustände auf die Formel: »Alles ist Tauschhandel.« Der italienische Jurist und Publizist Pellegrino Rossi (1787-1848) bedauerte, dass »die Öffentlichkeit sich nur noch ihren Spekulationen und Geschäftchen« hingebe, und der

Abgeordnete Victor Hugo konzedierte Guizot, »persönlich unkorrumpierbar« zu sein. Aber: »Er regiert durch die Korruption und macht den Eindruck einer ehrlichen Frau, die ein Bordell führt.« Von Schmiergeldern und Protektion über Pressebestechung und Ämterschacher bis zum direkten Stimmenkauf war in diesem Klima alles möglich. Wenn Fälle von Korruption ruchbar wurden, verschwanden einfach die Akten. Die Julimonarchie und die sie tragenden Klasseninteressen fusionierten zur »Firma Frankreich« (Lothar Baier) wie die starken wirtschaftlichen Interessenten und die Bonner Politik im »System Kohl« zur »Deutschland-AG«.

Das konservative Denken geriet mit Guizot in die Phase der Verfettung und der Selbstgerechtigkeit, in der es nur noch triviale ökonomische Einsichten, die das Marktgeschehen zum Naturgeschehen verklärten, in Konzepte linearer Entwicklung überführte und diese als Resultat göttlicher Vorsehung deklarierte. Der politische Anspruch, auf dem das bürgerliche Selbstbewusstsein beruhte, kippte um in spießerhafte Selbstzufriedenheit und wirtschaftliche Selbstgenügsamkeit, als deren Signatur Gustave Flaubert »die Langeweile« (»l'ennui«) und die »Dummheit« (»la bêtise«) erkannte. Louis-Philippe blieb auch nach der Revolution von 1848 völlig uneinsichtig und unfähig zu erkennen, was er in 18 Jahren angerichtet hatte. Guizot glaubte gar, »nicht ausreichend gewusst zu haben, wie sehr wir Recht hatten«. Mit dem »Bürgerkönig« entstand das Urbild des Machtpolitikers, den Selbstgerechtigkeit, Machtverblendung und Orientierung am »Firmeninteresse« geradewegs in die Realitätsverweigerung treiben. Seither treten sie alle mit dem Satz ab, den Louis-Philippe schon zu Beginn seiner Herrschaft äußerte: »Ich habe mich aufgeopfert.«

Am Anfang – in den schönen Tagen des Juli 1830 – stand eine Revolution des Pariser Volkes. Politisch profilierte sich Louis-Philippe in der Restaurationszeit als Liberaler mit dem jovialen Auftreten eines Biedermannes, dem jedermann ein Pferd im Dunkeln abgekauft hätte. Er verdankte seinen Aufstieg vielen kleinen Zufällen, vor allem aber dem Zerfall des Ansehens Karls X. aus dem Hause Bourbon. Karl X. wollte aus der Geschichte der Großen Revolution etwas lernen. Als er mit Forderungen zur politischen und sozialen Reform konfrontiert wurde, verwies er stur auf das Schicksal seines älteren Bruders Ludwig, der als Louis XVI. am 21. Januar 1793 mit der Guillotine hingerichtet worden war: »Der erste Rückzieher, den mein unglücklicher Bruder tat, war das Signal für seinen Untergang.« 1830 zog Karl X. daraus den Schluss, den Forderungen der Opposition gegenüber hart zu bleiben und lieber per Dekret (d. h. durch Verfassungsbruch) zu regieren als nachzugeben. Das geschah am 26. Juli 1830. Fünf Tage später wurde der König aus dem Jagdschloss Rambouillet vertrieben und ins englische Exil verjagt.

Die Julimonarchie begann dramatisch. Karl X. hatte die liberale Oligarchie laufend mit reaktionären und klerikalen Inszenierungen provoziert. Erst berief er den ultrareaktionären Prinz von Polignac an die Spitze des Kabinetts. Dann ließ er die Reliquien des Heiligen Vinzenz nach Paris überführen und zur Eroberung von Algier Anfang Juli 1830 in allen Kirchen ein Te Deum singen. Als er Ende des Monats zum verfassungswidrigen Regieren mittels Dekreten überging, kam es während der »drei glorreichen Tage« vom 27. bis 29. Juli zum revolutionären Aufstand. Das Volk stürmte Waffendepots und baute Barrikaden, der alte General La Fayette übernahm das Kommando über die Nationalgarde. Rathaus und Louvre wurden besetzt. Die Regierung verhängte den Belagerungszustand und ließ die Barrikaden räumen. Dabei kam es zu Gefechten, in deren Verlauf »die Regierungstruppen 2500 Mann an Toten, Verwundeten oder Desserteuren« (so der Historiker Jean Tulard) verloren. Im Auftrag der Bankiers Jacques Laffitte und Casimir Perier suchte der Politiker Adolphe Thiers den Herzog von Orléans – Louis-Philippe – auf und präsentierte ihm den Vorschlag, sich von der Abgeordnetenkammer zum König wählen zu lassen.

Louis-Philippe nahm sofort an. Die Verfassung von 1815 wurde entsprechend geändert. An die Stelle der dynastisch-monarchischen Legitimität trat die nationale Souveränität, deren reale Basis auch nach der Wahlrechtsanpassung dünn blieb. Wahlberechtigt war, wer mindestens 200 Francs, wählbar, wer mindestens 500 Francs Steuern bezahlte. Das führte dazu, dass zu Beginn der Julimonarchie nur 170 000 und achtzehn Jahre später dank des Eisenbahnbooms ganze 250 000 Franzosen wahlberechtigt und 25 000 davon wählbar waren – bei rund 35 Millionen Einwohnern! »Bürgerkönigtum«? Eine Farce! Grundbesitzer und Unternehmer stellten 95 Prozent der Wähler, aber in der Abgeordnetenkammer saßen zwischen 30 und 45 Prozent Beamte. Der Abgeordnete Alexis de Tocqueville etwa verdankte seinen Sitz ganzen 465 Wählern. Das System der Julimonarchie beruhte auf »einer fast vollkommenen Symbiose von Großbourgeoisie, Staatsapparat und Kammern« – so der deutsche Historiker Gilbert Ziebura. Bankier Laffitte, der von sich selbst sagte, er sei »ein Citoyen, der besitzt«, stellte die erste, sein Kollege Perier die zweite Regierung, aber immer klarer wurden die Ansprüche des »Bürgerkönigs«, selbst zu herrschen und sich dazu willfähriges Regierungspersonal auszusuchen.

Kaum an die Macht gelangt, agierte Louis-Philippe autoritär. Pierre Cuvillier-Fleury, der Hauslehrer seiner Kinder, entdeckte einen »esprit de cour« und einen fatalen Hang, Mitarbeiter und Berater zu behandeln wie einst der Salzburger Erzbischof »seinen« Mozart traktiert hatte: als subalternen Domestiken. Privat nannte Louis-Philippe »seine« Minister »bobinettes« (»Holzpflöcke«) und sprach sie mit »mon cher« an, was im Französischen Herablassung oder große Vertraulichkeit ausdrücken kann. In der Maschinerie der Julimonarchie, die mit Geld, Schmiergeld und Bestechungsgeld geölt wurde, bestimmten drei Ziele das Geschehen: Machterhalt, Mitte und Stabilität. – In einer seiner ersten Amtshandlungen beauftragte Louis-Philippe einen Pariser Notar damit, alle Vorkehrungen zu treffen, dass der umfangreiche Grundbesitz des Hauses Orléans niemals in Staatseigentum übergehen konnte. Nach dem Motto »wir zuerst« verwandelte Louis-Philippe, nach einem Wort des Historikers Guy Antonetti, »Frankreich zum Haus Orléans«, das er wie eine Firma zu leiten gedachte. Geld und das Netz persönlicher Beziehungen und Abhängigkeiten waren dabei hilfreicher als das Gesetz.

Zum Herrschaftssystem gehörte auch, dass charismatische Figuren – wie La Fayette als Chef der Nationalgarde – und intellektuell Unabhängige, die gefährlich werden konnten, ausgekegelt und durch dienstbar-pflegeleichte Gestalten ersetzt wurden wie Marschall Soult, den »Würgeengel« (Ludwig Börne) beim Aufstandsversuch der Lyoner Seidenarbeiter im November 1831. Gleichzeitig begannen die Minister des »Bürgerkönigs« das, was das Volk als die »drei glorreichen Tage« der Revolution erlebt hatte, zur »Wende« herunterzustufen: »Es hat keine Revolution gegeben, es gab einen einfachen Wechsel in der Person des Staatschefs« (Casimir Perier). Und der letzte Ministerpräsident – der Historiker François Guizot – erklärte zwar zwei Monate nach der Julirevolution, »wir haben eine Revolution gemacht«, fügte jedoch hinzu, »aber wir beabsichtigten nicht, Frankreich in einen revolutionären Zustand zu versetzen.«

Louis-Philippe selbst machte »die Mitte« zu seinem Programm, nachdem er sich selbst und seine Herrschaft im »juste milieu« geortet hatte. Als ihn ein Bürgermeister am 29.1.1831 aufforderte, »die Eroberungen vom Juli« zu verteidigen, antwortete der König: »Ohne Zweifel soll die Revolution ihre Früchte tragen, aber dieses Wort wird nur zu oft in einem Sinn gebraucht, der weder dem nationalen Geist, noch den Bedürfnissen des Jahrhunderts, noch der Aufrechterhaltung der öffentlichen Ordnung entspricht ... Wir versuchen, uns in einem juste milieu aufzuhalten, gleich weit entfernt von den Auswüchsen der Volksmacht wie vom Missbrauch der königlichen Macht.« Zu dieser hatte er ein inniges Verhältnis. Die Hälfte seiner Sätze in den

Ansprachen an das Parlament beginnt mit »Ich« und loben ihn selbst (»ich kann mich nur beglückwünschen zu meinen Kontakten mit allen ausländischen Mächten«). Louis-Philippe hatte, so sein Biograph Guy Antonetti, »denselben Geschmack an persönlicher Macht« wie Ludwig XIV., der Sonnenkönig.

Nach dem Lyoner Aufstand und der Selbstproklamation zum Verwalter des juste milieu wurde Louis-Philippe zum Gespött der Karikaturisten. Honoré Daumier und Charles Philipon zeichneten für die Zeitschriften »La Caricature« und »Le Charivari« zahlreiche Karikaturen, in denen die Kopfform Louis-Philippes so zur Birne verformt wurde wie 150 Jahre später Helmut Kohls Kopf von Peter Knorr und Hans Traxler im »Buch zum Kanzler«.

Trotz repressiver Maßnahmen gegen »La Caricature« – 20 Beschlagnahmungen, 9 Anklagen, 13 Monate Gefängnis, 30 000 Francs Buße in einem Jahr! – verschwand die Kritik am Regime nicht. Die Zeichnung Daumiers mit den unbewaffneten Opfern einer Razzia von Regierungstruppen in der Rue Transnonain (13./14.4.1834) hat den Zeichner berühmt gemacht. Ständige Aufstandsversuche und sieben Anschläge auf das Leben des Königs beantwortete das Regime mit Ausnahmegesetzen gegen die Presse und gegen politische Vereine. Nach dem Attentat von Fieschi im Juli 1835 mit 21 Toten erließ die Regierung die »Septembergesetze«, die die Pressefreiheit einschränkten (Vorzensur für Zeichnungen) und die Angriffe auf die Monarchie und auf den König ebenso unter Strafe stellten, wie die Propaganda für die Republik.

Die Repressionspolitik stabilisierte das Regime, das sich abwechselnd auf eine rechte und eine linke Mitte berief, der die Fraktion »Waagschale« von Fall zu Fall die Mehrheit sicherte. Rechts geriet die legitimistische Opposition in Vergessenheit und die republikanische Linke wurde verfolgt, sobald sie das Wort »Republik« in den Mund nahm. Die Regierungen des Königs hatten kein Programm. Im Wesentlichen bestand ihre Politik darin, für unaufschiebbar gewordene Probleme Mehrheiten zu kaufen. »Sie haben die Mehrheit. Wozu sich über andere Dinge beunruhigen?«, pflegte Louis-Philippe zu fragen. Oft gelang die Mehrheitsfindung nur nach Kompensationsgeschäften. In diesen korruptionsanfälligen Inszenierungen sicherten sich die Eliten ihre eigenen Vorteile, während politische Probleme von Belang (Wahlrecht, Unvereinbarkeit von Beamtenstatus und Mandat) sowie soziale Fragen von großer Sprengkraft (Massenarmut, Hunger) einfach auf der Strecke blieben.

Wenn man dem System Louis-Philippe ein Verdienst zuerkennen will, so das nicht gering zu achtende, dem Land unter den Bedingungen der nationalistisch infizierten Kabinettspolitik des 19. Jahrhunderts für 18 Jahre einen Krieg erspart zu haben. Für diese Friedenspolitik sind biographische Motive maßgeblich. Der »Bürgerkönig« beteiligte sich 1792/93 als junger Offizier im Namen der Republik an den Schlachten von Jemappes und Valmy. Auch sein Vater stellte sich 1789 auf die Seite der Revolutionäre, nannte sich Philippe Egalité und hielt von der Gleichheit so viel, dass er im Konvent auf Kosten der Brüderlichkeit für den Tod des Königs stimmte, den er freilich nur um ein paar Monate überlebte, bevor er ebenfalls unter der Guillotine endete. Am Sohn blieb lebenslang der Makel hängen, Abkömmling eines »Königsmörders« zu sein.

Louis-Philippe desertierte aus der Revolutionsarmee, schloss sich jedoch nicht der Koalition der europäischen Fürstenhäuser an, sondern schlug sich zunächst als Mathematiklehrer in der Schweiz durch. Die Jahre der napoleonischen Feldzüge verbrachte er als gehetzter Flüchtling in England, in Amerika und in Italien. 1830 nach Kriegen, Flucht und Exil König geworden, wollte er dem Land den Frieden bewahren und hinderte »den widerlichen, kleinen, verfetteten Zwerg« aus Marseille – so die Königin über den Ministerpräsidenten Adolphe Thiers – erfolgreich daran, Frankreich erneut in die Sackgasse kriegerischer Großmachtpolitik zu führen.

Die Erhaltung des Friedens ist Louis Philippe immerhin gelungen, dafür führte er unter der Parole »Bereichert Euch!« einen gnadenlosen Krieg der Mitte gegen die unteren Volksschichten. Im Februar 1848 verjagten ihn die Pariser aus der Stadt. Zwei Jahre später starb er im englischen Exil – als sehr reicher Mann.

3 *Rudi Dutschke – einer wie keiner*

Über 68 reden, heißt *auch,* über sich zu reden. Insofern ist es ein Glücksfall, dass 25 Jahre nach dem Tod von Alfred Willi Rudolf (Rudi) Dutschke (7.3.1940 – 24.12.1979) seine Frau Gretchen Dutschke-Klotz die Tagebücher veröffentlicht, die Dutschke seit 1963 führte (Rudi Dutschke, Jeder hat sein Leben ganz zu leben. Die Tagebücher 1963-1979. Hg. von Gretchen Dutschke, Köln 2003). Sie belegen: Der richtige Kern der Phrase vom »Mythos 68« besteht darin, dass nicht auszumachen ist, worin die programmatische Einheit der Bewegungen zwischen Berkeley und Regensburg bestehen soll. Damit ist nicht gemeint, die Studentenbewegung löse sich in lauter Einzelgeschichten auf, aber die unterschiedlichen Kontexte der weltweiten Bewegung und die individuellen Erfahrungswelten waren überall prägender als die Einheit in Programmen oder Zielen. 68 bezieht sich überhaupt weniger auf ein Programm, ein Theoriepaket oder ein Ziel als vielmehr auf Methoden und Haltungen. Man versteht die Studentenbewegungen besser, wenn man sie als ein Konglomerat von politisch-moralischen Haltungen und Methoden versteht, die Welt und insbesondere die Politik anders zu begreifen.

Über 68 reden, heißt *auch,* über sich zu reden. Zu den frühesten politischen Erinnerungen des Rezensenten gehört, dass am 5. März 1953 in der Grundschulklasse eines katholischen Nestes in der Ostschweiz gebetet wurde – zu Stalins Tod. Drei Jahre später bekamen die mittlerweile Zwölfjährigen eine Fackel in die Hand gedrückt, um in Oktobernächten klassenweise zu demonstrieren – gegen die Unterdrückung des ungarischen Aufstands durch sowjetische Truppen. Wofür wir beteten und wogegen wir demonstrierten, war den Betenden wie den Demonstrierenden damals mit Sicherheit völlig unklar. Im Gedächtnis geblieben ist die Verehrung eines Helden des ungarischen Aufstandes – des schönen Generals Pál Maléter, der die Stars aus Fußball, Handball und Eishockey aus dem Gefühlshaushalt des Heranwachsenden verdrängte. Erwachsen geworden, führten solche Erfahrungen viele zu zwingenden Konsequenzen: Erziehung, die den Zöglingen ihre Ziele unterjubelt oder autoritär aufherrscht – und seien sie so ehrenwert wie der Protest gegen die sowjetische Invasion in Ungarn – dienen nicht der Autonomie und der Aufklärung, sondern propagandistischer Manipulation.

Dem frommen Christen Dutschke verweigerte das autoritäre DDR-Regime die Zulassung zum Studium, weil er das Evangelium und die humanistischen Ideale des Sozialismus wörtlich nahm und den Wehrdienst verweigerte. Dutschke ging nach Westberlin und stürzte sich ins Studium der marxistischen Klassiker, die er freilich nicht in ihrer zur Orthodoxie verkümmerten Version rezipierte. Gegen die theoretische Verklärung geschichtlicher Entwicklungsprozesse zur quasi-natürlichen, von der Partei verwalteten Notwendigkeit bestand er auf der »freien Entscheidung des Individuums, der Gruppe, der Partei.« Die Freiheit des Individuums und die Autonomie seines Denkens bilden bei Dutschke eine durchgehend libertäre Grundierung, die sich auch nicht verliert, wenn er sich Notizen macht über »Revolution, zukünftige Gesellschaft,

Gewalt, Schüler, Sexualität« oder trockene organisatorische Fragen bis hin zu einem hybriden »Machtergreifungsplan«, den er »in der Kneipe« präsentierte.

Der begnadete Redner Dutschke führte ein abenteuerliches Leben. Unter dem 21.11.1967 notiert er: »Bochum-Veranstaltung; sollte um 20:00 Uhr sprechen; kam um 22:00 Uhr – noch alle da; ca. 1200 Menschen; Referat – Diskussion – bis 0:30 Uhr. – Prima! Dann von 1:00-4:00 Uhr über die Situation der Gruppe gesprochen; beschissen.« An den nächsten Tagen wiederholt sich etwa dasselbe. Der 27.11.1967 begann morgens um 6 Uhr in Berlin mit »special works«, gefolgt von einer Vollversammlung um 10:30 Uhr und einer Demonstration um 14:30 Uhr. Um 19 Uhr flog Dutschke nach Bremen, wo er um 21:30 eintraf. Um 6 Uhr früh war er wieder in Berlin zurück.

Und dann kam der 11. April 1968, der Dutschkes Leben völlig veränderte. Der von der Springer-Presse verhetzte Hilfsarbeiter Josef Bachmann verletzte ihn mit zwei Kugeln in den Kopf lebensgefährlich. Unter großer Anstrengung und mit der Hilfe seines Freundes Thomas Ehleiter gelang es, Dutschkes Denk- und Sprachfähigkeit wiederherzustellen. Das Tagebuch verzeichnet Wortlisten, mit denen er sein Gedächtnis trainierte wie früher als Leichtathlet seinen Körper. Fortan und bis zu seinem Tod plagten Dutschke »Depressionen, völlige Angst vor Lern- und Arbeitsunfähigkeiten.« Lesen war lange Zeit mit »Gewaltanwendung« verbunden und endete oft mit mentalen Aus- und epileptischen Anfällen. Dutschke lebte mit seiner Frau und zwei Kindern in London, aber alle Versuche, an der Universität Fuß zu fassen, scheiterten.

Köstlich ist Dutschkes Bericht über einen Besuch in der chinesischen Botschaft, wo er mit einem »Genossen« Botschaftssekretär über die »Weltrevolution« und den »sowjetischen Revisionismus« diskutierte, während der gut zweijährige Sohn aus einer Bücherwand »vieles herausholte« und zum Schrecken des Sekretärs auch noch Streichhölzer vom Tisch nahm, bis der Sohn so »unruhig« wurde, dass die Mutter mit ihm die Botschaft verließ und der Vater »richtig genossenschaftlich« über »die Zukunft der Revolution in Deutschland« allein weiterdebattierte.

Auf die politische Lage in Deutschland reagierte Dutschke ambivalent. Einerseits sah er den »Verwesungsprozeß der revolutionären Substanz«, wie er sich in maoistischen Campus-Parteien (»höchstes Maß an Niveaulosigkeit«) und terroristischen Praktiken der RAF abzeichnete. Andererseits träumte er vom Umbau der Universität zur »revolutionären Maschine« und davon, dass »die zukünftige Gesellschaft ... eine einzige Universität sein sollte?!« Am 8.1.1971 wurde die Familie Dutschke von der konservativen englischen Regierung nach einem undurchsichtigen Verfahren aus Gründen »nationaler Sicherheit« ausgewiesen und fand in Aarhus (Dänemark) Asyl.

Wie schon in London widmete sich Dutschke hauptsächlich der »Kinder-Arbeit«, d. h. der Erziehung seiner Kinder und entdeckte dabei eine schwierige Aufgabe – »die Gleichheit zwischen Mann und Frau praktisch zu erproben« – und zugleich eine bange Frage: »Wo bleibt der Revolutionär?« Nach langwierigen Auseinandersetzungen mit Bernd Rabehl, dem er vorwarf, sich in Teilen seiner Dissertation Dutschkes »Versuch, Lenin auf die Füße zu stellen« bedient zu haben, fand er sich damit ab, »der sozialen Revolution ... gegenwärtig nur durch eine Verschärfung der wissenschaftlichen Arbeit« dienen zu können. Er wurde Mitglied im »Sozialistischen Büro« (Offenbach) und engagierte sich bei den Bremer »Grünen«. Seinen Traum »einer lebendigen, auf Befreiung gerichteten und nicht die Mitglieder unterdrückenden Partei revolutionären Typs« hat er nicht aufgegeben.

Von anderer Machart ist das Buch von Jürgen Busche (Die 68er. Biographie einer Generation, Berlin 2003). Auf den knapp 200 Seiten kommt das Wort »ich« nie vor, dafür meldet gleich der Untertitel – »Biographie einer Generation« – einen hybriden Anspruch an. Die Frage, ob »die« 68er überhaupt eine Generation bilden, erledigt der Autor mit dem nicht gerade sachdienlichen Hinweis, »die 68er Generation« habe »ihre entscheidende Prägung im kindlichen Alter zwischen zwei und zwölf Jahren erhalten«, was wahrscheinlich für jede Generation zu allen Zeiten und in allen Weltgegenden zutrifft. Über weite Strecken handelt die Kampfpostille gar nicht von »68«, sondern polemisiert gegen die rot-grüne Regierung.

Vieles was die studentische Jugend damals politisch umtrieb – von der militärischen Beendigung des Prager Frühlings über die Berufsverbote der sozialliberalen Regierung bis zu den Notstandsgesetzen – kommt bei Busche gar nicht oder nur zur Karikatur verzerrt vor. Das offensichtlich schnell hingeschriebene Büchlein lebt von wohlfeilen Resszentiments gegen »die geistige Diktatur« der »Adorno, Bloch, Lukács, Mitscherlich, Althusser«, der erst 1972 ins Deutsche übersetzt wurde! Die wirklich einflussreichen und von sehr vielen gelesenen Bücher aus der Reihe »res novae« – darunter »Die Transformation der Demokratie« (1968) von Johannes Agnoli und Peter Brückner – werden dagegen nicht einmal erwähnt.

Busche befasst sich stattdessen mit Gemeinplätzen, Kalauern (Lafontaine als »Mann für Bars und Barrikaden«) und freihändigen Spekulationen über den »Gemütshaushalt der 68er«. Er lässt dabei kein Stereotyp aus und arbeitet mit der Methode des Instant-Feuilletons, wonach alles mit allem irgendwie zusammenhänge und alles etwa auf dasselbe hinauslaufe. Busche schreibt über »68« wie ein Biertrinker über Wein, ohne jedes Sensorium für die Valeurs politischer Bewegungen, die Freiheit, Solidarität und Autonomie suchten – und sich dabei auch verrannten –, aber sich nicht im spießigen juste Milieu einrichteten.

4 *Niklaus Meienberg. Ein unschweizerischer Schweizer Journalist und Schriftsteller*

Als gut 20-jähriger Student notierte er ins Tagebuch: »Die Gletscherspalte zwischen mir und dem, der ich sein sollte, wird immer tiefer.« Er begriff sich als »immerfort drehende Denkmaschine« im Leerlauf. Fast dreißig Jahre später beginnen quälende Monate, in denen er seinen Freitod minutiös organisierte: »Ich fühle mich alt, kaputt und habe keine Hoffnung irgendeiner Art ... Ich bin auch nicht mehr lernfähig.« Der Schriftsteller und Journalist Niklaus Meienberg (1940-1993), der zeitlebens zwischen »sumpfigen Depressionen« und »Aufschwüngen« hin- und hergerissen wurde, litt schwer darunter, »keine mittlere Linie« zu finden. In besseren Tagen behalf er sich damit, »diese Unausgeglichenheit« zu seiner »Schreib-Trieb-Feder« zu rationalisieren, aber das gelang ihm immer seltener.

Die Zürcher Journalistin Marianne Fehr hat eine 560 Seiten starke Lebensgeschichte Meienbergs vorgelegt, die sehr viel mehr ist als das (Meienberg. Lebensgeschichte des Schweizer Journalisten und Schriftstellers, Zürich 1999). Sie zeichnet Meienbergs Jugend in St. Gallen (1940-55) nach, dann die Internatszeit in Dissentis (1955-60), schließlich die turbulenten Studienjahre zunächst in Fribourg (1961-64), wo er in den Bannkreis einer fundamentalistisch-katholisch und stramm antikommunistisch orientierten Polit-Sekte mit Hans-Urs von Balthasar als Häuptling geriet, die er kräftig auf- und durchmischte, bevor er hinausgeworfen wurde. Die laue

Fortsetzung des Studiums in Zürich (1964-66) und Paris (1966-70) beendete er mit einem kenntnisreichen, aber improvisierten Abschluss über General De Gaulle (60 Seiten in 12 Tagen für eine Magisterarbeit).

Über die Hälfte ihres materialreichen Buches widmet Marianne Fehr den Stationen von Meienbergs schriftstellerisch-journalistischem Leben in der Schweiz und in Frankreich, wozu sie dank ihrer stattlichen Informantenzahl viel Neues beiträgt. Besonders genau beschreibt sie Meienbergs Arbeitsstil und die damit eng verwobenen Freundschaften und Feindschaften, die er gleichermaßen virtuos für sich einzusetzen wusste. Dazu dienten ihm außer dem Telefon unendlich viele Gespräche in Kneipen und sein elefantenmäßiges Gedächtnis für Sätze und Konstellationen – sein »Archiv«. Ein einziges Mal in seinem Leben, kurz vor seinem Tod, benützte er den Computer eines Freundes – sonst immer sein Hermes-Baby mit dem Buchstaben »o«, der nur noch Löcher durch das Papier stanzte.

Über die Lebensgeschichte Meienbergs hinaus gelingt Marianne Fehr ein farbiges Bild des schweizerischen Zeitungswesens und Medienbetriebs – mit all seinen Querelen, Intrigen und Eitelkeiten. Meienberg steht im Mittelpunkt der Darstellung, aber die Autorin bewahrt trotz Sympathie Distanz zu ihm – im Buch wie in ihrem Leben. Dass der berserkerhaft um sich schlagende Haudegen – ein Image, unter dem Meienberg mehr litt, als man bisher wissen konnte – alles in allem eben doch *auch* ein Opfer des gnadenlosen medialen Betriebs war, zeigt Marianne Fehr in jenen Passagen des Buches, die die Auseinandersetzungen mit dem Zürcher

»Tages-Anzeiger« behandeln. Hier behielt die Verlegermacht gegen eine redaktionelle Mehrheit die Oberhand und verhängte ein 14 (!) Jahre andauerndes Schreibverbot, das Meienberg – entgegen der von ihm verbreiteten Legende – nicht mit Pseudonymen unterlaufen hat.

Marianne Fehr beschreibt die Widersprüche und Abgründe dieses schwierigen Zeitgenossen ohne die landesüblichen Ressentiments, sie deckt reihenweise Legenden und Ablenkungsmanöver auf, die Meienberg in seinen Texten wie in seinem Leben inszenierte. Sie stützt sich bei ihren vorsichtigen Wertungen auf den gesamten Nachlass Meienbergs im Schweizerischen Literaturarchiv Bern sowie auf schriftliche und mündliche Zeugnisse einer guten Hundertschaft von Zeuginnen und Zeugen, Kolleginnen und Kollegen, Freunden und Feinden. Zusammen mit ihrer lapidaren Sprache schützt sie dieses dokumentarische Verfahren vor Einseitigkeiten und Abstürzen.

Die Biografie ist nicht zuletzt auch eine Studie zur wirtschaftlichen und sozialen Lage eines freien Mitarbeiters kleiner (und zeitweise großer) Zeitungen in einem reichen Land. Die Befunde sind bedrückend: Außer in den kurzen Zeiten seiner Mitarbeit in der zu Recht legendären Phase beim »Tages-Anzeiger Magazin« (1970-72, rund 30 Artikel) und beim Hamburger »Stern« (1982/83) lebte Meienberg permanent an der Armutsgrenze mit seinen kläglichen Honoraren von oppositionellen Blättern wie »Konzept«, später »Die Wochen-Zeitung«. Er hauste in schäbigen Wohnungen oder kleinen Zimmern, immer in Geldnot, auf Pump, vom Inhalt zahlreicher WG-Kühlschränke, von Freundinnen und Freunden, Familienmitgliedern und von der Großzügigkeit arrivierter Linker – darunter Max Frisch, Alexander J. Seiler, Urs Herzog und dem späteren Bundesrat Moritz Leuenberger. Ein guter Freund gewöhnte sich an, von einem Buch, das er Meienberg lieh, gleich ein neues Exemplar zu besorgen, denn an eine Rückgabe war so wenig zu denken wie an die Rückzahlung von Darlehen.

Abgründig herrisch war Meienbergs Verhältnis zu Frauen, die der »enorme Schürzenjäger« (Peter Bichsel) zuweilen wie Jagdtrophäen vorführte und ebenso schnell fallen ließ, wie er sie – mit seinem beträchtlichen Charme – erobert hatte. Oft interessierte er sich weniger für die Freundinnen als vielmehr für deren Geschichte und soziale Herkunft, die er ebenso skrupellos literarisch verwertete wie Beobachtungen bei privaten Einladungen. Hinter dem Bild des bis in die letzten Lebenswochen immer mit Begleiterinnen aus dem »unabsehbaren Mädchenheer« (Meienberg) auftrumpfenden Macho stand jedoch eine tragisch einsame Person. Meienberg durchschaute, wie er die mögliche Liebe und Freundschaft eines ums andere Mal selbst zerstörte bzw. in Sexualverkehrs- oder Informationsquellenkalküle verwandelte: »Ich kann mir Frauen immer nur im Zusammenhang mit außerordentlichen Leistungen (meinerseits) vorstellen, mit anderen Worten: die Schönste für den Erfolgreichsten. Ich denke auch hier in Machtverhältnissen, was sicher falsch, aber nicht zu ändern ist.« Diese Devise und die Hybris, mit der er gelegentlich Bach-Sonaten »verbesserte«, trieben ihn mit kalendarischer Zwangs- und Regelmäßigkeit hinab in immer tiefere »Depressionen und Desolationen« (Meienberg) – bis hin zur Selbstverachtung.

In ein trübes Licht geraten durch diese Biographie vor allem die gesinnungsstarken Kritiker Meienbergs aus Publizistik und Wissenschaft. Wer dem Autor handwerkliche Schwächen und sachliche Fehler nachweisen will, verkennt den Anspruch des Journalisten, der immer auch Schriftsteller war. Seine Arbeiten über den Landesverräter Ernst S. (gegen die Berner Professoren mit ihrer Unterschrift protestierten, obwohl sie nachweislich weder Buch noch Film kannten!), über den Hitler-Attentäter Bavaud oder über General Wille hatten einen dokumentarischen Kern, zielten aber über die Historikerzunft hinaus auf publikumswirksame historische Aufklärung. Dieser dienten die plastische sprachliche Aufbereitung und die – manchmal gewagten – Gegenwartsbezüge, fiktionalen Arrangements und »Bilder mit Plausibilitätsniveau« (Jakob Tanner), mit denen Meienberg historischen Trends und politischen Mentalitätsmustern auf seine unnachahmliche Weise die Melodie ihrer immanenten Logik vorspielte und sie in ihrer Lächerlichkeit oder Gefährlichkeit vorführte.

Meienberg hat als einer der ersten die selbstgerechte und bornierte Darstellung der jüngeren Schweizer Geschichte vor einem breiten Publikum als das dargestellt, was sie war – eine nationale Lebenslüge. Damit begann er schon in der Gymnasialzeit, als er die quasi staatsreligiösen Rituale unter der Firma »Antikommunismus« durchbrach und die berechtigte Frage stellte: »Warum kommt es überhaupt zum Kommunismus?« Vor den Fachhistorikern, und lange bevor die Schweiz nachhaltig – vor allem von außen – dazu gezwungen wurde, ihr Verhältnis zur eingetrübten Vergangenheit zu überdenken – was die NZZ 1977 und noch lange danach für ein spezifisch deutsches Problem hielt –, hat Meienberg exemplarische Beispiele solcher Selbstreflexion geliefert. Man reibt sich heute die Augen, wenn man nachliest, wie in den 70er und 80er Jahren fast die gesamte schweizerische Publizistik diese historische Aufklärungsarbeit in die Nähe von Landesverrat und »Nestbeschmutzerei« (»Die Ostschweiz«) rückte und selbst Wissenschaftler über die »permanente Selbstanklage« (Georg Kreis) schwadronierten. Vollends überrollt von den heutigen Debatten um die Verstrickung der schweizerischen Eliten in bislang nur vermutete Geschäfte wird das Pamphlet, das der Journalist Andreas Breitenstein in der NZZ vom 20.3.1993 veröffentlicht hat, nachdem Meienberg die hagiographische Ernst-Jünger-Monographie des NZZ-Feuilletonchefs Martin Meyer im »Spiegel« kritisiert hatte. Selbst die konservative »Frankfurter Allgemeine Zeitung« (27.9.1993) versah Breitensteins borniertes Machwerk mit dem Stempel »fast eine Hinrichtung«.

Ganz abgesehen von argumentativen Schwächen und polemischen Übertreibungen haben Meienbergs literarisch-journalistische Reportagen im deutschsprachigen Raum ästhetisch neue Standards gesetzt – genau wie Roman Brodmanns ausschließlich im Ausland verwirklichte Film-Essays – besonders über den Schah-Besuch 1967 in Berlin und die Kumpanei von deutscher Polizei und persischen Geheimdienstlern (»Jubelperser«), die die protestierenden Studenten verprügelten. Politisch versandete der Aufbruch von 1968, aber in den Feuilletons hat er eindeutige Spuren hinterlassen. Der spießig-nationale wie der prätentiös-bildungsbürgerliche

Mief in der Mogelpackung »Geist und Kultur« wurden gründlich vertrieben. Meienberg hat dazu einen Beitrag geleistet.

Es ist ein Gemeinplatz geworden, das schrille Leben Meienbergs, dessen chaotische Spontaneität, dessen massige Gestalt und das unverwechselbare Timbre seiner im gleichen Satz lyrischen, dramatischen und erzählenden Prosa mit der barocken Üppigkeit des Dekors und der Fresken in der St. Galler Klosterkirche zu vergleichen. Das ist richtig, aber beschreibt nur die Außenseite. Marianne Fehr will nicht Meienbergs Texte interpretieren, sondern den Autor sowie die mannigfaltigen Verbindungen zwischen diesem und den Texten darstellen. Seine Prosa ist ohne die auf jeder Seite greifbaren lebensgeschichtlichen Träger von der streng katholischen Erziehung über das Vertrauen in die Aufklärung bis zum Engagement für die kleinen Leute gegen die Mächtigen und Herrschenden undenkbar. Seine Texte werden dadurch zusammengehalten. Er erfuhr und durchlitt die soziale Ungerechtigkeit, die politische Borniertheit und die intellektuelle Dumpfheit im Lande fast körperlich. Meienberg lebte permanent mit dem uneinlösbaren Anspruch, er könne mit seiner Kritik an den herrschenden Eliten in Politik, Armee und Wirtschaft sowie an den helvetischen Zuständen überhaupt unmittelbar etwas verändern.

An diesem hybriden Anspruch musste er scheitern und gleichzeitig kettete er sich mit seinen Bannflüchen gegen Einzelpersonen an jene, die er kritisierte. Auf deren Anerkennung war er erpicht in all seinen Artikeln und Leserbriefen, in seinen stundenlangen Telefonanrufen und in seinen als

»Besuche« getarnten Überfällen. Letztlich behandelte er soziale und politische Themen immer als Kampf von Mann gegen Mann, was der Klosterschüler sprachlich wahrscheinlich zu »argumenta ad hominem« geadelt hätte. Das gilt für seine Auseinandersetzung mit Bundesrat Kurt Furgler (»King Fu«) ebenso wie für jene mit dem führenden Personal in der Wirtschaft, in der Armee und bei der »Neuen Zürcher Zeitung« (für die er am 24.2.67 einen Artikel schrieb), beim Fernsehen und beim »Tages-Anzeiger«. Ähnliches bekamen aber auch prominente Schriftsteller wie Adolf Muschg und Otto F. Walter sowie Kollegen zu spüren, die bei Auszeichnungen und Stipendien bevorzugt wurden. Ohne in vulgäre Spekulationen zu verfallen, sieht Adolf Muschg hinter Meienbergs Hang nach Anerkennung durch Autoritäten eine Form von »Vatersuche« im polemischen Nahkampf mit diesen. So wie Marianne Fehr die absolut dominierende Rolle, die Meienbergs Mutter in dessen Leben spielte, nachzeichnet, spricht einiges für Muschgs Hypothese.

5 *Casimir Ulrich Boehlendorff. Ein hoffnungsloses Dichterleben*

Wenn sich die Großen einig sind, haben die Kleineren nichts zu lachen. Schiller zählte ihn zu den »hohlsten Köpfen«, für Goethe war eines seiner Dramen »ein hohles Faß«, und beide zusammen dachten ans Abfertigen des »neuesten Dilettantism«. Der Abgefertigte heißt Casimir Ulrich Boehlendorff.

Noch zum Steckbrief verkürzt, lässt sein Lebenslauf erschaudern: Um 1775 in Kurland geboren und früh verwaist, gelingt es dem jungen Dichter in den Jahren 1801/03, einige Texte drucken zu lassen. Die Verachtung der Großen und der Spott der Tageskritik bringen die Stimme, von der Hölderlin sagte, »ich brauche Deine reinen Töne«, jedoch zum Verstummen. Danach irrt er noch 22 Jahre lang – mittellos, zu Fuß und etwa 15 000 Kilometer weit – zwischen Bremen, Kiel, Königsberg, Riga und Charkow umher, bis er sich am 10. April 1825 erschießt.

Der Berliner Literaturwissenschaftler Frieder Schellhase hat Boehlendorff – mit der Unterstützung der DFG und des Verlags – rehabilitiert und alles, was über dessen Person und Werk noch erhalten geblieben ist in den Archiven zwischen Bern und Riga zu einer prächtigen dreibändigen Ausgabe zusammengetragen (Casimir Ulrich Boehlendorff, Werke in drei Bänden, hg. v. Frieder Schellhase, Frankfurt und Basel 2000). Die Handschriften sind verschollen. Schellhase hat Gedichte, Briefe, Prosatexte und Rezensionen in entlegenen Publikationen und privaten Nachlässen aufgespürt. Außer diesen Texten bietet die Ausgabe in ihrem Apparat umfangreiches Dokumentationsmaterial zu Leben und Werk Boehlendorffs und zur Geschichte seines Freundeskreises sowie eine minutiöse Abrechnung mit der Literaturwissenschaft. Diese fand sich ab mit den Textmanipulationen, Vorurteilen und Gerüchten aus zwei 1912 und 1913 erschienenen Monographien und legte dann den Fall Boehlendorff zu den Akten. Er blieb den Fachleuten als Freund Hölderlins in Erinnerung, aber als Dichter war er seither kein Thema mehr. Einzig die drei Schriftsteller Johannes Bobrowski, Gerhard Wolf und Jürg Amann beschäftigen sich literarisch mit dem Schicksal des armen Mannes aus Kurland. Schellhases Editionsarbeit ist grundsolide, auch wenn er bei seinen sprachlich etwas umständlichen Kommentaren gelegentlich überzieht und sich dabei wiederholt.

Als Fünfjähriger verlor Boehlendorff beide Eltern und wuchs bei Pflegeeltern auf. Diese schickten ihn 1793 zum Jurastudium nach Mittau. Ein Jahr später begab er sich nach Jena, wo Fichte gerade seine Lehrtätigkeit aufgenommen hatte. Hier hörte Boehlendorff mit 500 anderen Zuhörern – darunter Hölderlin – die rhetorisch wie inhaltlich explosive erste Fassung von Fichtes Vorlesung »Über die Bestimmung des Gelehrten«. Die Zeitumstände waren so brisant wie die Autoren, auf die sich Fichte berief. Die Französische Revolution war in ihrer terroristischen Phase. Fichte stützte sich trotzdem unerschrocken auf Verteidiger der Revolution wie Kant, den »Moses unserer Nation« (Hölderlin), auf Rousseau und auf Pestalozzi. Fichte beschwor den »großen Plan« der Vereinigung von »Vernunft und Freiheit« im Namen der Menschenrechte zum »gemeinsamen Brudergeschlecht«. Er beflügelte die

Ambitionen seiner Studenten: »Das Gefühl unserer Würde und unserer Kraft steigt, wenn wir uns sagen, was jeder unter uns sich sagen kann: mein Dasein ist nicht vergebens und zwecklos; ich bin ein notwendiges Glied der großen Kette.« Und er forderte sie zum Handeln auf: »Hinstehen und klagen über das Verderben der Menschen, ohne eine Hand zu regen, um es zu verringern, ist weibisch ... Handeln! Handeln! das ist es, wozu wir da sind.«

Aufbruchstimmung und »prometheischer Trotz« verbanden sich zu einem »vornehmen Selbstbewusstsein der Gottähnlichkeit«, wie sich Johann Georg Rist, ein Freund Boehlendorffs, später ausdrückte. Einige Studenten schlossen sich 1795 in Jena zur »Gesellschaft der Freien Männer« zusammen. Deren Ziele waren so einfach wie ausgreifend: Man wollte die »Humanität befördern, ... zur Verbreitung der Wahrheit wirken und ihren Gesetzen allgemeine Gültigkeit verschaffen«. Nach einem Abschiedsgelage im Hause Fichtes verließen im März 1797 dreizehn Studenten Jena, sieben davon in Richtung Schweiz. Wie Hegel und Hölderlin versuchten sie, sich in schweizerischen Patrizierfamilien als Hauslehrer durchzuschlagen.

Mittlerweile hatte in Frankreich das Direktorium die Macht übernommen, in dessen Windschatten Napoleon Bonaparte zum Oberbefehlshaber der Italienarmee aufstieg und in Mailand die Cisalpinische Republik installierte (9.7.1796). In Begleitung dreier Freunde wanderte Boehlendorff im Sommer 1797 von Bern über die Alpen nach Mailand, wo sich die aufgewühlten jungen Männer beim Draufgänger Bonaparte vorstellen wollten, was natürlich nicht gelang. Aber auf dieser Reise entstand einer der erstaunlichsten Texte der Frühromantik: Boehlendorffs »Abentheuerliche Briefe« sind in ihrer Bedeutung für die Romantik vergleichbar mit dem später so genannten »Ältesten Systemprogramm des deutschen Idealismus« für die Philosophie Hegels und Schellings.

Boehlendorffs »Frühlings-Ahnungen« angesichts der imposanten Bergkulisse im Berner Oberland, der politischen Ereignisse und im »Beisammenseyn« mit den Freunden sind immer brüchig, zwiespältig, doppelsinnig und zerrissen wie die zwischen nervöser Expressivität, kantigem Stakkato und akrobatischem Pathos changierende Sprache. Die »Abentheuerlichen Briefe« dienten der Selbstverständigung des Autors wie der Abgrenzung von den Weimarer Titanen. Im Bewusstsein, »zum Vagabundenleben verdammt« zu sein, weil sich materielle, psychische, intellektuelle und politische Not zu einer tödlichen Überforderung bündelten, schwört er sich trotzig, »nicht eher zu ruhen«, als bis er »unter den letzten Trümmern meiner Hoffnungen begraben« sein würde. Noch während er »Freundschaft« als »Stimme des Lebendigen« feiert, spürt er bereits »die Nacht des Todes«. Auf Taten erpicht, stellt er fest: »Ich werde unzufriedener mit mir, mit jedem Schritt, den ich tue«. An Schonungslosigkeit steht der Blick nach außen jenem nach innen nicht nach. Aus der Bergwelt kommend, beschrieb Boehlendorff Mailand auf fünf Zeilen in bislang buchstäblich unerhörter Prosa: »Die Thäler, durch die wir zogen, waren schöner, als dieser Kramladen, der alles an Menschen und Sachen zu besitzen scheint, und von diesem Anschein lebt. Der Instinkt der Kunst wühlt unter dem Schutt des Geschmacks

Todtengebeine hervor, und umkleistert sie mit demokratischem Goldpapier und pfäffischen Symbolen und bringt etwas Ungeheures hervor, das aus Witz und Nonsens besteht.« So schrieben sonst nur Novalis und Friedrich Schlegel.

Nach der Rückkehr trat Boehlendorff in Bern eine neue Hauslehrerstelle an. Nicht allein, dass ihn diese Tätigkeit vom Schreiben abhielt, störte ihn – er empfand sie als sein »Stadtgefängnis«. Auf Druck Napoleons und unter französischer Vormundschaft entstand im Frühjahr 1798 die Helvetische Republik. Sie war weltweit die einzige, die sich »demokratisch« nannte und ein einheitliches Bürgerrecht und rechtliche Gleichheit garantierte. Boehlendorff hat die »Geschichte der Helvetischen Revoluzion« 1798 aus der Nähe beschrieben und den Text 1802 veröffentlicht. Er legte den Finger auf den wunden Punkt dieser Fremdbefreiung: »Das Blut ... floß für die Freiheit«, aber gleichzeitig auch »gegen die Freiheit« der Schweizer Kantone, »ihre innere Revoluzionirung« selbst durchzuführen.

Im März 1799 verließ Boehlendorff die Schweiz und lebte zeitweise bei Hölderlin in Bad Homburg, danach in Jena, wo er Schelling und August Wilhelm Schlegel hörte, sowie in Berlin. Neben zahlreichen Gedichten, von denen die besten zeigen, dass der 25-Jährige eine eigene Sprache und einen eigenen Ton gefunden hatte, schrieb er drei Dramen. »Ugolino Gherardesca« (1801) ist ein Trauerspiel, das an eine Szene in Dantes »Hölle« anschließt, der zufolge ein selbstverblendeter Machtmensch sich und seine Familie ruiniert. Goethe lehnte das Stück ab, weil er es als historisches Stück missverstand. Liest man es als Dokument des Ringens eines jungen Autors um einen Standort in wild bewegten Zeiten, wird daraus eine »Parabel der verlorenen Harmonie« (Eva Zimmermann). Auch »Fernando oder Kunstweihe« (1802) ist ein Künstlerdrama über das Gelingen und das Scheitern an den selbstgewählten Herausforderungen: »... Wanderer, der, vergebens Jahr' und Monden / Die beßre Heimat suchte, rastlos irr ...« Parallel dazu entstand »Franz der Erste von Frankreich« – ein »historisches Schauspiel«, über dessen literarischen Rang man sich streiten kann. Aber allein die Art, wie der Kurländer die Figur des Rabelais – gegen die historische Realität – in das Stück einbaut, das sich um die Schlacht bei Marignano (1515) dreht, ist vergleichbar damit, wie Shakespeare den Narren im »King Lear« diesem einheizen lässt. Die Figur des Rabelais verwandelt das »historische Schauspiel« in eine gegenwartsbezogene Kritik: »Ehre drückt das Land / Schaut's seine Augen blind an dieser Ehre!« Selbst Boehlendorffs König Franz I. kommt zu unköniglichen Einsichten: »Unsel'ger Kampf! (...) Nein! des Krieges Muth / Baut nicht die Welt – er stürzt sie nur zusammen!«

Gewiss – seine Vorliebe für das Ausrufezeichen und ungeschliffene Wörterbrocken zeigen, wie unfertig viele Werke – wie der Dichter Boehlendorff selbst – waren. Sein künstlerischer Wille und sein Ausdrucksbedürfnis waren oft stärker als seine Fähigkeit, eine literarische Form zu finden. Die Literaturgeschichte muss nicht umgeschrieben werden. Boehlendorff ist nicht mit Hölderlin, Friedrich Schlegel oder gar Shakespeare vergleichbar. Er gehört, wie Jakob Michael Reinhold Lenz, mit dem ihn vieles verbindet, zu jenen Feuerköpfen, die gar nicht Zeit und Gelegenheit fanden, ihr Talent reifen zu lassen. Wenn er ihm zugänglich gewesen wäre, hätte Peter Härtling Boehlendorff in sein Lesebuch »Vergessene Bücher« (zuerst 1966) aufgenommen, denn auch dieser war ein »Eckensteher« im »Labyrinth der Geschichte«, in dem er verloren ging – durch »Vernachlässigung und Gleichgültigkeit, Moden und Makulatur« (Härtling).

Boehlendorffs Zusammenbruch kündigte sich an, nachdem seine Gedichte und Dramen im Druck erschienen waren. Er antwortete auf einfältige Kritiken, setzte sich damit zusätzlich dem Spott aus. Alle Versuche, wieder Tritt zu fassen, misslangen. Eine Hauslehrerstelle in der Schweiz schnappte ihm ein Freund weg. Ein anderer hintertrieb einen Heiratsplan. Der Versuch, sich als Redakteur und Rezensent durchzuschlagen, scheiterte auch deshalb, weil er »in Kleidung und Wäsche« nicht dem entsprach, was »die Berliner, besonders die Damen« von ihm erwarteten. Für solch »entschlossenen Berlinismus« hatte Boehlendorff nichts übrig: »Jeder Berliner kann sagen: ich bin ein Berliner – und daraus kann man alle seine Meinungen und Gedanken ableiten.«

Nach 1803 wanderte er sprunghaft und unberechenbar von Ort zu Ort. Sich von Pfarrhaus zu Pfarrhaus durchbettelnd, führte er ein Leben, das er selbst »Straßenlektür« nannte. In einem Hilferuf an seinen treuesten Freund Rudolf Steck in Bern heißt es schon am 10.7.1803: »Sieh Dich auch ... nach einem Platz um für Deinen unglücklichen Freund – Arbeit Einsamkeit – wenn nicht Tod.« Alle Gerüchte, Boehlendorff sei dem Wahnsinn verfallen, widerlegen seine letzten Lebenszeichen vom Herbst 1824. Mit offenen Augen starrte er in den Abgrund und beschrieb sein elendes Leben in nicht zu überbietender Härte als »klage eines schuldlosen hahns«, den niemand mehr hören wollte.

6 *Carl Albert Loosli. Der Philosoph und Dichter aus Bümpliz*

Kaum einer hat sich so gründlich mit seiner Umwelt angelegt wie Carl Albert Loosli. Er kämpfte gegen Faschismus und Antisemitismus, forderte das Frauenstimmrecht, wetterte gegen das helvetische Anpasser- und Duckmäusertum, kritisierte die Flüchtlingspolitik, die Freisinnigen, die Kirchen, die Rechtsprechung und das Anstaltswesen. Doch trotz der Gegnerschaft, die sich der Schriftsteller und Journalist zusammenschrieb, kennt ihn heute fast niemand mehr.

Der 1877 unehelich geborene Loosli war ein Ausgegrenzter – lebenslang –, als er am 22. Mai 1959 starb, blieb nur ein Name. Das könnte sich ändern: Es gibt jetzt eine dreibändige Loosli-Biografie und eine siebenbändige Ausgabe seiner Werke.

Seine Mutter sah er nur fünfmal, sie blieb ihm »unheilbar fremd«. Sie übergab das Kind einer Pflegemutter. Als 44-Jähriger schrieb Loosli an seine Mutter: »Wir kennen uns nicht, und wir haben uns nie gekannt.« Seinen Vater sah er nie. Die Katastrophe in Looslis Leben begann mit dem Tod der Pflegemutter. Der elfjährige Junge kam 1888 in ein Waisenhaus und durchlief in den nächsten fünfzehn Jahren eine brutale Heimkarriere mit 27 Stationen in Besserungsanstalten, Zwangserziehungsanstalten, Armenhäusern, Gefängnissen und Irrenanstalten. Das Einzige, was er dabei lernte, war die französische Sprache, da er längere Zeit in einem Heim in Grandchamp (Kanton Neuenburg) verbrachte.

Nach abgebrochenen Berufslehren kam er unter Vormundschaft, die damals »Bevogtung« hieß. Erst am 15. Mai 1901 – Loosli war 26 Jahre alt – wurde sie aufgehoben. 1924 erzählte er sein Überleben in den »Seelenverkümmerungsanstalten« in einem Buch mit dem Titel »Anstaltsleben«. Elf Verlage lehnten das Manuskript ab, das Buch erschien im Kleinverlag eines Freundes. Sein Leben lang kämpfte Loosli als Autor und Staatsbürger für die Rechte von Heim- und Verdingkindern und stritt für eine fortschrittliche Pädagogik (»Strafen oder erziehen?«, »Erziehen, nicht erwürgen!«, »Erziehung zur Selbsterziehung«, nicht »Dressur«, sondern »Individualisierung«). Er beklagte die frömmelnde Heuchelei von »Philanthrophagen«, menschenfresserischen Wohltätern, die die Religion als »Zuchtmittel« zur »Seelenbearbeitung« einsetzten und die Rechte von Kindern und Jugendlichen »im Mistloch der Gnade« (Loosli) ertränkten.

Nachhaltige Verbesserungen in der Anstaltserziehung und -aufsicht kamen erst nach 1945 zustande. Mit einer 18-teiligen Serie zwischen 1945 und 1949 im Zürcher »Tages-Anzeiger« war Loosli direkt daran beteiligt, dass das Thema auf der politischen Tagesordnung blieb. Nach 1945 bekannte sich auch Pro Juventute zu einem Grundsatz, den Loosli schon in den 20ern aufgestellt hatte: »Wir verlangen, dass Anstaltskinder zu Bürgern, nicht zu Untertanen erzogen werden.« Looslis Verdienste bei der Reform des Jungenderziehungsrechts sind unbestritten.

Nachdem die Vormundschaft über den 24-jährigen Loosli 1901 aufgehoben worden war, unternahm er eine Reise nach Brüssel, Amsterdam, Berlin und Paris, wo er Émile Zola traf und die Debatten über die Dreyfus-Affäre verfolgte. Unter den Pseudonymen Charles Trebla, Peter Schöps und Peter Lämmergeier schrieb Loosli für August Lauterburgs »Weltchronik«, aber auch für die sozialdemokratische »Berner Tagwacht« von Carl Vital Moor, den »Berner Boten« und den »Bund« unter Josef Victor Widmann, seinem »geistigen Vater« (Loosli).

Er lieferte Leitartikel, politische Berichte, Gerichtsreportagen, Feuilletons und Glossen. 1900 war er für ein Jahr Redaktor bei der »Tagwacht« und bezog ein regelmäßiges Gehalt. Die meiste Zeit arbeitete er jedoch »frei« und litt mit seiner Frau und seinen fünf Kindern unter Geldnot. Noch 1945 bezeichnete sich Loosli »als der lebenslängliche Verdingbub des schweizerischen Schrifttums«, der »in steter Dürftigkeit« und »nie unterbrochenen Nahrungssorgen« gelebt habe – von 1903 an in Bümpliz.

Vor dem Ersten Weltkrieg erlangte Loosli eine größere Bekanntheit durch seine Mundartdichtungen (»Mys Dörfli« (1909), »Üse Drätti« (1910), »Mys Ämmitaw« (1911)), die er selbst öffentlich vortrug. Als die Dialektdichtungen wie der »Patriotismus im eng nationalistischen Sinne« zur Mode wurden, schrieb er nur noch Hochdeutsch und Französisch. Loosli gehörte zu den Pionieren der »Liga für den Heimatschutz«, verfiel jedoch nicht in idealisierende Heimattümelei, sondern verstand diese Bewegung politisch bzw. ökologisch avant la lettre als Kampf »gegen die Tyrannei der rücksichtslosen Spekulation und Zerstörungswut (...) unserer Profitgeier«, die die Alpen international zu vermarkten begannen und 1907 sogar eine Seilbahn aufs Matterhorn planten. Als die Heimatschutzbewegung chauvinistisch abdriftete, verließ sie Loosli mit dem

Hinweis, »man kann von der Liebe zu seiner Heimat durchdrungen und (...) doch ein überzeugter Antimilitarist und Anarchist in des Wortes verwegenster Bedeutung sein.«

Sein politisches Engagement galt auch den Interessen der Künstler. Er war Mitbegründer des »Schweizerischen Schriftstellerverbandes« (SSV) und von 1908 bis 1912 Sekretär der »Gesellschaft Schweizerischer Maler, Bildhauer und Architekten« (GSMBA) unter dem Präsidenten Ferdinand Hodler sowie Redaktor des Organs »Schweizerkunst«. Mit Hodler verband ihn eine intensive Freundschaft. Nach Hodlers Tod betreute er dessen Nachlass und gab eine vierbändige Monografie (1921-1924) heraus, von der die Hodler-Spezialistin Gabriela Christen meint, sie »gehöre bis heute zu den originellsten und informativsten Publikationen über den Maler und zeichne sich durch die intime Kenntnis und die weitsichtige Interpretation des künstlerischen Werks und des Menschen Hodler« aus.

Das Jahr 1913 wurde für Loosli zu einem weiteren Schicksalsjahr. Hans Trog, der Literaturpapst der NZZ, urteilte, Loosli sei »für immer aus der Reihe der ernst zu nehmenden Schriftsteller« auszuschließen. Der Hintergrund: Loosli sollte eine Gotthelf-Ausgabe betreuen, wurde aber ausgebootet. Deshalb erlaubte er sich den Jux, in der Manier der akademischen Germanistik »eine an Überzeugung grenzende Vermutung« zu äußern – diejenige nämlich, Jeremias Gotthelf sei nicht der Autor seiner Werke, sondern nur der Notar der Geschichten, die ihm der Bauer Johann Ulrich Geißbühler erzählt habe.

In der deutschen Schweiz verstand man – im Unterschied zur welschen – die Satire nicht. In kurzer

Zeit prasselten 400 Artikel auf Loosli nieder, die »das Attentat auf die ethisch, nicht nur dichterisch so gewaltig dastehende Persönlichkeit Jeremias Gotthelf« (Hans Trog) geißelten. Zwar blamierten sich »die Moralstabstrompeter« (Loosli) gründlich, denn Loosli hatte eine Erklärung zur satirisch gemeinten Attacke vor der Publikation des Artikels bei einem Notar hinterlegt. Das half Loosli nichts – viele seiner Bücher blieben in den folgenden vierzig Jahren unpubliziert in der Schublade oder konnten nur im Selbstverlag erscheinen.

Nicht publiziert wurde u. a. eine 400 Seiten starke Schrift mit dem Titel »Kunst und Brot«, in der er die prekäre Lage der Künstler analysierte. Finanziell hielt sich Loosli mit Werbetexten und dank seiner Frau, die Gemüse anpflanzte, über Wasser. Am erfolgreichsten waren Looslis Broschüren, die der englische Agent Julian Grande honorierte und in denen 1917 die »deutschschweizerische Pickelhaubenneutralität« denunziert wird, was ihm den Ruf eintrug, »im Sold der Entente« zu stehen. Zur Isolierung Looslis trug bei, dass er den herrschenden Freisinn vor und nach dem Ersten Weltkrieg als saturierte »Parteibüffelherde« und sich »patriotisch gebärdende Geldsackschweizer« angriff, die das revolutionäre Erbe von 1848 ebenso verrieten wie die zeitgenössischen »Normalschweizer«, die sich als »geborene Demokraten« aufspielten. Ende der dreißiger Jahre provozierte Loosli das Juste Milieu mit mehreren Arbeiten über die »Administrativjustiz und schweizerische Konzentrationslager«.

Er kritisierte die deutschen Lager, die damals noch keine Vernichtungslager waren, bestand jedoch darauf, dass auch »zwei Drittel sämtlicher Insassen unserer Korrektions-, Arbeits-, und Zwangserziehungsanstalten (...) aus ›administrativ‹« eingelieferten Personen bestehen, die also nicht gerichtlich verurteilt wurden. Was man amtlich wie im Volksmund beschönigend »Versorgung« nannte, denunzierte Loosli als »Willkür«, »Rechtszerfall« und »Ausnahmerecht gegen die Armen und Besitzlosen«. Schon 1908 meinte Loosli, der Begriff »Strafe« sei »unseres Zeitalters nicht mehr würdig«; er sollte durch den der »Heilung« ersetzt werden. Erst nach der Ratifizierung der Europäischen Menschenrechtskonvention 1981 wurden letzte Reste von Administrativjustiz in der Schweiz beseitigt.

Loosli plädierte für das Frauenstimmrecht (1906), für die Erhaltung des Asylrechts (1908) und für die schnelle Einbürgerung von Ausländern (1915). Er hielt die Schweiz für »regenerationsbedürftig« (1912), die Bundesanwaltschaft für »verfassungswidrig« (1917), Staatskirchen für »religiöse Aktiengesellschaften« (1940), die Schweizer Flüchtlingspolitik für einen »Bund mit Mördern« (1942) und die »geistige Landesverteidigung« für »Verblödung des Volkes« (1946). Zu Nationalsozialismus und Stalinismus ging er ebenso auf Distanz wie zum Antikommunismus der 50er Jahre.

Schon vor dem Ersten Weltkrieg kritisierte Loosli die »Russen- und Judenhetze« in Bern. Der Anlass: Der vergessene Berner Regierungsrat, Pazifist und Friedensnobelpreisträger Albert Cobat ermöglichte – erstmals in Europa – Frauen das Medizinstudium. Das führte dazu, dass 1907 von den 594 Berner Medizinstudenten 399 Russinnen waren, viele jüdischer Herkunft. Auch den in den 20er und 30er Jahren wachsenden Antisemitismus verurteilte er.

In einem viel beachteten Prozess trat er 1933-1937 als Gutachter der klagenden »Schweizerischen Israelitischen Gemeinde« (SIG) im Prozess gegen das Machwerk »Die Protokolle der Weisen Zions« auf. Loosli bezeichnete »den Antisemitismus« als »zuverlässigsten Gradmesser des jeweiligen Standes der Selbstbestimmung der Völker«. Der Antisemitismus schaffe »Untertanen«, nicht »Bürger« und bilde so einen Anschlag auf »die Freiheit und die Menschlichkeit«. Nach einem Sieg in erster Instanz wurde das Urteil vom Obergericht kassiert und Loosli als Gutachter für »befangen« erklärt. Die SIG scheute zurück vor einer offensiven Kampagne gegen den Antisemitismus. In den letzten Lebensjahren wurde der an Asthma leidende Feuerkopf ruhiger, aber resigniert hat der Aufklärer und Kämpfer für Menschen- und Bürgerrechte nicht. Er beklagte sich nur über den zunehmenden Mangel an »ebenbürtiger militanter Gegnerschaft«.

7 *Reinhart Koselleck. Sozialgeschichte als Begriffsgeschichte*

Der Althistoriker Christian Meier rügte kürzlich in einer Rezension einen Autor, der den Namen von Reinhart Koselleck falsch geschrieben hatte, mit der Mahnung, die richtige Schreibweise dieses Namens gehöre zum Allgemeinwissen. Wenn man die »Brockhaus-Enzyklopädie« als Verwalterin des Allgemeinwissens anerkennt, so irrte sich Meier. Im »Brockhaus« (1997) findet man zwar die Namen unbekannter Professoren wie des Betriebswirtschaftlers Erich Kosiol (1899-1990) oder des Literaturwissenschaftlers Wilhelm Kosch (1879-1960), aber nicht jenen des vielfach ausgezeichneten Historikers Koselleck, der 2003 seinen achtzigsten Geburtstag feierte. Mit der Unberechenbarkeit und mit den Marotten von Enzyklopädien kennt sich Koselleck aus. Er wird die peinliche Lücke gelassen ertragen.

Geboren wurde Koselleck am 23.4.1923 in Görlitz. Seine Mutter stammte aus einer hugenottischen Familie, sein Vater, Arno Koselleck, war Lehrer, später Pädagogikprofessor. Mit dem Beruf des Vaters und den bewegten Zeitläufen zwischen Weltwirtschaftskrise und nationalsozialistischer Machtübernahme hängt zusammen, dass Koselleck nicht weniger als acht verschiedene Schulen in fünf Städten besuchte. 1941, direkt nach dem Abitur, meldete er sich als Freiwilliger zu Hitlers Wehrmacht und kam zunächst nach Frankreich, später an die Ostfront, wo er 1945 in russische Gefangenschaft geriet.

1947 begann er sein Studium der Geschichte in Heidelberg u. a. bei Johannes Kühn, der sein Onkel war, aber auch bei Hans-Georg Gadamer, Alfred Weber und Ernst Forsthoff. Mit »Kritik und Krise« promovierte er 1959. Das Werk mit dem enigmatisch-geschichtsphilosophischen Untertitel »Eine Studie zur Pathogenese der bürgerlichen Welt« kann man doppelt lesen: einmal als Reverenz vor Carl Schmitt, von dem Koselleck damals noch stark beeinflusst war. Man kann darin aber auch eine durch die Erfahrung von Krieg, Gefangenschaft und Aufräumarbeiten im Vernichtungslager Auschwitz geprägte Anklage der entgleisten Moderne erkennen. Mit der zweiten Lesart nähert man sich der These eines Grundbuches des Jahrhunderts – der »Dialektik der Aufklärung« (1947) – von Horkheimer und Adorno, wobei die Stoßrichtung von Kosellecks Kritik der Aufklärung gelegentlich etwas diffus, ambivalent, staats- und machtzentriert bleibt.

1967 habilitierte er sich mit seinem Buch über »Preußen zwischen Reform und Revolution. Allgemeines Landrecht, Verwaltung und soziale Bewegung von 1791 bis 1848« – ein großer Wurf hinsichtlich des Ertrags wie des methodischen Zugangs, d. h. der subtilen Verbindung von begriffsgeschichtlich orientierter Quelleninterpretation und gesellschaftsgeschichtlicher Strukturanalyse. Der nur halbwegs gelungene, von Rückschlägen gekennzeichnete Übergang Preußens vom Ancien Régime zum modernen Staat wird innerhalb des kategorialen Rahmens, den die zentralen Begriffe Emanzipation und Restauration vorgeben, für die großen sozial-strukturellen Zusammenhänge gesellschaftlicher Modernisierung im Detail nachgezeichnet. Das umfangreiche Werk ist längst zum Standardwerk geworden.

Unter dem Einfluss von »Wahrheit und Methode« (1960) sowie persönlichen Begegnungen mit Hans-Georg Gadamer, »dem Lehrer und Freund«, arbeitete Koselleck an einer Verbindung von Geschichtswissenschaft und philosophischer Hermeneutik. Im Rahmen des Heidelberger »Arbeitskreises für moderne Sozialgeschichte« entwarf er maßgeblich das theoretische Konzept für die Verbindung von Sozial- und Begriffsgeschichte. Begriffe haben darin eine Indikatorfunktion. Sie verweisen ebenso auf sedimentierte historische Erfahrungen wie sie Indizien von Bewusstseinsveränderungen sind oder solche auslösen. Begriffsgeschichte, wie sie Koselleck entwarf, verabschiedete sich gleichermaßen vom faktentrunkenen Positivismus wie vom Gartenlaubenkitsch naiver historischer Erzählung. Begriffsgeschichte wurde nach Kosellecks Selbstverständnis zu einem methodisch »reflektierten Historismus«.

Das Ergebnis von Kosellecks begriffsgeschichtlicher Vorarbeit war das Forschungsprojekt, das er zusammen mit Otto Brunner (1982 verstorben) und Werner Conze (1986 verstorben) konzipierte und realisierte: Das Lexikon »Geschichtliche Grundbegriffe. Historisches Lexikon der politisch-sozialen Sprache in Deutschland« mit sieben Text- und zwei Registerbänden – zusammen fast 9000 Seiten. Begriffe werden darin nicht als herumwabernde Entitäten verstanden, sondern als historisch dechiffrierbare Kondensate realer sozialer, ökonomischer, politischer und psychologischer Sachverhalte und Beziehungen. Koselleck widmete dem Werk während fast dreißig Jahren beträchtliche Teile seiner Arbeitskraft und verfasste neben der konzeptionellen Grundlage selbst die zentralen Artikel »Fortschritt«,

»Geschichte«, »Krise«, »Revolution« und »Volk/Nation«. An diesen Artikeln bewährt sich die Regel, dass es sprichwörtlich aus dem Wald tönt, wie man hineinruft: Geschichte gibt Auskünfte nur in dem Maße, wie sich Fragestellungen, Methoden und Darstellungskunst des Historikers auf das Quellenmaterial einlassen und gleichzeitig dessen Niveau im diachronen Vergleich kritisch überbieten.

Koselleck läuft nicht in die Sackgassen von Skeptizismus und Relativismus, weil sein »reflektierter Historismus« methodisch kontrolliert das Potential der »Selbstreflexivität der Sprache« (Christof Dipper) mobilisiert. Er will nicht unmittelbar Lehren aus »der« Geschichte ableiten, denn neuzeitlich bewegte Geschichte ist zugleich gemachte und kontingent-eigensinnige Geschichte. Das der Sprache eingeschriebene Potential der Selbstreflexion erlaubt es jedoch, über »eine Theorie möglicher Geschichten« (Koselleck) die Zukunft, den Weg dahin und den Streit darüber offen zu halten.

8 *Günther Anders – Philosoph des Atomzeitalters*

Als der Philosoph und politische Publizist Günther Anders 1983 in Frankfurt den Theodor W. Adorno-Preis erhielt, konnte er an der Veranstaltung in der Paulskirche wegen seiner schweren Krankheit nicht persönlich teilnehmen. Seine Rede wurde per Video eingespielt. Der damalige Oberbürgermeister Wallmann begrüßte Anders in seiner Laudatio als »Günther Grass« …

Anders verstand sich – wie er in den »Ketzereien« (zuerst 1982) schrieb – als »Vertreter von Kampfthesen, der es mindestens verdienen würde, attackiert zu werden.« Für den Sprachschnitzer des Lokalpolitikers Wallmann hatte Anders keinerlei Verständnis. Er empfand das sprachliche Malheur als Ausdruck »der Achtungslosigkeit«.

Günther Anders wurde am 12. Juli 1902 als Günther Stern in Breslau geboren. Beide Eltern waren Psychologen, der Vater William Stern gilt als Begründer der differentiellen Psychologie und genoss in der Fachwelt großes Ansehen. Anders studierte in Hamburg und Freiburg, wo er bei Husserl promovierte. In Marburg lernte er Martin Heidegger und Hannah Arendt kennen. 1929 heirateten sie nach Hannah Arendts kurzem Abenteuer mit Heidegger. Bereits 1936 wurde die Ehe wieder geschieden. Günther Anders und Hannah Arendt sahen sich bis zu deren Tod (1975) nur noch einmal 1961. Sie beschrieb ihn verständnislos als »runtergekommen. Mit völlig verkrüppelten Händen, sehr dünn, sehr fahrig. Er denkt an nichts als seinen Ruhm, völlig unbekümmert leicht verrückt, ... außer aller Realität lebend, alles mit einem Klischee bezeichnend ... Mir scheint, die schlichte Wahrheit ist, dass er vis-à-vis de rien steht, es aber nicht realisiert ... Kurz er ist verhext.«

Zumindest Anders' verkrüppelte Hände erklären sich aus seiner schweren Arthrose und aus seinem Überlebenskampf im Exil. 1933 floh Anders über Frankreich in die Vereinigten Staaten, wo er sich zunächst als Fließbandarbeiter, Putzmann und Angestellter in einem Kostümverleih in Hollywood durchschlug. Von 1947 bis 1949 war er Lehrbeauftragter für Ästhetik an der New Yorker »New School for Social Research«. 1950 kehrte er nach Europa zurück und ließ sich in Wien nieder, wo er sich mit Rundfunkbeiträgen und Übersetzungen über Wasser hielt, eine Universitätskarriere lehnte er ab. Am 17.12.1992 starb er nach langer und schwerer Krankheit in Wien.

Anders' Frühwerk, das erst teilweise ediert ist, wurde geprägt von der Auseinandersetzung mit Husserl und Heidegger. In Paris schrieb er 1935 die »Pathologie de la liberté«, eine anthropologische Schrift, die Jean-Paul Sartre beeindruckte und beeinflusste. Als Spezifikum des Menschen begriff Anders dessen Unbestimmtheit und Offenheit: »Alles, was dem Menschen vorgegeben ist, ist, dass ihm nichts vorgegeben ist.« Die Tatsache, dass der Mensch nicht auf ein bestimmtes Ziel festgelegt ist, bildet für Anders wie später für Sartre die Grundlage und Voraussetzung für die Freiheit der Menschen. Zu dieser Freiheit gehört auch die Fähigkeit, der Wirklichkeit zu trotzen oder diese zu leugnen. Für den Anders-Kenner Konrad Paul Liessmann, der eben eine ebenso präzise wie gut lesbare Studie über Anders herausgebracht hat, erscheint diese Fähigkeit als »radikalster Ausdruck von Freiheit«.

Am 11.3.1942 notierte Anders einen Satz in eines seiner Notizhefte, der fortan sein philosophisches Denken bestimmte: »Glaube, heute vormittag einem neuen Pudendum auf die Spur gekommen zu sein; einem Scham-Motiv, das es in der Vergangenheit nicht gegeben hat. Ich nenne es vorerst für mich ›prometheische Scham‹; und verstehe darunter die Scham vor der ›beschämend‹ hohen Qualität der selbstgemachten Dinge.« Scham entdeckte Anders bereits dort, wo der Mensch sich der Zufälligkeit seiner Existenz bewusst wird. Diese zweite Scham aber beruht darauf, dass sich Menschen den von ihnen selbst hergestellten Apparaten unterlegen fühlen und sich die Nebenwirkungen und Folgen ihres Herstellens nicht ausreichend präzis vorstellen können. Jede technische Errungenschaft bedeutet ein Mehr an Entfremdung des Menschen von sich selbst, mithin eine Mediatisierung und Funktionalisierung des Menschen mit dem Ziel, diesen restlos aus der Welt zu verbannen. Anders nennt dies »die Antiquiertheit des Menschen«. Das bildet eines der Hauptmotive und ist der Titel seines zweibändigen Hauptwerks. Die beiden Bände, die 1956 und 1980 erschienen, enthalten die radikalste Kritik an der technisch-industriellen Zivilisation und an dem darin schlummernden Zerstörungspotential. Der Vorwurf, Anders verteufele die Technik und beschwöre ein technikfreies, quasi-romantisches Zeitalter, ist unberechtigt. Er warnt vielmehr vor der technisch-wirtschaftlichen Instrumentalisierung des Menschen und seiner Lebenswelt und räumt obendrein

ein, dass »das Fehlen der Technik in unterentwickelten Ländern eine ungleich größere Gefahr« darstellt »als deren Existenz«.

Anders erkannte das Zerstörungspotential der Zivilisation in der Vernichtung des europäischen Judentums und beim Einsatz von Atombomben am Ende des Zweiten Weltkriegs in Hiroshima und Nagasaki. Er wusste zugleich sehr genau zu unterscheiden zwischen den beiden Ereignissen. Beide haben zwar gemeinsame Wurzeln in der ökonomischen und technischen Rationalität, aber darüber hinaus steht »Auschwitz« bei Anders für das schlechterdings »Monströse« und »moralisch ungleich entsetzlichere Ereignis«. Mit der Charakterisierung des Daseins von Menschen in Vernichtungslagern als »Rohstoffdasein« stellte Anders die Vernichtung von Menschen und die materielle Produktion nicht auf eine Stufe, sondern setzte sich ab vom »feierlichen Tonfall« in der Rede über Auschwitz. »Getötet worden ist niemand. Und ermordet worden ist ebenfalls niemand. Wie tief dich das erschrecken mag, die einzige angemessene, die einzige wahre, die einzige der Millionen Entwürdigten würdige Rede ist die zynische. Zu sprechen hast du also von dem Material, das, der Maschine zur Verarbeitung zugeliefert, die ungewöhnliche Eigenschaft besessen hat, sehen, hören und fühlen zu können.«

»Hiroshima« ist schwerer fassbar, fast überall vergessen und »faktisch schlimmer«, weil die Täter unsichtbar blieben und das nur Sekunden dauernde Ereignis den Charakter einer Apokalypse hatte. Wie kein anderer Philosoph hat sich Anders in verschiedenen Büchern mit diesem »Massenmord ohne Mörder« beschäftigt und einem zunächst weitgehend mit »Apokalypseblindheit« geschlagenen Publikum den Spiegel vorgehalten – u. a. im »Tagebuch« einer Japanreise und im Briefwechsel mit dem Hiroshima-Piloten Claude Eatherly. Die Atombombe ist nichts anderes als »Ding gewordene Erpressung«, die nicht mit Krieg und Zerstörung, sondern mit der »Ermordung der Menschheit« droht. Und die sogenannte friedliche Nutzung der Atomkraft bezeichnete Anders ebenso früh wie zutreffend als »Zeitbombe mit unfestgelegtem Explosionstermin.«

Solche Zuspitzungen haben ihm viel Hohn und Spott über das Antiquierte seiner Rede von der »Antiquiertheit« eingetragen. In letzter Zeit ist es – belehrt durch jüngste Erfahrungen mit Katastrophen, Krieg, Bürgerkrieg und Terror – etwas ruhiger geworden. Aber davon abgesehen gehört die zuspitzende Übertreibung zum Produktivsten in Anders' Denken. Damit bzw. mit seiner Methode der »prognostischen Hermeneutik« vermochte er zu zeigen, was mit der »Herrschaft der Technik« über die Welt und die Menschen wirklich droht: Die »Herren der Apokalypse« machen den Menschen und die Menschheit insgesamt »total ohnmächtig«, indem sie diese in ein Räderwerk von technischen und ökonomischen Sachzwängen einspannen und die »Überflüssigen« ins Nichts von Arbeitslosigkeit, Armut und Elend verbannen. In einer solchen Welt würden Ziele und Zwecke verschwinden und alle und alles wäre nur noch Mittel. Bis in die Kapillare der Lebenswelt, der Gewohnheiten und der Mentalitäten hinein prägen Produkte und technische Apparate den Menschen. Und es wäre laut Anders »kaum eine Übertreibung, zu behaupten, dass Sitten heute fast ausschließlich von Dingen bestimmt und durchgesetzt werden.«

Eine Voraussetzung dafür ist die mentale Zurüstung der Menschen in einer »konformistischen Gesellschaft« durch die Medien. Schärfer als alle andern erkannte Anders in der »Bildermacherei und Bilderfresserei« – in der »Verbilderung der Welt« – eine Gefahr für die Menschen wie für die Welt. Die Menschen werden dadurch erfahrungslos, leben von Bildern aus zweiter, dritter und vierter Hand, während die Wirklichkeit zum Phantom wird und der Zuschauer zum »voyeurhaften Herrscher über Weltphantome«. Die Täuschung, die Live-Übertragung vermittle unbearbeitete und unverfälschte Realität, verdeckt auch den dahinter steckenden Herrschaftsmechanismus. Während sich der Zuschauer als Herr fühlt, macht sich das Medium durch Bildauswahl und Bildvermittlung selbst zum »Herrn des Herrn«. Der Fernsehkonsument wird zum freiwilligen Mitarbeiter bei der »Verwandlung seiner selbst in einen Massenmenschen.«

Als Hans Mayer 1981 den zweiten Band von Anders' Hauptwerk besprach, setzte er an den Schluss seiner Rezension den Satz eines anderen kritischen Heidegger-Schülers: »Was der Mensch dem Menschen und der Natur angetan hat, muss aufhören, radikal aufhören, und dann erst und dann allein können die Freiheit und die Gerechtigkeit anfangen« (Herbert Marcuse). Den Satz hätte auch Anders unterschrieben. In der Substanz hat beider Denken nichts an Aktualität verloren.

9 Hans-Georg Gadamer. Philosophische Hermeneutik lehrt begreifen

Wer Ende der 60er Jahre mit dem Studium der Literatur begann, wurde auf zwei grundlegende Bücher aufmerksam gemacht – auf Wolfgang Kaysers monumentale Studie »Das sprachliche Kunstwerk« (zuerst 1948 erschienen), eine Einführung in die Literaturwissenschaft, die durch ihren Umfang und ihre unendliche Verästelung manchen Studienanfänger nachhaltig deprimierte. Das andere Buch ist kürzer, stammt von Emil Staiger und trägt den Titel »Grundbegriffe der Poetik« (1946). Als »Einführung« war das Buch ebenfalls denkbar ungeeignet, weil es Literaturwissenschaft als ebenso hermetischen wie meisterlichen Kult zelebrierte. Für Emil Staiger war Interpretation eine Art Liebesakt zwischen Interpret und Text. Diesem Akt entsprangen zuweilen betörende Einsichten, die jedoch mehr bestürzten als belehrten und aufklärten, weil für den Uneingeweihten nur sporadisch und spekulativ nachvollziehbar blieb, zu welchen Teilen die Interpretation vom Interpreten und vom Text »abstammt«.

Mit dem Hinweis auf Hans-Georg Gadamers »Wahrheit und Methode« (1960) änderte sich für jene, die das Buch lasen und zu verstehen versuchten, das Verständnis von Literatur, Interpretation und längerfristig auch von wissenschaftlicher Arbeit.

Philosophische Hermeneutik, lehrte man jetzt, war weit mehr als die Lehre des Verstehens. Hauptsächlich verstehend, also durch Sprache, eignen sich Menschen ihre Welten an. Gadamer: »Erst mit der Sprache geht die Welt auf.« Sprache funktioniert nur als Verstehen von etwas Anderem. Sie ist dialogisch von Hause aus. Das aber bedeutet, dass Menschen sich selbst wie ihrer Umwelt gegenüber immer als Verstehende verhalten müssen, wenn sie wissen wollen, was ist. Das Verstehenkönnen und Verstehenwollen gehört zur menschlichen Existenz und insofern erhob Gadamer mit seiner philosophischen Hermeneutik einen Anspruch auf Universalität, denn »Verstehen und Verständigung« bilden »die Vollzugsform des menschlichen Soziallebens« wie des Begreifens von Texten. Die Menschen bilden eine »Gesprächsgemeinschaft« nicht nur in der Gegenwart, sondern – durch Texte aus Dichtung, Religion, Philosophie, Politik und Recht vermittelt – auch mit ihrer Geschichte und Tradition. Die Texte unterschiedlicher Herkunft und Form sind nicht einfach da, sondern müssen von den jeweiligen Lesern immer neu verstehend erschlossen werden. Das geschieht im Prozess der Interpretation oder des Dialogs, durch die das Verstehen des vergangenen Sinns mit dem Textverständnis des gegenwärtigen Interpreten verknüpft wird. Gadamer sprach in diesem Zusammenhang von einem »Überlieferungsgeschehen«, in dem die kulturellen Horizonte von vergangenen Lebenswelten mit denen der Gegenwart »verschmolzen« werden. Das Produkt dieser Verschmelzung ist nicht »die« Wahrheit, sondern eine historisch bestimmte und bestimmbare Wahrheit, wie sie der Interpret aus dem Text- und seinem eigenen Verständnishorizont erarbeitet hat. Solche Wahrheit unterliegt dem, was Jürgen Habermas »die revisionistische Kraft des besseren Arguments« genannt hat.

»Wahrheit und Methode« stellte das ziemlich unfassbare und scheinbar beliebige Geschäft der Interpretation auf eine neue Basis. Klassische Texte standen nun nicht mehr wie erratische Blöcke in der Bildungslandschaft, sondern blieben, auch was ihre Geltung betraf, eingebunden in eine »Wirkungsgeschichte«. Dieser unterlag auch Gadamers Buch selbst, denn Jürgen Habermas und Karl-Otto Apel deckten nicht nur Begründungsschwächen und immanente Probleme des hermeneutischen Konzepts auf, sondern auch seine zumindest latent konservativen Züge, da die Autorität des Traditionsbezugs, mit dem sich das gegenwärtige Verstehen arrangieren soll, nicht oder zu wenig kritisch auf seine Implikationen untersucht wird. Eine Pointe der »Wirkungsgeschichte« von »Wahrheit und Methode« ist daher, dass es vor allem die Kritiker Gadamers waren, die dessen Hauptwerk zu weltweit großer Beachtung verhalfen.

Gadamer wurde am 11. Februar 1900 in Marburg geboren. Sein Vater war Naturwissenschaftler und hielt von seinen Kollegen der geisteswissenschaftlichen Fakultät gar nichts (»Schwätzprofessoren«). Gadamer studierte trotzdem ab 1918 ziemlich unsystematisch Germanistik, Romanistik, Geschichte, Psychologie, Sanskrit und Musikwissenschaft in Breslau. 1919 kehrte er nach Marburg zurück und lernte den Neukantianismus von Paul Natorp und Nicolai Hartmann kennen. Bei Natorp promovierte er 1922 mit einer Arbeit über »Das Wesen der Lust in den platonischen Dialogen«. 1923 traf er mit Martin Heidegger zusammen, was bei Gadamer »eine völlige Erschütterung allzu früher Selbstsicherheit« auslöste. Er studierte jedoch zunächst nicht Philosophie weiter, sondern Altphilologie und machte 1927 sein Staatsexamen in diesem Fach. Zwei Jahre später habilitierte er sich bei Heidegger mit einer Arbeit über »Platons dialektische Ethik«. Er wurde Privatdozent und erhielt 1933/34 Vertretungsprofessuren auf den Lehrstühlen der von den Nazis vertriebenen Philosophen Richard Kroner in Kiel und Erich Frank in Marburg. Erst 1937 gelangte Gadamer in Leipzig auf einen eigenen Lehrstuhl. Während des Krieges, an dem teilzunehmen ihn die Folgen einer Kinderlähmung bewahrten, vertrat er dreimal die »deutsche Philosophie« auf internationalen Kongressen. 1947 ging er von Leipzig nach Frankfurt und zwei Jahre später von hier nach Heidelberg, wo er bis 1968 lehrte. Danach übernahm er noch Lehraufträge in den USA bis ins hohe Alter. Zwischen 1985 und 1995 erschien eine zehnbändige Werkausgabe mit seinen Büchern, Aufsätzen und Vorträgen. Ein Professorenleben aus dem Bilderbuch.

Zu seinem 100. Geburtstag am 11.2.2000 richtete die Stadt Heidelberg eine große Feier aus, zu der die philosophischen Koryphäen aus aller Welt anreisten – darunter Richard Rorty, Jürgen Habermas, Paul Ricoeur, Michael Theunissen, Ernst Tugendhat und viele andere. Der rüstige Greis verfolgte und ertrug den anstrengenden Vortragsparcours geduldig und entließ die Laudatores mit dem lakonischen Bescheid: »Man kann vieles nachmessen, aber was angemessen ist, kann man nicht nachmessen.«

Was dem Leben und Werk Gadamers angemessen ist, kann ebenfalls nicht nachgemessen werden. Dass auf dem Heidelberger Fest darüber nicht geredet wurde, war vielleicht noch angemessen, aber unangemessen war, dass in den Geburtstagsartikeln der europäischen Zeitungen ein Thema fast völlig ausgespart blieb. Niemand wollte damals wie in den Nachrufen nach seinem Tod in der letzten Woche ein klares Wort wagen zu Gadamers Arbeiten, die zwischen 1933 und 1945 entstanden sind. Es geht dabei nicht um die wohlfeile Rechthaberei von Spätgeborenen oder gar darum, Gadamer als Sympathisanten des Nationalsozialismus hinzustellen. Er war einer unter Millionen von Mitläufern, die sich einrichteten unter der Diktatur und ihr Tun und Lassen, wie ihr Reden und Schweigen aus Selbsterhaltung so gut tarnten, wie es eben ging.

Die Berliner Philosophin Teresa Orozco hat 1995 eine Studie unter dem Titel »Platonische Gewalt« vorgelegt und im Detail an Gadamers Aufsätzen und Vorträgen aus jener Zeit nachgewiesen, wie weit der Philosoph mit seiner Tarnsprache gegangen ist. In seinem Herder-Vortrag von 1941 spielte er – wie vor ihm die rechtsradikale Intelligenz der Weimarer Republik von Ernst Jünger bis Carl Schmitt – »die am toten Buchstaben der Gesetze orientierte Verfassungslehre« gegen »den genetischen Geist und Charakter eines Volkes« aus und näherte sich in Diktion und Inhalt der herrschenden Ideologie des »Völkischen« bis zur schieren Ununterscheidbarkeit. 1967 publizierte Gadamer den Vortrag in einer bereinigten Version. Auch seine affirmative Lesart der platonischen Erziehungsdiktatur von 1942 konnte man umstandslos als ein Bekenntnis zum »autoritären Staat« im Sinne der nationalsozialistischen Brutaljuristerei lesen. Das Lob für »Gadamers virtuose Fähigkeit, ... die Sache des Denkens veränderten Umständen und vor allem dem Umstand dauernder Veränderung anzupassen« (Jan Ross, FAZ 11.2.1995), hat etwas ausgesprochen Zwiespältiges. Gadamer äußerte sich zu seiner Vergangenheit immer recht allgemein, was sein gutes Recht ist. Weniger verständlich ist der opportunistisch-apologetische Konformismus der Gadamer Schüler- und Biographengemeinde.

Als Gadamer sein Hauptwerk 1960 veröffentlichte, war er bereits sechzig Jahre alt. Er hat danach noch über vierzig Jahre gelebt. Nur wenigen Philosophen vor ihm war es vergönnt, ihre eigene Wirkungsgeschichte so lange zu betrachten. Gadamer hat dies in der ihm eigenen Art des Grandseigneurs in sokratischer Gelassenheit getan. Zu seinen Tugenden gehörte das Zuhören und – wie er kurz vor seinem 100. Geburtstag sagte – »ins Offene hinein denken«. Am 13. März 2002 ist er im Alter von 102 Jahren in Heidelberg gestorben.

10 *Wolfgang Abendroth – »Partisanenprofessor im Land der Mitläufer«*

»Von herausragender Bedeutung wurde für mich in den späten fünfziger Jahren Wolfgang Abendroth. Er verkörperte vielerlei. Aber er war u. a. Staatsrechtler, und diese reformistische Komponente faszinierte mich, vor allem seine Interpretation der Menschenrechte und des Wohlfahrtsstaates.« Das sagte Jürgen Habermas, der sich 1961 bei Abendroth habilitieren musste, weil ihn Max Horkheimer groteskerweise als »dem Institut« unwürdigen »Schriftsteller« abqualifiziert und verjagt hatte. 1966 charakterisierte Habermas den heute vor hundert Jahren geborenen Abendroth als »Partisanenprofessor im Land der Mitläufer.« Nur wenigen deutschen Wissenschaftlern ist es gelungen, autonomes Denken und Handeln von der Weimarer Republik über die Nazizeit hinweg bis in die Nachkriegszeit so bruchlos zu bewahren, ohne sich je anzupassen oder sich selbst zu verraten. Er hielt sich immer an seine Maxime, als Wissenschaftler wie als Bürger »eine Gegenmoral gegen die herrschende Gesellschaft« zu vertreten.

Der 1906 in Elberfeld Geborene war bereits als Jugendlicher in der kommunistischen Jugendbewegung aktiv. Später trat er der KPD bei, schloss sich jedoch 1927/28 der kommunistischen Opposition (KPO) um Heinrich Brandler und August Thalheimer an, als die KPD von Stalin dazu getrieben wurde, die SPD als linken Flügel des Faschismus zu verleumden. 1933 wurde Abendroth verhaftet und aus dem juristischen Referendariat entlassen. Er floh in die Schweiz und promovierte 1935 in Bern. Ab

1936 arbeitete er in einer Berliner Bank und schloss sich der Untergrundorganisation »Neu Beginnen« an, der neben den nach 1945 prominenten Sozialdemokraten (Walter Löwenstein, Richard Löwenthal, Ernst Reuter, Fritz Erler u. a.) auch Kommunisten angehörten, die für die Einheitsfront von Sozialisten und Kommunisten gegen den Faschismus eintraten. 1937 wurde Abendroth von der Gestapo verhaftet, gefoltert und zu vier Jahren Zuchthaus verurteilt. Praktisch aus dem Zuchthaus heraus verschickten die Nazis Abendroth nach Griechenland in eines der berüchtigten Strafbataillone. Abendroth desertierte und schloss sich den griechischen Partisanen an.

1946 kehrte Abendroth aus englischer Kriegsgefangenschaft zurück, trat der SPD bei und habilitierte sich in Halle. Die sowjetische Administration ernannte ihn zum Oberjustizrat, zuständig für die Ausbildung von Volksrichtern. Nachdem sich Abendroth in einem Aufsatz kritisch mit der Justizreform in der sowjetisch besetzten Zone auseinandergesetzt hatte, weil er die brutale Instrumentalisierung des Rechts zu parteipolitischen Zwecken ablehnte, kam es zum Bruch. Abendroth floh in den Westen und unterrichtete zuerst in Wilhelmshaven, ab 1951 Politikwissenschaft in Marburg. Bis zu seiner Emeritierung 1972 war Abendroth »der einzige Marxist auf einem politikwissenschaftlichen Lehrstuhl in der Bundesrepublik« (Dieter Sterzel).

So wie er sich gegen die obrigkeitsstaatliche Bevormundung in der Ostzone wehrte und später den DDR-Sozialismus als »eine Karikatur« bezeichnete, weil dem das rechtsstaatliche wie das demokratische Element fehlten, so kritisierte er auch die demokratischen, sozialstaatlichen und rechtsstaatlichen Defizite in der bigotten Adenauer-Erhard-Republik unerbittlich. In den Debatten über die kapitalistische Restauration, die Remilitarisierung, das KPD-Verbot, die Notstandsgesetze, das Betriebsverfassungsgesetz und das Streikrecht entwickelte Abendroth konsistente linke Gegenpositionen zur herrschenden Meinung – der Forsthoff-Schmitt-Huber-Würtenberger-Jurisprudenz.

Diese Radikalität entfremdete ihn zunehmend von der SPD, zu deren Godesberger Programm er einen Gegenentwurf vorlegte. 1961 kam es zum Bruch mit der SPD nach dem maßgeblich von Herbert Wehner betriebenen Unvereinbarkeitsbeschluss von SPD- und SDS-Mitgliedschaft.

Abendroths gute Beziehungen zu den Gewerkschaften tangierte das nicht. Die IG Metall richtet denn auch am Samstag nach seinem 100. Geburtstag eine prominent besetzte Tagung aus. Abendroths wichtigste Bücher, »Die Aktualität der Arbeiterbewegung« (1985), »Sozialgeschichte der europäischen Arbeiterbewegung« (1965) und »Aufstieg und Krise der deutschen Sozialdemokratie« (1964), zeigen, dass er weniger auf Parteien als auf die soziale Bewegung setzte. Gewerkschaften waren deshalb für ihn »die natürlichen Hüter der Demokratie und jener Zielsetzung, die in Art. 20 und 28 des Grundgesetzes der Bundesrepublik enthalten ist.« Von den hier festgeschriebenen Normen aus – Grundrechtsgarantie, Demokratie, Rechtsstaatlichkeit, Selbstverwaltung – nahm Abendroth den »Kampf um Verfassungspositionen« (Jürgen Seifert) auf, um in den programmatischen Deklarationen der Verfassung jene politischen Spielräume auszuloten, die eine Transformation der Macht- und Herrschaftsverhältnisse »friedlich« und

»auf der Grundlage des bestehenden Rechtssystems« ermöglichen. Verfassungsnormen bildeten für ihn keine Erbhöfe, sondern implizierten einen Auftrag an die Citoyens, das Zusammenleben in Staat, Wirtschaft und Gesellschaft im Sinne des frühen Marx »als eine Genossenschaft« Freier und Gleichberechtigter zu gestalten. Abendroths Vermächtnis ist so schlank wie anspruchsvoll: Demokratie ist nicht einfach da, sondern lebt vom Erneuern und Verbessern. Das ist ungefähr das Gegenteil dessen, was heute »Reform« heißt.

11 *Ernst Jünger – Gegen die Vergesslichkeit: politische Publizistik 1920-1933*

In Frankreich ist das Geheimnis von Ernst Jüngers Ruhm keines. Aus mehreren Gründen: Jüngers Ruhm beruht auf den exzellenten Übersetzungen weniger Werke, die sich in entfettetem Französisch besser lesen als in jenem Deutsch, das sich kulinarisch hinreichend qualifizieren ließe mit »billig, gutbürgerlich, aber reichlich«. Und zweitens mehren den Ruhm nicht etwa die durchweg bescheidenen Auflageziffern, sondern die Wertschätzung, die François Mitterrand für Jüngers Werk hegte – und publikumswirksam bekannt zu machen wusste. Darüber hinaus trägt vor allem die Tatsache zu Jüngers Ruhm bei, dass seine politische Publizistik in Frankreich noch unbekannter ist als hierzulande.

Bislang konnte man auch hier nur bei Spezialisten der Germanistik nachlesen, was es mit den politischen Aufsätzen der zwanziger und dreißiger Jahre auf sich hat. Selbst der rund 600 Nummern umfassende Antiquariatskatalog der Sammlung Reinhard Walz enthält nur 18 Nummern mit politischen Schriften. Ernst Jünger konnte bis heute verhindern, dass seine politischen Schriften neu aufgelegt wurden. Die urheberrechtlich gedeckte Willkür wirkt faktisch wie eine Zensurmaßnahme. In den Gesamtausgaben fehlen die politischen Aufsätze ebenso wie die berüchtigten Vorreden zu allerlei rechtsradikalen Sammelbänden: »Wir nennen uns Nationalisten ... Der Krieg ist unser Vater, er hat uns gezeugt im glühenden Schoße der Kampfgräben als ein neues Geschlecht.«

Einem »Ernst Jünger-Brevier« (hg. v. Bruno W. Reimann und Renate Haßel, Marburg, 1995) ist es zu verdanken, dass jetzt einige Aufsätze in Auszügen wieder für jedermann nachzulesen sind. Was Fachleute wussten und interessierte Zeitgenossen ahnten, wird durch diese verdienstvolle Dokumentation zur Gewissheit. Es ist alles so, wie man es vermutet hat – nur insgesamt wie im Detail viel erbärmlicher und unglaublicher. Was die beiden Herausgeber aus 140 Artikeln, die Jünger zwischen 1920 und 1933 schrieb, mit Zitaten dokumentieren, unterbietet das Niveau, das man dem Pamphletisten da oder dort immer noch zutrauen mochte, ganz beträchtlich. Mit dem Hinweis auf ein »drei oder vier Titel« umfassendes, »nachwirkendes Fronterlebnis« (FAZ 25.3.95) kann man diesen Texthaufen nicht länger unterpflügen. Hier geht es auch nicht um das Einrennen »offener Türen« (FAZ 17.8.95), sondern um Aufklärung über einen doppelten Skandal.

Dessen eine Seite betrifft die Editionspraxis der »Werke« (1960-65) und der »Sämtlichen Werke« (1978-83), die nicht nur viele Texte – ohne dass dies kenntlich gemacht würde – in nachfrisierten Fassungen abdrucken, sondern alles weglassen, was nicht in jenes Bild passt, mit dem sich der Autor seit 1945 als eine Art Widerstandskämpfer gegen Hitler in Positur wirft.

Die andere Seite des Skandals betrifft den Inhalt der politischen Aufsätze, von denen sich der Autor nie distanzierte (»wer sich selbst kommentiert, geht unter Niveau«). Konfrontiert man den Greis heute mit seinen Sätzen von vorgestern, so antwortet er lapidar: »Was ich da alles losgelassen habe, ich weiß es nicht mehr.« Das Jünger-Brevier kann jetzt dem allgemeinen Vergessen wie dem Vergesslichen etwas nachhelfen. Eine dienstfertige Jünger-Gemeinde wird mit dem Hinweis auf Jüngers intellektuell dürftigen und moralisch doppeldeutigen Tagebucheintrag vom 16.4.1943, mit dem er eine gewisse Mitschuld einräumte, einmal mehr auf Schluss der Debatte plädieren. Diese Debatte hat freilich außerhalb von akademischen Verlautbarungen und einem kurzen Intermezzo, als man in Frankfurt auf die Glanzidee kam, Jünger den Goethe-Preis zu verleihen, noch gar nicht begonnen.

Das abenteuerliche editorische Verfahren ist in diesem Zusammenhang nur anzudeuten: Eine begradigte, von den plumpesten nationalistischen Ausfällen gereinigte Fassung der Kriegschronik »Wäldchen 125« steht in der Werkausgabe unter einem alle Eingriffe verschleiernden Hinweis: »Erstausgabe 1925.« Wie und warum Jünger sein Bild selbst ständig »nach rückwärts ausbaut«, hat er in einem Brief an seinen Bruder Friedrich Georg am 24.4.1935 dargelegt: »Gestern habe ich die Bearbeitung des ›Wäldchens 125‹ abgeschlossen ... Ich habe auf diese Weise den ersten Teil des Jahres damit zugebracht, meine Autorschaft nach rückwärts auszubauen, damit kein Satz hinter mir bleibt, dem ich nicht zustimmen kann.« Man könnte dieses aparte Verfahren der zeitgemäßen Justierung auch als »Leitfaden der Unaufrichtigkeit« bezeichnen – ein Wort, mit dem Peter de Mendelssohn Jüngers »Marmorklippen« umschrieb.

1993 verlieh man Jünger den Robert-Schumann-Preis, und der Laudator, Hans-Peter Schwarz, sprach dem Anlass entsprechend von »alteuropäischer Humanität« und fand in den »Schriften der sogenannten ›Nationalistenzeit‹ keine Spur von Chauvinismus«. Derlei hochglanzpoliertes Festgerede widerlegt das Jünger-Brevier: Jünger eiferte und geiferte gegen »geistiges Franzosentum«, »Zivilisationsjuden«, Juden-»Geschmeiß« und »die Blutsgemeinschaft«, was das Zeug hielt.

Im Mittelpunkt von Jüngers Schützengraben-Prosa stand immer der Krieg und »die Neigung für den Krieg«, der für »den deutschen Menschen ... zugleich und vor allem das Mittel« sei, »sich selbst zu verwirklichen.« Kurzum – Krieg ist »eine Schule des Herzens«. Der Krieg gilt ihm als »Vorgang des Blutes und nicht des Verstandes«. Das reimt sich prächtig auf den Schluss-Satz zu einer detaillierten Schilderung, wie Jünger im Ersten Weltkrieg einem feindlichen Wachposten eigenhändig »das Wort vom Munde« weggeschossen hat: »Es freute mich, dass ich mich auf meine Waffe hatte verlassen können.«

Gar nicht klammheimliche, sondern offene Freude empfand Jünger auch über die Taten seiner Kameraden aus den Freikorps. Diese ertrugen das Nichts, vor dem die von Kriegsenthusiasmus und »Frontsoldatentum« verblendete Generation 1918 stand, nicht länger: Sie versuchten deshalb, die junge Republik mit Attentaten (auf Matthias Erzberger, Walther Rathenau u. a.) ins Chaos zu bomben und zu schießen. Solche Terroristen und die Saboteure im Ruhrgebiet waren für Jünger »Männer, die den Sprengstoff liebten und die den Nachweis führten, dass den wirklichen Mann kein Übermaß der Gewalt einschüchtern kann.«

1914 genügte es noch, für »Deutschland sterben (zu) wollen«, um »Nationalist (zu) sein«; 1926 regiert der Komparativ, »ein schöneres und größeres Deutschland« musste her. Jüngers Bekenntnisprosa kennt jetzt keine staatlichen Grenzen mehr. »Wer den Nationalismus bejaht, darf vor seiner logischen Konsequenz, dem Imperialismus, nicht halt machen«, zumal »Wachstum« als »natürliches Recht alles Lebendigen gilt.« Für »die Phrasen der Aufklärung«, »Vortragsreihen« und »Bücher« hat Jünger nur Hohn und Spott übrig. Protest nach seinem Gusto soll sich »sehr sachlich und nüchtern mit Handgranaten und Maschinengewehren auf dem Straßenpflaster« artikulieren.

Die Jünger-Apologie verbucht das politische Werk des Autors am liebsten als Jugendsünde (1933 war der Autor immerhin fast vierzig Jahre alt). Der über Fünfzigjährige bilanzierte 1947 die jüngste Geschichte in einer etymologisch und physiognomisch wild spekulierenden Schrift über »Sprache und Körperbau«. Sein Ergebnis kann sich sehen lassen. Trotz der Verwüstungen und der Verbrechen, die das nationalsozialistische Deutschland eben noch über ganz Europa gebracht hatte, ordnete Jünger schon wieder »das Licht der Rechten« und »den Schatten der Linken« zu.

12 *Friedrich Engels – zum hundertsten Todestag des Grandseigneurs des Sozialismus*

Es ist es an der Zeit, sich zu fragen, warum niemand – positiv oder negativ akzentuiert – von einem »Engelsismus« gesprochen hat. Bei der Vorliebe sozialdemokratischer und kommunistischer Parteien, in denen es jeder regierende Häuptling sowieso und jeder abweichende Provinzsekretär mit guten Chancen zu seinem Ismus bringen kann, ist das erstaunlich. Und geradezu sensationell mutet es an, weil Engels mit seinem Pamphlet gegen den antisemitischen Philosophen Eugen Dühring die erste allgemein verständliche und stark verbreitete Zusammenfassung der Marxschen Theorien zu einem auch für Nichtakademiker lesbaren Handbuch verfasst hat.

Engels hat diese Arbeit nicht freiwillig gemacht. Er musste dazu gedrängt werden und tat es schließlich, weil Dühring mit seinen grob vereinfachenden Thesen bereits einige Köpfe der sozialdemokratischen Reichstagsfraktion verwirrt hatte. Klärung lag also im Interesse der Partei, und deshalb übernahm Engels die Aufgabe, dem Vielschreiber Dühring den »Anti-Dühring« zu entgegnen, der buchstäblich nichts ausließ zwischen Geologie und Ökonomie, Logik und Familie, Erkenntnistheorie und Agrarwissenschaft und – ausgehend von einem handgestrickten Apriorismus – das ganze Wissen zu einer »allgemeinen Weltschematik« verwursten wollte.

Das Enzyklopädische der Schrift entsprang nicht etwa Engels' Absicht, einen dogmatischen Katechismus zu schreiben, sondern resultierte aus der Vorgabe des Dühringschen Werks, das pompös »endgültige Wahrheit letzter Instanz« sein wollte. Engels zerpflückte diesen Dogmatismus auf dreihundert Seiten Punkt für Punkt und setzte dem »System Dühring« jenes von Marx gegenüber. Engels hat dafür in den letzten hundert Jahren reichlich Lob und noch mehr Tadel bekommen, denn bei allem Respekt: Ein System bilden die verschiedenen Marxschen Schriften, Konzepte und Fragmente gerade nicht. Trotzdem sah niemand – weder tadelnd noch lobend – in Engels einen »Engelsisten« oder im »Anti-Dühring« das Grundbuch des »Engelsismus«.

Warum? Engels war alles andere als ein auf Dogmen fixierter Parteisoldat, sondern bemühte sich gegen die sich als »Nationalökonomie« aufspielende »Bereicherungswissenschaft« um eine »sozialistische Wissenschaft«, die »nicht leben kann ohne Freiheit der Bewegung«. Als man ihm aus Parteiinteressen einen Maulkorb umbinden wollte, reagierte er gelassen: »Keine Partei in irgendeinem Land kann mich zum Schweigen verurteilen, wenn ich zu reden entschlossen bin ... Wodurch unterscheidet Ihr Euch von Puttkamer (dem preußischen Innenminister, RW), wenn Ihr in Euren Reihen ein Sozialistengesetz einführt?« Er war ein freier Geist.

Vom ganzen Zuschnitt und Habitus her war Engels weder ein Klein- noch ein Spießbürger, sondern im Denken wie im Auftreten ein lebenslustiger Genießer, im Alter ein Grandseigneur. Als preußische Truppen im Herbst 1848 in Köln einmarschierten und den Belagerungszustand verkündeten, floh der Vierundzwanzigjährige nach Frankreich. Während

Feldmarschall Windischgrätz und General Jelacic mit ihrer kroatischen Soldateska in Wien wüteten und die Revolution blutig niederschlugen, wanderte Engels zu Fuß von Paris über das Burgund in die Schweiz. Es war eine Zeit »sündhaften Lebenswandels« mit »Strapazen und Aventüren«, die er ausgiebig genoss: »Und welcher Wein! Welche Mannigfaltigkeit des Weißen und des Roten, vom Petit Mâcon oder Chablis zum Chambertin, zum Château Larose, zum Sauterne, zum Roussilloner, zum … Und wenn man bedenkt, dass jeder dieser Weine einen verschiedenen Rausch macht, dass man mit wenig Flaschen alle Zwischenstufen von der Musardschen Quadrille bis zur Marseillaise, von der tollen Lust des Cancans bis zur wilden Glut des Revolutionsfiebers durchmachen und sich schließlich mit einer Flasche Champagner wieder in die heiterste Karnevalslaune von der Welt versetzen kann!« Anatomisch interessiert, verglich er die »schreckliche Grobknochigkeit« der »germanischen Race« mit den »struppigen, molossischen Büffelkälbern zwischen Seine und Loire, die einen wie vernagelt anstarren, wenn man eine Zigarette dreht, und mit Geheul davonlaufen, wenn man sie in gutem Französisch nach dem rechten Weg fragt.« Richtig hingerissen war er deshalb von den »reingewaschenen, glattgekämmten, schlankgewachsenen Burgunderinnen von Saint-Bris und Vermanton«, wo er »mit den Winzern und Winzermädchen Trauben essend, Wein trinkend, plaudernd und lachend im Grase« lag.

Als über Siebzigjähriger berichtete er freimütig in mehreren Briefen, wie ihn die Debatten auf dem Kongress der »Zweiten Internationale« in Zürich, wo auf »zwei Häuser drei Wirtschaften« kamen, nur leidlich interessierten. Umso mehr beschäftigten ihn weibliche Delegierte: »Russinnen mit wunderschönen leuchtenden Augen«, Clara Zetkin »mit ihrer ungeheuren Schaffenskraft und ihrer leicht hysterischen Begeisterung« oder »die kleine Dworak, ein in jeder Hinsicht charmantes junges Mädchen« – die Wiener Arbeiterin, Sozialistin und Frauenrechtlerin Adelheid Popp-Dworak. »Bebel wurde ganz eifersüchtig«, der Autor von »Die Frau und der Sozialismus« dachte, »er allein hätte ein Recht auf ihre Küsse!« August Bebel war schon beim ersten Besuch in London beeindruckt vom »robusten Zecher, der über einen respektablen Weinkeller kommandierte.«

Der Sozialismus, von dem Engels träumte, passte nicht in den Mief von Wandlitzer Vorgärten und Wohnwänden, sondern trug ebenso utopische wie humane Züge, getragen von der Hoffnung, »dass es einmal keine Karrenschieber und keine Architekten von Profession mehr geben soll und dass der Mann, der eine halbe Stunde lang als Architekt Anweisungen gegeben hat, auch eine Zeitlang die Karre schiebt, bis seine Tätigkeit als Architekt wieder in Anspruch genommen wird.«

Als bissiger Polemiker wie als Kritiker des gründerzeitlichen Borussentums mit seinen Spekulationen und Börsendeals sowie der dazugehörigen »Philosophie der Milliardenheit« wird Engels bis heute unterschätzt. Dührings Plan, im »richtig verstandenen Sozialitätssystem« sei alle Religion »abzutun«, kommentierte Engels ironisch: »Er überbismarckt den Bismarck«, der mit dem Kulturkampf nur dem Katholizismus entgegengetreten war. »Wohin wir blicken, spezifisch preußischer Sozialismus.«

Von Engels stammt auch die erst von Heinrich Manns Professor Unrat übertroffene Abrechnung mit der Figur des »deutschen Professors ... namentlich in Berlin.« Engels wollte es nicht fassen, dass »ein Mann von dem wissenschaftlichen Ruf Virchows seinen höchsten Ehrgeiz darin suchen« konnte, ausgerechnet in Berlin Stadtverordneter zu werden. Eine schlechtere Presse als die Prosa des Berliner akademischen Personals (»seichiger Kohl«, »durchsichtige Gemeinplätzlichkeit«) hatten von London aus nur die Pamphlete anarchistischer Heißsporne, bei denen »die Revolution ... zu einer Art Jungfrau Maria, die Theorie ein Glaube, die Tätigkeit in der Bewegung reiner Kultus« wurde.

Warum gibt es keinen »Engelsismus«? Wer so frei lebte, dachte und schrieb, taugte und taugt in keiner Kirche, keiner Sekte und keiner Partei für irgendeinen Ismus.

III Politische Kommentare

1 *Bürgerkrieg im Supermarkt? Enzensberger irrt*

Der Blick ins Gesetz verbessert bekanntlich die Rechtskenntnis. Und was bringt uns der montägliche Blick in den »Spiegel«? Eigentlich wissen wir nichts, und alles ist ungefähr dasselbe und wie gehabt sowieso. H. M. Enzensberger fiel jüngst über den Bürgerkrieg her, über den richtigen und vor allem über den »molekularen«, den in unseren Städten. Selbstverständlich ist ihm der letztere nur das Vorspiel zum richtigen Bürgerkrieg. Der »molekulare Bürgerkrieg« hat uns bislang gefehlt in unserem Wortschatz. Das Wort gehört zu jenen, von denen Merleau-Ponty meinte, man könne sie nicht erfinden, sondern müsse sie in sich tragen.

Enzensberger malt sein blutiges Panorama mit dem Kehrbesen ins Blatt: Zwischen dem Dreißigjährigen Krieg (von dem »sich unser Land wahrscheinlich nie ganz erholt« hat) und dem »U-Bahn-Wagen«, der sich »zu einem Bosnien en miniature« auswächst, wird nichts ausgelassen, nichts unterschieden. Der Autor hat alle um seinen Schreibtisch versammelt, um den Bürgerkrieg zu verhandeln. Hier nur eine unvollständige Gästeliste: zunächst die Unvermeidlichen, Hitler und Stalin; Hobbes sitzt still dabei und ahnt schon, dass ihn wieder jeder zitiert, aber keiner begreift. Carl Schmitt fehlt, liefert aber Rohfleisch ab, das Enzensberger verwurstet. Max Weber und Karl Marx hat der Hausherr wegen Unzuständigkeit ebenso herausargumentiert wie Aristoteles und Machiavelli. Hannah Arendt durfte ein Zitat abliefern, in dem »Massen dem eigenen Tod« mit »Gleichgültigkeit« begegnen, was jedem einleuchtet im Blick auf »Hoyerswerda und Rostock, Mölln und Solingen«.

Ferner hocken da Terroristen, Geheimdienste, Hooligans, Amokläufer, Serienkiller, Todesschwadronen, Neonazis, Skinheads, Mafiosi, Iren, Bosniaken, Brandstifter, Angolaner, Inder, Heckenschützen, Berliner Autonome, »der Mann aus Asien«, Mordbrenner, Basken, Tschetschenen und andere mit Namen, die sich die »Verkäuferin aus dem Supermarkt« schlecht merken kann.

Eigentlich ist es in Hamburg wie in Sarajewo, lautet der Refrain des Stücks mit dem Titel »panische Improvisationen«. Das wirre Arrangement ist so richtig geeignet, den Verdacht, es gehe nicht um Panikmache, abzuwehren. Enzensberger beruhigt seine Gemeinde immerhin mit dem sachdienlichen Hinweis, dass es »in den Industrieländern eine Mehrheit von Zivilisten« gibt: »Unsere Bürgerkriege haben bisher nicht die Massen ergriffen, sie sind molekular.« Wer weiß, wie lange die Bürger noch ihre etymologische Herkunft verleugnen und nicht zum »bellum civile« überlaufen, wenn sie dank Enzensberger merken, dass sie einen Schritt davon entfernt sind, beim Einkauf »von Heckenschützen abgeknallt zu werden«? Was lehrt uns das?

Der Bürgerkrieg, der alte, der ging ja noch halbwegs. Obwohl es gelegentlich brutal und wüst zu- und herging – zum Beispiel bei den Römern, wo Staatsbanden von Bürgerbanden kaum zu unterscheiden sind. Aber den neueren Bürgerkriegen und vor allem den »molekularen« ist abhanden gekommen, was die alten auszeichnete: »gläubige Menschen« und »Überzeugungen«. Die »neue Männlichkeit, die hier zum Vorschein kommt«, verzichtet auf alles außer auf Waffen und verfügt nicht einmal über den Charme »leuchtender Augen« wie die Vorgänger, wenn diese die allseits bekannten Bürgerkriegshäuptlinge Hitler und Stalin zu sehen bekamen. Es wird leider hier und überall nicht mehr »im Namen irgendwelcher Ideale« getötet, sondern einfach so. Welche Dekadenz! Aber es kommt noch schlimmer.

Was treibt die Jungs um? Im »molekularen Bürgerkrieg« lebt sich der »autistische Charakter der Täter« aus, angetrieben durch »die Unfähigkeit, zwischen Zerstörung und Selbstzerstörung zu unterscheiden«. Zerstörung? Wenn es denn sein muss, aber bitte mit Idealen und Überzeugung. Selbstzerstörung? Niemals, lege keine Hand an dich selbst! Wenn wir das richtig lesen, so ist es eben »das vollständige Fehlen aller Überzeugungen«, das die Molekular-Bürgerkrieger nicht nur andere, sondern obendrein sich selbst und erst noch überzeugungslos umbringen lässt: »Kollektive Selbstverstümmelung« ist nicht »ein Nebeneffekt, … sondern das eigentliche Ziel«. Gewiss – vor den bedauerlichen Selbstverstümmelungen in Solingen und anderswo »versagen die herkömmlichen Erklärungsmuster«. Brauchen wir Enzensberger, um zu begreifen, was intellektuelle Selbstverstümmelung heißt?

Bei der Suche nach neuen Erklärungen ist Enzensberger auch über die Nation gestolpert. Aber er hat sie in einem Dutzend Zeilen erledigt, so als ob nicht das national bzw. ethnisch begründete Selbstbestimmungsrecht zu einem der zuverlässigsten Bürgerkriegs-Lieferanten gehörte. Niemand wird heute bestreiten, dass die Anerkennung von ehedem jugoslawischen Teilrepubliken als Staaten und die völkerrechtswidrige Umwidmung von Republikgrenzen zu Staatsgrenzen, verbunden mit ethnisch begründeten Vertreibungen auf allen Seiten, den Bürgerkrieg auf dem Balkan fast unausweichlich gemacht haben. Von derlei »herkömmlichen Erklärungsmustern« hält Enzensberger nichts. In einer historisch wie moralisch und geschmacklich gleich weit im Abseits liegenden Anleihe bemüht er dafür die »Vernichtung unwerten Lebens« als Erklärung. Womit endlich klar ist, dass alle und alles nur »Wiedergänger« des einen sind: Vor zwei Jahren kam Hitler als Saddam Hussein verkleidet und jetzt als Tschetnik, morgen als Hooligan und wohl bald als Autonomer. Überhaupt bietet der Verkaufsstand für historische Einsichten und Vergleiche in Enzensbergers Supermarkt preiswerte Neuheiten: »Gestapo und GPU sind überflüssig, wenn ihre infantilen Klone die Sache selbst in die Hand nehmen.«

Hoyerswerda, Rostock, Mölln und Solingen will Enzensberger verstehen, indem er uns durchs weltweite Bürgerkriegspanorama führt. Dessen Erklärungskraft ist zwar gering, aber die Farben sind fast so grell wie jene beim »korruptesten aller Medien« – beim Fernsehen. Was soll der Hinweis auf Fernsehen und Bürgerkriege eigentlich belegen, wenn es stimmt, dass die Gewalt nicht von außen kommt, »sondern ein endogener Prozess ist«? Natürlich haben die Anschläge auf Ausländer sehr viel mehr mit der Arbeits- und Perspektivenlosigkeit unter jungen Männern, mit der Ausländerhetze, mit der nationalistischen Grundwelle und mit ein paar anderen Zugaben zu 1989 zu tun. Die populistische Redeweise vom »Hass, der genügt« zur Erklärung von vermeintlich sinnloser Gewalt, ist meistens nur ein bequemer Vorwand, um den gesellschaftlichen Ursachen von Gewalt nicht nachgehen zu müssen und um das Problem den angeblich allein Beteiligten – Tätern, Opfern und Juristen – überlassen zu können.

Im Übrigen mag vieles richtig sein an dem, was Enzensberger über das Zusammenspiel des Mediums Fernsehen mit dem mangelnden Selbstwertgefühl von jungen Männern und ihrer Neigung zur Gewalt berichtet. Und auch der medial überforderte Zuschauer ist eine Tatsache. Allerdings ist es auch eine dreiste Vereinfachung, dem Medium einseitig die Schuld zuzuweisen. Die Bürgerkriegsparteien selbst sind es, die aus Zuschauern Verbündete machen wollen und dafür alle Hebel in Bewegung setzen. Am Propagandafeldzug der kroatisch inspirierten Nachrichtenverwertung in den deutschen Medien könnte man das exemplarisch zeigen.

Kant wusste, dass »aus so krummem Holze, als woraus der Mensch gemacht ist, ... nichts ganz Gerades gezimmert werden kann«, und nahm den Krieg als Teil der menschlichen Natur. Er vermutete, der Krieg diene auch »einer gewissen Veredelung der Menschheit.« Die objektiven Gründe für den Krieg beschäftigten ihn allerdings mehr als solche Spekulationen. Es ist nicht allein, aber vor allem die »barbarische Freiheit der schon gestifteten Staaten« (Kant), die verhindert, dass universalistische Prinzipien durchgesetzt werden. Auch Staaten, die im Innern Rechtsstaatlichkeit einhalten, haben zwischenstaatlich keine Probleme mit Diktaturen aller Art. Insofern sind Staaten allemal wie Krähen, die sich gegenseitig nichts antun.

Ein prächtiges Stück leistet sich Enzensberger mit den Postulaten im UNO-Menschenrechts-Katalog (die vollständig kein Staat auch nur pro forma erfüllt): Er löst die Rechtsprinzipien zunächst in pure Moral auf und verlegt sie dann aus der öffentlichen Debatte in den Moral- und Gesinnungshaushalt des Fernsehzuschauers, der mit sich allein und den ehernen Prinzipien ausmachen soll, wie es um die Welt steht. Damit biegt er die menschenrechtlichen Postulate zu individuellen Hausaufgaben um und hängt dem einzelnen gleich noch die Verantwortung dafür an, die Postulate subito zu realisieren. Die »kleinen Leute« für die Menschenrechte und die großen für das Staatstheater – so hätten sie es am liebsten. Dumm sein und Arbeit haben mag angehen, sich dumm stellen ist meistens infam.

Enzensberger liest die Menschenrechte so, dass dabei herauskommt, »jeder soll für alle verantwortlich sein«, also eine Art Gott spielen. Von hier aus lässt es sich dann leicht zurückbuchstabieren zu irgendeinem billigen Ausstieg unter dem Motto »Universalismus als moralische Falle«.

2 *Der Dokumentarfilm als Propaganda: Claude Lanzmanns »Tsahal«*

»Caesar schlug die Helvetier in die Flucht.« Als man die Geschichte noch für eine von großen Männern hielt, konnte man sie als Kriegsgeschichte aufschreiben. Solche Geschichten behandelten das letzte taktische Scharmützel und kolportierten Gerüchte aus den Offizierscasinos. Aber was Krieg bedeutet oder gar warum er »ausbrach« – wie die einfältige Schulbuchformel früher lautete –, lag jenseits jener anachronistischen Unternehmen. Es ist deshalb ein von vornherein aussichtloses Unterfangen, wenn der französische Dokumentarist Claude Lanzmann die Geschichte Israels als die seiner Armee darstellen will. Nicht einmal die Geschichte dieses Staates, der sich seit seiner Gründung praktisch im permanenten Kriegszustand mit seinen Nachbarstaaten befindet, geht in Armee- und Kriegsgeschichte auf.

Lanzmann liebt die opulente Form. »Shoah« (1985), der Film über das Wissen, Wissenkönnen und Nichtwissenwollen der polnischen Bevölkerung um die Vernichtungslager in der nächsten Umgebung, dauert acht Stunden. Lanzmanns bohrende Fragen sind unvergesslich und ebenso die Unerbittlichkeit, mit der er dem alltäglichen Verdrängen und bequemen Vergessen auf den Leib rückte. Und dennoch blieb gelegentlich auch ein schaler Nachgeschmack über die Art, wie der Pariser Intellektuelle sein Wissen und seine argumentative Überlegenheit gegen Menschen mit einfachster Schulbildung – und vor der Kamera natürlich Befangene – ausspielte. Lanzmann war der Wahrheit auf der Spur, kein Zweifel – aber wie er das tat, war nicht über jeden Zweifel erhaben; einigen hat er Unrecht getan und ihnen das Wort im Munde herumgedreht, bis er sie dort hatte, wo er sie haben wollte. Das spricht nicht gegen den Film, aber gegen einzelne Teile der monumentalen Veranstaltung.

Jetzt ist in Paris ein fünfstündiger Film über die israelische Armee angelaufen. Unter der Woche läuft er, nach peinlicher Personenkontrolle durch Polizisten, vor jeweils kaum zwei Dutzend Zuschauern pro Vorstellung. Der Titel »Tsahal« besteht aus den Anfangsbuchstaben des hebräischen Wortes für den offiziellen Namen »Armee der Verteidigung Israels«. »Verteidigung« (hebräisch: haganah) hieß auch die jüdische Geheimarmee, die in der Zeit des britischen Mandats mit terroristischen Mitteln kämpfte. Um jede Erinnerung daran zu tilgen, sprach der ehemalige Ministerpräsident Begin meistens nur von der »Armee Israels« (so Amnon Kapeliouk, Le monde diplomatique, November 1994).

Die reale Tsahal ist, wie aus der Geschichte des Staates hervorgeht, mehr als einfach eine bewaffnete Macht wie jede andere Armee. Sie ist eine der drei Säulen israelischen Selbstverständnisses (zusammen mit der jüdischen Religion und der Erinnerung an die Vernichtung des europäischen Judentums durch die Nazis). Die Armee ist ein entscheidender gesellschaftlicher und politischer Integrationsfaktor. Der Film »Tsahal«, soweit er mit dem Anspruch, ein Dokumentarfilm zu sein, auftritt, hätte die historische, wirtschaftliche und gesellschaftliche Verflechtung der Armee mit dem

Staat und mit der Gesellschaft mit filmischen Mitteln zu zeigen. Daran scheitert Lanzmann inhaltlich und ästhetisch total.

»Tsahal« ist ein heroisierender Monumentalfilm, der den Zuschauer minutenlang dem zweifelhaften Charme von Militärmaschinen aussetzt und dazu keine besseren Mittel findet als das Abfilmen von Panzern, die mit ohrenbetäubendem Lärm durch die Wüste donnern, oder Flugzeugen und Helikoptern, die ihre Motoren aufheulen lassen. Ikonographisch transportiert das langweilige Abfilmen militärischer Kulissen und Requisiten über wenigstens eine Stunde gar nichts Wissenswertes, aber viel stählerne Prächtigkeit. Die Kameraführung dokumentiert in ihrer Haltung zum Sujet die gleiche heroisierende Unterwürfigkeit und anbiedernde Distanzlosigkeit, wie man sie aus der Geschichte des Propagandafilms kennt. Ein Fall von Spurwechsel: von der anstrengenden Wahrheitssuche mit Kopf und Kamera zur medialen Parolenpracht des Fernsehens.

Zum Rohrkrepierer, um im Genre zu bleiben, wird das Unternehmen für den Intellektuellen Lanzmann. Gegenüber jungen Männern, die von ihren Panzern sagen, diese vermittelten ein »powerful feeling«, hätten eine »Seele«, die ihnen »bei guter Pflege … Liebe und alles andere« spenden würden, hat die Kamera kein Gegenmittel und Lanzmann selbst nicht einmal eine Frage, geschweige denn eine kritische. Über weite Strecken dominiert der reine Militärkitsch, womit jede Armee wirbt.

Ein Panzerfahrer bezeichnet die enge Kabine als »Zuhause«, das er »wie eine Wohnung mit privaten Gegenständen« einrichte, einem anderen tönt Schießlärm und Kanonendonner wie »richtige Musik«, ohne dass Kamera und Autor auch nur sachte zuckten. Die Darstellung der israelischen Strategien und der Kriege seit dem Sechs-Tage-Krieg durch blutjunge Offiziere hört sich so klippschülerhaft (»wie töten, ohne getötet werden?«) simpel an, dass eine Pariser Zeitung mit Recht schrieb, dem Film mangle es schlicht an »vertiefenden Recherchen« – ein Todesurteil in zwei Worten für einen Dokumentarfilm. Und wo höhere Offiziere und Politiker zu Wort kommen, wird der Film nicht informativer, sondern nur ideologischer, z. B. durch Anleihen aus der Bibel, die als Grundlage des militär-strategischen Denkens herhalten müssen.

Ganz ungerecht behandelt der Film die Rolle der Armee in den besetzten Gebieten. Da werden Steine aus den Händen palästinensischer Kinder zu »Waffen«, aber wie viele Kinder erschossen wurden, erwähnt Lanzmann nicht, obwohl er zu den Verhältnissen im Gaza-Streifen auch kritische Stimmen dokumentiert (Avigdar Feldmann, Amos Oz und David Großmann). Deren Gesamtanteil an dem fünfstündigen Film ist allerdings grotesk gering.

Die einzige längere Passage, in der der Film über das affirmative Abfilmen hinausgeht, handelt von den Verhältnissen am Grenzübergang über den Jordan an der Allenby-Brücke. Die bürokratischen Schikanen an den ehemaligen innerdeutschen Grenzen erscheinen geradezu als Bagatellen, wenn man sieht, mit welchem Perfektionismus Palästinenser bis vor kurzem erniedrigt wurden. Und ausnahmsweise meldet sich in diesen Sequenzen auch der kritische Autor Lanzmann für ein paar Einstellungen zurück.

Ganze drei Fragen gehen an Opfer. Dann fällt er in biedere Offizierscasino-Gemütlichkeit zurück, als ihm ein Palästinenser auf die Frage nach der Zahl seiner Kinder mit seinem Alter antwortet.

Die israelische Zeitung »Haaretz« (21.10.94) spricht von »einseitiger und tendenziöser Propaganda«, die »am Rassismus, an der Gewalt, an den Erniedrigungen, die es in den besetzten Gebieten gibt«, einfach vorbeifilmt. Die kurze und klare Kritik Avigdar Feldmanns an der Folterung palästinensischer Delinquenten, die das offizielle Israel »gemäßigten physischen Druck« nennt, kontert der Film mit ebenso langatmigen wie entmutigenden Rechtfertigungskapriolen aus dem Munde hoher Militärs.

Der Film Lanzmanns scheitert aber nicht nur an dem, was er zeigt, sondern vor allem auch daran, was er verschweigt. Der Krieg der realen Tsahal im Libanon wird zweimal ganz kurz erwähnt, aber ohne ein Wort darüber, was die Armee dort angerichtet hat bei der Bombardierung von Flüchtlingslagern oder bei der Abriegelung der Lager von Sabra und Schatila, als die israelische Armee einem Massaker »christlicher« Falange-Milizen an unbewaffneten Palästinensern teilnahmslos zusah, obwohl sie es hätte verhindern können. Ariel Scharon, der Held im Libanonkrieg, wird ausführlich interviewt, ohne dass vom Libanon die Rede wäre. Was taugte ein Dokumentarfilm mit General Schwarzkopf, ohne ein Wort zu den Kriegen gegen Vietnam und Irak?

3 *Ernstfall Friede: Kants »Zum Ewigen Frieden«*

Trotz des seltsamen Titels »Zum Ewigen Frieden« – Kriege entwerten Kants Text nicht, sondern machen ihn aktueller denn je. Den Untertitel – »ein philosophischer Entwurf« – sollte man nicht vergessen. Kant schrieb nämlich keinen Fahrplan zur »Glückseligkeit auf Erden«, wie dies eine platte Lesart unterstellt, sondern dachte mitten im Krieg über die Bedingungen nach, unter denen Friede möglich wäre. Er fragte, wie aus einer »leeren Idee« eine politische Aufgabe werden könne. Und er tat dies auf einem Niveau, das die jüngsten Beschwörungen des »Lehrmeisters Krieg« (K. O. Hondrich u. a.) ebenso überragt wie den Jammer, hierzulande gebe es »statt Militärwissenschaft und Kriegsgeschichte« nur »Friedens- und Konfliktforschung«. Die Geschichte des 20. Jahrhunderts, der Golfkriege, der Bürgerkriege auf dem Balkan und andere Kriege haben Teile der Intelligenz zügig zu jenem wilhelminischen Kathederirrationalismus zurückgeführt, der den Terminus »Kriegswissenschaft« erfand. Aber auch die vom Geschehen der »Grande Guerre« von 1914-18 diktierte, gesinnungstüchtige Unterscheidung von »Verantwortungs- und Gesinnungsethik« reicht nicht entfernt an Kant heran, denn sie trägt mit ihrem Gesang von der »Weihe eines deutschen Krieges« (Max Weber 1916) den deutschnationalen Stempel auf der Stirn.

Historisch schrieb Kant vor dem Hintergrund des gescheiterten Krieges der verbündeten Monarchen gegen die französische Revolution. Preußen verabschiedete sich aus dem Bündnis und schloss am 5.4.1795 mit Frankreich den Sonderfrieden von Basel. Dieser wie die folgenden Friedensverträge von Campo Formio, Lunéville, Amiens und Preßburg zeichneten sich dadurch aus, dass sie Kampfpausen, aber keinen Frieden anstrebten. Die Verträge waren so mehrdeutig formuliert, dass aus ihnen jederzeit ein neuer Kriegsanlass destilliert werden konnte. Preußens Hauptmotiv für den Sonderfrieden lag nicht im Ausgleich mit Frankreich, sondern zielte auf eine Entlastung im Westen, um bei der dritten Aufteilung Polens im Oktober 1795 stark auftreten zu können.

Systematisch knüpfte Kant am Werk des Abbé de Saint-Pierre (»Projet pour rendre la paix perpetuelle en Europe«, 1713-16) und dessen Rezeption durch Leibniz, Voltaire und Rousseau an. Abbé Pierres Werk beruhte auf europäischen Friedens- und Einigungsplänen, deren ersten Pierre Dubois 1306 verfasste und dem Traktate von Erasmus (1516/17), von Sebastian Franck (1539), des Herzogs von Sully (1638), von Hugo Grotius (1672), von William Penn (1693) und vielen weniger prominenten Autoren folgten.

Vom Thema her birgt also Kants Schrift nicht viel Neues, sondern bildet die Fortsetzung einer kontroversen Diskussion, die der berühmte Abbé in ganz Europa angestoßen hatte. Das Neue an Kants Überlegungen ist zunächst deren Zuschnitt. Er gab ihnen die Form eines Vertrages mit zwei Abschnitten und einem Anhang. Der erste Abschnitt enthält sechs Präliminarartikel, der zweite drei Definitivartikel; dem folgen zwei Zusätze und ein Anhang. Diese Form erlaubte ein ironisches Spiel mit realen

Friedensverträgen, deren mehliges Diplomaten-Kauderwelsch im scharfen Gegensatz steht zu Kants ebenso scharfen wie eleganten Formulierungen. Gleich im ersten Satz kokettiert Kant mit der Friedhofs-Metapher, die umgangssprachlich für den Tod als »ewiger Friede« steht, aber bei Kant kritisch gegen den vermeintlich »weltkundigen Staatsmann« gewendet wird. »Staatsoberhäupter« erscheinen mit ihren Kriegen wie mit ihren Friedensverträgen als Lieferanten der Totengräber auf dem Friedhof namens »Geschichte«.

Die Präliminarartikel enthalten allgemeine Voraussetzungen für den Frieden, wie sie auch andere formulierten. Revolutionär sind Kants philosophische Begründungen, die den Frieden nicht mehr länger als moralisch-theologisch fundierten Wunsch postulieren, sondern als ein Problem von Völkerrecht, Staatsrecht, Gesellschaftstheorie und Aufklärung. In der kreditfinanzierten, sich potentiell endlos drehenden Aufrüstungsspirale sieht Kant ebenso eine Gefahr für Freiheit und Frieden wie in den stehenden Heeren oder den Usancen des monarchischen Erbrechts. Diese »neue Art von Industrie« führte zu dem befremdlichen Ergebnis, »dass sich nämlich auch Staaten … heiraten« können. Vor allem aber wendet er sich gegen die Brutalisierung des Krieges zum Kampf mit allen Mitteln. Die Entfesselung dieser »höllischen Künste« macht jede Aussicht auf einen »künftigen Frieden unmöglich«.

Den historisch, politisch und philosophisch entscheidenden Gehalt präsentieren die Definitivartikel damit, dass sie das Problem des Friedens aus der inneren Verfassung herleiten. Nur Verfassungen, die

die Freiheit des Einzelnen und allgemeines Bürgerrecht für alle unter gleichen Gesetzen garantieren, nennt Kant republikanische Verfassungen. Solche Rechtsstaaten bilden jedoch allein keine Garantie für den Frieden, aber im Gegensatz zu allen anderen »Staatsprinzipien« überhaupt die Chance, dass innere Probleme nicht länger durch Kriege kompensiert oder diese »als eine Art von Lustpartie aus unbedeutenden Ursachen« beschlossen und »dem dazu allezeit fertigen diplomatischen Korps die Rechtfertigung« dafür überlassen wird.

Kant räumte zwar für frühere Zeiten ein, dass sich »die Natur auch des Krieges als Mittel« bediente, um »die Erde allerwärts zu bevölkern« und den »Fortschritt« voranzutreiben, aber für die Gegenwart und die Zukunft tauge das Mittel nicht einmal mehr für »ein Volk von Teufeln« als Maxime, denn es impliziere die sichere Selbstvernichtung.

Damit steht Immanuel Kant Hegel und der ganzen Tradition des 19. Jahrhunderts, die sich der sogenannten Realpolitik verschrieb, diametral entgegen: Diese vertrat wie die spätere Geschichtsschreibung unter dem Primat der Außenpolitik die schlichte Parole, »durch Kriege nach Außen Ruhe im Innern« (Hegel) herzustellen, Kant hätte nicht gezögert, derlei ein »ehrloses Strategem« zu nennen. Die »wilde (gesetzlose) Freiheit« der Einzelstaaten möchte Kant in einem »Föderalism freier Staaten«, die sich auf rechtsstaatliche Normen verpflichten, gezähmt sehen. Kant zieht also das »negative Surrogat« eines föderalistischen Völkerbundes zur Kriegsverhütung der vagen Idee einer »Weltrepublik« vor.

Am weitreichendsten, wenn auch nicht am geschichtlich wirksamsten sind Kants Einsichten zum

Verhältnis von Moral und Politik. Die Schrift fand große Verbreitung, aber verstehen wollten sie nur die wenigsten. Als Friedrich Murhard 1797 in Göttingen ein Kolleg darüber abhielt, schrie ihn eine Meute von Studenten mit dem Ruf nieder: »Keinen Frieden! Krieg! Krieg!« Und der preußische General Helmut von Moltke sah »ohne Krieg« gleich die ganze Welt »im Materialismus versumpfen«.

Von Bismarck und Max Weber bedienen sich viele bis heute des seichten Gemeinplatzes, jeden der »Moralisierung der Politik« oder einer »Gesinnungsethik« zu bezichtigen, der auf dem Zusammenhang von Politik und Moral besteht. Anders als die jüngsten Verteufelungen von Pazifisten als »politischen Moralisten« sieht Kant die von deren »übereilt genommenen oder angepriesenen Maßregeln« ausgehende Gefahr als weit geringer an als jene reale Bedrohung, die Politiker für das Gemeinwesen darstellen, wenn sie »durch Beschönigung rechtswidriger Staatsprinzipien … das Besserwerden unmöglich machen und die Rechtsverletzung verewigen«. Hierher gehört auch Kants Eintreten für die »Publizität«, der »jeder Rechtsanspruch« genügen muss, weil »alle auf das Recht anderer bezogene Handlungen, deren Maxime sich nicht mit der Publizität verträgt, … unrecht« sind. Er denunziert die »Zweizüngigkeit der Politik in Ansehen der Moral« und erweist jene, die sich eben noch unter der Pressezensur im Golfkrieg so gemütlich einrichteten, als Propagandisten »lichtscheuer Politik«.

4 1945 – Kontinuität und Neubeginn

Vor ziemlich genau 25 Jahren löste ein Minister mit neunzehn Wörtern einen Skandal aus. Am 23.9.1970 sagte der SPD-Finanzminister Alex Möller im Bundestag an die Adresse der CDU: »Diejenigen, die diese beiden Weltkriege und die darauffolgenden Inflationen zu verantworten haben, stehen Ihnen geistig näher als der SPD.« Die Unionsfraktion verließ den Plenarsaal, und Herbert Wehner könnte das mit seinem unvergesslichen Satz kommentiert haben: »Wenn man bleibt, ist egal wer geht.« Die Bild-Zeitung erschien mit der Schlagzeile: »19 Worte beleidigen 15 Millionen Deutsche« – schlagkräftige Worte, von denen jedes fast eine Million Menschen zu treffen vermochte. Die Historiker Immanuel Geiß und Volker Ullrich brachten einen Monat später eine Dokumentation mit Texten von Fritz Fischer, Arthur Rosenberg, Eberhard Czichon, Kurt Sontheimer, Karl Dietrich Bracher u. a. Wissenschaftlern heraus, die die hysterische Reaktion der CDU mit den Fakten zur Kontinuität und Tradition deutscher Eliten seit dem Kaiserreich konterten. Was die Stellung großer Teile der Eliten betrifft, hatte Möller einfach recht.

Und dennoch blieb eine Frage offen: Woher kamen, wohin gingen die Wähler? Der Kasseler Politikwissenschaftler Eike Hennig verglich die Wahlen zum Reichstag vom Juli 1932 mit den ersten Bundestagswahlen vom August 1949 und untersuchte Kontinuitäten und Brüche im Stimmverhalten der Wähler in Hessen. Die spannendste Frage lautet: Wohin haben die satten 44,1 % NSDAP-Wähler von 1932 ihre

Stimme 1949 getragen? Landesweite Durchschnittswerte sagen wenig aus, wenn sie nicht sozial, konfessionell und regional differenziert werden. Dabei zeigt sich, dass die CDU- und SPD-Wählerschaften von 1932 und 1949 nach allen drei Kriterien – sozial, konfessionell, regional – eine »hohe Korrelation« mit den Wählern ihrer Vorgängerparteien aufweisen, also mit dem Zentrum und der SPD. Die von der Wählerschaft her fast homogene Arbeiterpartei SPD gewinnt 1949 zurück, was sie am Ende der Weimarer Republik an die KPD verloren hatte und wird mit 32,1 % stärkste Partei. Die CDU wiederum profitierte von katholischen Flüchtlingen und Vertriebenen und steigerte ihren Wähleranteil gegenüber der Zentrumspartei von 13 % auf 21,3 %.

Zweitstärkste Partei in Hessen wurde 1949 die FDP mit 28,1 %. Sie konnte allerdings nicht auf das Reservoir einer Vorgängerpartei zurückgreifen, denn 1932 war der Liberalismus jeder Spielart faktisch verschwunden; alle bürgerlichen Parteien erhielten, einschließlich der Deutschnationalen, zusammen nur 5,5 %. Hennig kann anhand der Daten schlüssig belegen, dass 1949 »die FDP-Ergebnisse ... die höchste positive Entsprechung zu den NSDAP-Ergebnissen« von 1932 aufweisen. Das gilt regional, aber auch sozial, d. h. die FDP ist dort besonders stark, wo die SPD schon 1932 schwach war und es 1949 blieb, und konfessionell ist die FDP der Konterpart der katholisch dominierten CDU. Aufgrund einer wahlstatistisch zuverlässigen Operation weist Hennig nach, dass rund die Hälfte der 600 000 FDP-Wähler auf frühere NSDAP-Stimmen zurückgeführt werden müssen. Damit wird die FDP nicht zur NSDAP-Nachfolgepartei erklärt. Aber offensichtlich fühlten sich bürgerlich-konservative wie frühere NSDAP-Wähler bei der FDP, die 1946 noch unter dem Namen »Liberaldemokratische Partei« die hessische Verfassung abgelehnt hatte und sich mehr national als liberal darstellte, gut aufgehoben. Ein weiteres Ergebnis der Studie ist die Tatsache, dass die Wahlenthaltung stark anstieg (von 14 % auf 23 %) und dass unter dem knappen Viertel Nichtwähler viele ehemalige NSDAP-Wähler waren, die sich mit den demokratischen Verhältnissen nicht abfanden.

Mit guten Argumenten widerlegt Hennig die Vorstellung, 1945/49 stelle einen abrupten Bruch dar. Demokratischer Neubeginn, Parteienstaat und pluralistischer Universalismus hatten in Hessen Fuß gefasst, aber die »Konstitutionsphase« blieb noch eine ganze Zeit »negativ-offen«. 1945 bzw. 1949 setzte nicht über Nacht eine Demokratisierung ein, sondern »ein halbherzig vollzogener und gefährdeter Lernprozess.« Vor allem »die Suprematie der Besatzungsmacht« verhinderte, dass sich entschieden antidemokratische Mentalitäten öffentlich artikulieren konnten.

Dass diese Mentalitäten in der Wählerschaft überlebten und in geheimen Abstimmungen zum Ausdruck kamen, ist empirisch bewiesen. Und die FDP profitierte am meisten davon.

Alex Möller hat 1970 mit seinem Satz niemanden beleidigt, denn die weitgehende Kontinuität in den deutschen Eliten vom Kaiserreich, über die Weimarer Republik und das Nazi-Regime bis zur BRD lag offen zutage. Hennig hat jetzt für ein Bundesland geklärt, wo fast 33 % der ehemaligen NSDAP-Wähler von 1932 nach dem Krieg ihre politische Heimat fanden.

5 *Die Schweiz im Zwielicht*

Der staatstragende Konsens unter der Mehrheit der Schweizer besteht aus drei Sätzen: Erstens – »die« Schweiz hat keine Geschichte, sondern ist ein Epos der Selbstbehauptung. Zweitens – »die« Schweiz machte und macht keine (krummen) Geschichten. Drittens – »die« Schweiz kann nichts für den Verlauf der Geschichte, denn sie ist seit 1815 »immerwährend« neutral. Zwar kündigte nach 1968 ein Teil der jüngeren Generation den Glauben an diesen Mummenschanz auf, aber die Mehrheit hielt sich an die Lebenslüge vom wehrhaften Igel, der immer nur »die« (wessen?) Freiheit und sonst nichts verteidigte. Diese Mehrheit beginnt sich nun zu wundern, denn die Seile, an denen die Selbstbildnisse des Landes über dem nationalen Altar hingen, reißen.

Das bewirkt das Gewicht von vier Skandalen in den Beziehungen zwischen Nazi-Deutschland und der Schweiz: Der erste betrifft die staatlichen Devisen- und Goldtransaktionen, wobei es um das von den Deutschen in Drittstaaten erbeutete Gold (»Raubgold«) geht, aber auch um das in den Vernichtungslagern konfiszierte »Totengold«. Der zweite Skandal dreht sich um das Ausmaß und die Bedeutung von privaten Geschäften zwischen den Schweizer Banken und der Schweizer Industrie mit dem Dritten Reich. Den dritten Skandal bildet die Schweizer Flüchtlingspolitik zwischen 1933 und 1945. Und der vierte handelt von den nachrichtenlosen Vermögen von Menschen, die wahrscheinlich von den Nazis umgebracht wurden, aber auch von verwaisten Konten und deponierten Kunstwerken.

So soll in der Kanzlei eines Zürcher Anwalts eine Sammlung von Klee-Bildern hängen, die der Vater des Anwalts von einem Flüchtling zur Verwahrung erhalten hatte.

Der Umgang mit solchen Vermögen wurde stilbildend für jenen mit der ganzen Vergangenheit: 1946 verpflichtete sich die Schweiz zu Nachforschungen. 1952 sollte die gesetzliche Grundlage dafür geschaffen werden. 1957 beschloss man, die Sache ruhen zu lassen. 1959 bezifferten die Banken die nachrichtenlosen Vermögen auf 900 000 Franken, 1964 wurden daraus 9,4 Millionen, 1995 40,9 Millionen. Die Kumpanei der Eliten von Banken und Politik sorgte dafür, dass immer nur gerade das zugegeben wurde, was gar nicht mehr zu leugnen war. Das gilt besonders für die Banken. Eine Zürcher Großbank ließ noch vor ein paar Monaten Akten vernichten. Der Angestellte, der die Sache an die Öffentlichkeit brachte, kriegte von der Bank die Kündigung – und von »echten« Schweizern Morddrohungen. Während vom vierten Skandal nicht einmal die Spitze sichtbar ist, sind die anderen drei historisch gut dokumentiert. Nur – die Mehrheit will das nicht oder nur rot-weiß eingefärbt zur Kenntnis nehmen. Selbst die NZZ attestierte der dumpfen Apologie des Nationalisten und Hobby-Historikers Blocher (»hier gibt es nichts zu entschuldigen«) die »Kraft des Situierens«.

Der Wind könnte drehen. Die Bewegung kommt nicht aus der Schweiz, sondern aus den USA. Seit dem Frühjahr 1996 kümmert sich der New Yorker Senator Alfonse D'Amato um die Raub- und Totengold-Geschichte. Er tut das nicht nur aus edlen Motiven. Der Mann will wiedergewählt werden, und mit seinen Auftritten machte er sich einen Namen bei den Verwandten und Erben von Holocaust-Opfern. Auch seine Methoden sind eher ruppig und auf mediale Wirkung bedacht. Trotz dieser Vorbehalte kommt Alfonse D'Amato das Verdienst zu, dabei mitgeholfen zu haben, dass in den USA und in der Schweiz neue Recherchen eingeleitet wurden.

Die ersten Ergebnisse veröffentlichte jetzt der Sonderbeauftragte Präsident Clintons für die Rückerstattung von Holocaust-Vermögen – Stuart E. Eizenstat. Im Ton moderat, aber in der Sache hart, präsentierte er der Schweiz eine Rechnung, die mehr einer moralischen und politischen Verurteilung gleicht als einer diplomatischen Note. Zwar beschäftigt sich der Bericht auch mit den Geschäften anderer »neutraler« Notenbanken, aber »die Schweizer« erscheinen wörtlich als »die hauptsächlichen Bankiers und Finanzmakler der Nazis«. Eizenstat betrachtet seinen Bericht als »vorläufig und deshalb unvollständig«, wagt aber schon die These, dass das Verhalten der wirtschaftlichen und politischen Eliten in der Schweiz »die klare Wirkung (hatte), die Fähigkeit Nazideutschlands zur Kriegsführung zu unterstützen und zu verlängern«. Das galt insbesondere nach Stalingrad im Februar 1943, als die Bedrohung der Schweiz gegen Null tendierte und deren Armee hauptsächlich damit beschäftigt war, unbewaffnete Flüchtlinge abzuwehren. Die »Deutsche Wirtschaftsbetriebe GmbH« dagegen, die in den Lagern konfiszierte Wertgegenstände verwertete, stand noch im Februar 1945 mit dem »Crédit Suisse« (früher »Schweizerische Kreditanstalt«) in Geschäftskontakten, erhielt Kredite und verfügte über ein Nummernkonto, das die Konfiskationspläne der Alliierten dank der Hehler und der Gnomen von der Zürcher Bahnhofstraße ungeschröpft überlebte.

Einige Untersuchungsergebnisse treffen die schweizerischen Eliten frontal: Im Washingtoner Abkommen von 1946 verpflichtete sich die Schweiz nach peinlichen Verrenkungen, für das »Raubgold« 250 Millionen Franken an die geschädigten Staaten zurückzuzahlen. Der Wert des »Raubgoldes« war freilich drei- bis fünffach höher, und der zweite Teil des Abkommens, »die Liquidation von Hunderten von Millionen Dollar in deutschen Werten, wurde weder prompt noch je ganz erfüllt.« Der Bericht räumt die Mitschuld der USA daran ein, denn diese wollten die quasi-verbündete Schweiz in den Zeiten des Kalten Krieges nicht öffentlich bloßstellen. Und dass man im Adenauer-Staat auch dazu schwieg, gehörte zu dessen moralisch-politischer Grundausstattung. Nachdem die 250 Millionen aus der Schweizer Portokasse bezahlt waren, schmolz die Nationalbank den (größeren) Rest in sog. »Goldvreneli« um – das obligate Taufpatengeschenk.

Die Kritik des Eizenstat-Berichts an der Schweizer Neutralitäts-Rhetorik demaskiert deren selbstgerechte Bigotterie: Das, womit man sich aus den Händeln der Welt heraushalten wollte, war vor allem (aber nicht nur!) ein Vorwand, um am Handel in alle Himmelsrichtungen profitieren zu können. – Der Berner Außenminister ist nachdenklich geworden, seine konservativen Koalitionspartner interessieren sich jedoch nicht für die Vergangenheit, sondern für die Gegenwart: Sie fordern den »Einsatz der Armee«, um einer »neuen Einwanderungswelle vorzubeugen«.

6 *Alles Krieg? Zu Paul Virilio*

Kann ein Intellektueller über zwanzig Jahre hinweg mit zwei Thesen auf sich aufmerksam machen? Er kann, vorausgesetzt die Thesen sind allgemein und vor allem biegsam genug. Paul Virilio, dem 1932 in Paris geborenen Urbanisten und Architekturprofessor, ist es gelungen, seine zwei Thesen in über einem halben Dutzend Publikationen auf rund 1500 Seiten zwanzig Jahre lang im Gespräch zu halten. Die beiden Thesen, die man besser Spekulationen, Vermutungen oder Ideen nennt, hat Virilio 1975 formuliert, und sie genügen den Kriterien der Allgemeinheit und Biegsamkeit: Erstens ist alles Geschwindigkeit, und zweitens vernichtet diese die Wirklichkeit oder lässt sie verschwinden.

Freilich haben einige nachgeholfen, um Virilios Schnelldenkerei zu verbreiten. Zum Beispiel jene Tageszeitungen, die ihn für einen auf allerlei Gebieten kompetenten Zeitgenossen halten und ihn deshalb mit Interviews und Kolumnen immer wieder ins politische Handgemenge schicken. Vor allem aber sorgen zwei angesehene Verlage – Hanser und Fischer – für Publikum. Ein Buch, das 1984 auf französisch erschien, wurde 1989 bei Hanser ins Deutsche übersetzt und 1995 bei Fischer in eine Taschenbuchreihe aufgenommen, die unter dem Label »Sozialwissenschaft« läuft. Das ist grotesk, denn die Bezüge und Beispiele, von denen Virilios Bücher leben, sind anachronistisch und beliebig herzitiert. Besonders schätzt er »kriegswissenschaftliche« Einsichten über Feuer und Bewegung auf dem Niveau von Leutnants-Weisheiten. Mit Wissenschaft hat

Virilios Verfahren gar nichts zu tun. Er ist ein sich ständig wiederholender Improvisator, der selbst dort suspekt bleibt, wo er vielleicht Recht hat, weil er sich z. B. nicht scheut, freihändig etymologische »Beweise« anzuführen.

Die erste Variante seiner Spekulationen wurde 1978 ins Deutsche übersetzt und seither dutzendfach wiederholt – oft wörtlich, manchmal leicht variiert, aber immer mit dürftigem Belegmaterial.

Wenn alles Geschwindigkeit ist, was ist dann das ursprüngliche Transportmittel? Virilios Antwort: Die Frau. »Der Mann ist der Passagier der Frau, nicht nur bei seiner Geburt, sondern auch in sexuellen Beziehungen.« Wenn man von den »Wünschen des Eindringens« in die »zahme Reisemaschine« Frau absieht, wird die Befähigung zur schnelleren Bewegung mit weniger dressierten Maschinen identisch mit der Befähigung zum Erobern und Kriegführen. Denn das »zweite Transportmittel der Gattung« ist das Pferd, das der Mann sofort monopolisiert, um es als »Eindringling«, »Jäger« und »Krieger« zu gebrauchen. Virilio presst die gesamte Geschichte zur handlichen Formel von der »Macht des Eindringens« zusammen.

Mit dieser Schöpfungslegende bestreitet er seine ausgreifenden Welterklärungen, denn das einzige, was sich seiner Ansicht nach zwischen dem Gebrauch des Pferdes in archaischen Gesellschaften und dem Besteigen eines Kampfpanzers oder der »Concorde« verändert hat, ist die Geschwindigkeit. Deren Wesen ist »Gewalt«, und alles, was sich zwischen Pferd, Schiff, Zug, Auto und Flugzeug bewegt, ist ein »Waffensystem«. Aber nicht nur das – auch der Boden, auf dem die Vehikel verkehren, gehören in den großen Gewaltzusammenhang, den Virilio im Blick auf die Straße in seiner rustikalen Weise erläutert: »Die großen Figuren des amerikanischen Gangstertums haben genauso wie Hitler und Mussolini auf der Straße angefangen.«

Was immer Virilio behandelt, sein Denken folgt den Imperativen der Vereinfachung und der Reduktion. Untrügliches sprachliches Zeichen dieses brachialen Zugriffs sind die Formeln, etwas sei »letztlich« so, »nichts anderes als«, »nichts weiter als« oder bestehe »im Grunde nur aus« diesem oder jenem. Mit diesen Reduktionsformeln, die nicht dutzend-, sondern hundertfach wiederkehren, »befreit« Virilio gesellschaftliche Prozesse, politische Probleme oder ökonomische Beziehungen ihrer Komplexität und rüstet sie so zu, dass sie in sein anspruchsloses Schema passen: »Die Erhöhung der Geschwindigkeit ist im Grunde Freisetzung von Gewalt«, und »der Motor ... setzt diese Gewalt letztlich frei.«

Mit solchen Vereinfachungen überrumpelt Virilio den Leser. Blenden will er diesen mit seiner Terminologie und seinen Anleihen bei naturwissenschaftlichen Theorien. Seine Rede von der »geomorphologischen Identität des Staatsbürgers« etwa ist entweder der Versuch, die Trivialität zu kaschieren, dass zur Staatsbürgerschaft ein staatliches Territorium gehört oder die wissenschaftlich aufgedonnerte Wiederbelebung der etwas älteren Schollentheorie, wonach angeblich die Erde den Menschen mitgibt, was sie sind und wie sie sich verstehen sollen.

Staus auf Autobahnen und »Konvois von Vorortzügen mit ihren pendelnden Proletariern« bezeichnet Virilio als »eine politische Isobare« und »letzte Front, die Front der Bewegung und ihrer Gewalt«.

Der Begriff »Isobare« spielt in der Kernphysik und in der Meteorologie eine Rolle. In Virilios Kontext sind beide Bezüge möglich und etwa gleich unsinnig, wenn man sie wörtlich nimmt, hochstaplerisch, wenn man sie metaphorisch versteht. Die Physikprofessoren Alan Sokal und Jean Bricmont haben in ihrem Buch »Impostures intellectuelles« diese Manier der französischen Modephilosophie, naturwissenschaftliche Theorien und Termini zu beerben, scharf kritisiert, u. a. auch Virilio, der sich dabei als einer der Sorglosesten hervortat.

Virilio bedient sich der maßlosesten Übertreibungen, um glaubhaft zu machen, alles sei Geschwindigkeit und diese »nichts anderes als« Gewalt. Er meint nicht einen bestimmten Staat, sondern »Lateinamerika«, wenn er behauptet: »Die Ausrottung« der Menschen, »diese letzte Erscheinungsform des Staates, soll unbegrenzt weiterbetrieben werden«. Auch seine zweite Idee, wonach die Geschwindigkeit die Wirklichkeit zum Verschwinden bringe, zehrt davon, dass sie einfache Sachverhalte zwanghaft überbietet und zuspitzt, oft jedoch davon, dass sie in kitschiger Rhetorik dem vermeintlich Echten und Eigentlichen nachtrauert. Den Satz, dass ein Tarnanzug oder eine Uniform das Individuum in seiner Individualität kränken, verlängert Virilio zur These, »der kämpfende Mann« verschwinde und an seine Stelle trete der »kämpfende Leichnam« eines Panzers. Oder schließlich, die Bodenhaftung verlierend: Auch die bewegten Bilder von Kino – »der Kathedrale des Militärstaates« – und Fernsehen erzeugen nichts als »Verwüstungen im Bewusstsein eines jeden«. Entlarvend wirkt dieser leerlaufende Radikalismus angesichts der Beschwörung des guten

Alten und dessen Verlust: »Die unmittelbare Sicht auf die Dinge«, »die Begegnung«, »die Wohnung«, »die Örtlichkeiten« und »die direkte Information« verschwinden und alles wird »Kriegsschauplatz«.

7 *Flegelei und Lümmelei im deutschen Feuilleton*

Aus Paris, Mailand und Düsseldorf erfahren wir, was an Klamotten zu tragen sei. Viele deutsche Feuilletons sind mit jenen Veranstaltungen insofern vergleichbar, als man hier den neuesten Generalbass vorgespielt kriegt.

Neuerdings sind die Feuilletons auf Flegelei und Lümmelei eingestimmt. Das Italienische kennt dafür die beiden Ausdrücke »villanata« und »ragazzaccio«. Die Stammformen (villa/Landhaus, ragazzo/Knabe) verweisen auf die Herkunft ressentimentgeladener Flegelei und ironiefreier Lümmelei. Es sind authentische Produkte von Provinzialität und Bubenhaftigkeit.

Aufsteiger vom Land und akademische Kleinmeister machen sich an Toten zu schaffen. Bereits die Sinnbildkunst des 16. Jahrhunderts stellte den toten Hektor als Löwen dar, den das Fußvolk in Gestalt von Hasen heimsucht.

Nichts ist verboten, außer unter Niveau zu gehen oder mit Eigennamen – und hießen sie Kohl, Dümmling oder Ochsenkalb – herumzuspielen. In der »Süddeutschen Zeitung« verletzte Willi Winkler beide Grundregeln, porträtierte Theodor Fontane als »Hohenzollern-Propagandist« und dessen Roman »Effi Briest« unter dem Titel »Effi sprießt«. Er deklarierte Fontane zum »idealen Haus- und Hofdichter für den wiederkehrenden Preußenstaat«, »Regionalliterat« und Soldschreiber »für die preußisch-nationale Sinnstiftung«. Ein paar Tage später verlümmelte Winkler Jean-Paul Sartre zum

»Narren« und Sprachrohr der »Verdummten dieser Erde«. An seinem 100. Geburtstag war natürlich Bert Brecht dran – als »schwäbischer Heimatdichter«.

Beim Goethe-Instituts-Bürokraten Stephan Wackwitz beginnt die Welt und die Literatur in seinen Artikeln in der »Frankfurter Rundschau« regelmäßig dort, wo er sich gerade aufhält (London, Wien, Tokyo, Bockenheim) und deshalb immer als »persönliche Bilanz«. Alles dreht sich um »Brecht« und/oder/aber/vor allem ums »Ich«. Das Spiel endet voraussehbar 0:1 gegen den »Schulautor Bertold Brecht«.

In der »Frankfurter Allgemeinen Zeitung« gehören Flegel- und Lümmeleien zum Geschäft. So wird jede Auswahl eines Autors zur Willkür. Maxim Biller befasste sich mit der Scheinfrage der Saison: »Welcher deutsche Dichter hat den Bombenkrieg der Alliierten gegen deutsche Städte dokumentiert?« Auf Hans-Erich Nossack braucht man nicht zu kommen, um Bölls, Richters, Borcherts und die Figuren anderer »Kameraden« pauschal als »feinfühlige, leidende Landser« abtun und die Autoren den »anderen Großeuphemisten« zuschlagen zu können.

Warum richten die Heroen des Leitartikelwesens ihre Haubitzen im Feuilleton ein? Einen Text, der die Verschiebung des dritten Krieges am Golf betrauert, würde Josef Joffe dem außenpolitischen Teil der »Süddeutschen Zeitung« wohl nicht zumuten. Aber feuilletontauglich ist sein gesinnungslogisches Konstrukt vom »Saddamisten« allemal: das ist das Pseudonym für Daladier und Chamberlain (1938), »die« Pazifisten (1991), die UNO und Kofi Annan (1998) und das ganze Friedenspack.

Keine Lümmelei ohne Dreingabe – im jüngsten »ZEIT«-Feuilleton erlegt Richard Herzinger die »Frankfurter Schule« in Rekordkürze. Ganze zwölf Buchstaben genügen ihm: alles »Manichäismus«. Da überrascht es nicht mehr, wenn die »Minima Moralia« Adornos mit der miefigen Prosa des Riesenschriftstellers Jürgen Fuchs, der die Stasi-Umtriebe zum »Auschwitz in der Seele« drechselte, in einem Atemzug genannt werden.

8 *Asymmetrische Kriege und Barbarei des Luftkriegs*

Seit dem 11. September 2001 geistert die Parole vom »asymmetrischen Krieg« durch die Medien. Drei Beispiele: Die NZZ (22./23.7.2006) diagnostizierte: »Israel führt diesen Krieg gegen die Hizbollah bewusst mit asymmetrischer Härte.« Für die FAZ (31.7.2006) dagegen gehört »zum gegenwärtigen asymmetrischen Krieg, dass die Hizbollah Zivilisten als Schutzschilde nimmt«. Und in der »Tageszeitung« (26.7.2006) bezichtigte man eine andere Zeitung einer »asymmetrischen Bildersprache«, weil diese die Kollateralschäden des völkerrechtswidrigen Krieges bebilderte. Für den Zürcher »Tages-Anzeiger« (18.8.2006) besteht »die Asymmetrie« darin, dass »in Israel die Mehrheit der Todesopfer Soldaten sind«, im Libanon dagegen »vorwiegend Zivilisten«. Alles – irgendwie – asymmetrisch?

Vom Kriegstheoretiker Carl von Clausewitz (1780-1831) stammt die Floskel vom »asymmetrischen Krieg« nicht, denn der wusste, dass jede Kriegsstrategie und -taktik darin besteht, Asymmetrien auszunutzen, d. h. Schwächen des Gegners mit eigenen Stärken zu begegnen. Insofern gehört Asymmetrie zu jedem Krieg. Das bedeutet aber nicht, es gebe keine Unterschiede zwischen Kriegen, die Armeen gegeneinander führen, und Kriegen von Armeen gegen Guerillaverbände. Die Phrase vom »asymmetrischen Krieg« bezieht sich jedoch nicht auf diese Unterschiede. Der Politologe Herfried Münkler wollte den FAZ-Lesern am 19.8.2006 mit winkeladvokatorischer Rhetorik einflüstern, im Libanonkrieg bestehe die Asymmetrie nicht in der militärischen Überlegenheit der israelischen Armee und dem Monopol auf Kampfflugzeuge, sondern darin, dass die Medien die Bilder von »unschuldigen Zivilisten« in aller Welt verbreiteten und so den Goliath gegenüber David ins Unrecht setzten.

Dahinter steht die schlichte These, wonach aus dem Krieg auf dem Schlachtfeld ein Krieg um Bilder bzw. ein Medienkrieg geworden sei: »Der Kampf auf dem Gefechtsfeld wird vom Kampf um die Sichtbarkeitsverhältnisse im Krieg überlagert. (...) Im Kern lief die Bebilderung des Konflikts auf die Gegenüberstellung martialischer Soldaten und ›unschuldiger Zivilisten‹ hinaus.« Will Münkler mit den perfiden Anführungszeichen im zweiten Satz die über 1000 toten Zivilisten im Libanon zu Scheintoten oder zu Schuldigen erklären?

Bilder und Medien spielten nicht erst in diesem Krieg eine Rolle. Was jedoch mit der Floskel »asymmetrisch« als Novität feilgeboten wird, ist nur ein alter Hut. Vor über 300 Jahren meinte der französische Philosoph Pierre Bayle (1647-1706), früher hätte man nach Kriegen noch Sieger und Besiegte gekannt und fuhr dann fort: »Aber diese alten Lehren sind nicht mehr im Schwange, unser Jahrhundert verhält sich ganz anders. Auf Kosten des gesunden Menschenverstandes sieht man nur noch Siege und Sieger, ohne dass es Besiegte gäbe.« Bayle kannte den Schuldigen: »Das Ganze ist das Werk der Zeitungen.« Das war schon damals weniger als die Halbwahrheit.

Die Parole vom »Bilderkrieg« (Gerhard Paul) führt in die Irre. Natürlich ist jeder Krieg – heute stärker als früher – immer *auch* ein Propaganda-Krieg um

Bilder und mit Bildern von beiden Seiten. Aber nur Selbstvernagelung verliert deshalb *den* Krieg – mit den Opfern an Menschen und den materiellen Schäden – aus dem Blick. Die Behauptung, »der postmoderne Krieg« sei im Unterschied zum herkömmlichen »vor allem (! RW) ein Anschlag auf die Wahrnehmung« (Gerhard Paul) oder »der Kampf mit Waffen« werde durch »den Kampf mit Bildern konterkariert« (Herfried Münkler), entspringt der bornierten Perspektive von Fernsehzuschauern und Freizeit-Clausewitzen. Zivilen und militärischen Kriegsbeteiligten auf beiden Seiten, aber auch Beobachtern ohne verklebte Brillen ist der Unterschied zwischen dem, was Bilder und was Waffen bewirken, so klar wie der Unterschied zwischen Leben und Tod. Gegenüber dem Geschwätz vom »virtuellen Krieg« (Paul Virilio, Jean Baudrillard) muss man an Max Horkheimer erinnern: »Die Erschlagenen sind wirklich erschlagen.«

Das Gerede vom »asymmetrischen Krieg« entspringt der Propaganda für den »Krieg gegen den Terrorismus«. Das ist erstens eine Phrase, mit der verschleiert wird, welche politischen Ziele und wirtschaftlichen Interessen wirklich im Spiel sind. Und zweitens wird damit die jedem Leutnant geläufige Einsicht überspielt, dass militärische Mittel gegen einen terroristischen – also verdeckt agierenden – Gegner die ungeeignetsten sind, zu denen die Staatsgewalt greifen kann, wenn sie von Terroristen angegriffen wird.

Die Floskel vom »asymmetrischen Krieg« dient also vor allem der Rechtfertigung des »Krieges gegen den Terrorismus« und der Selbstberuhigung über die militärischen, politischen und moralischen Ungereimtheiten dieser Kreuzzugsweisheit. Die quantitativ neue Dimension von terroristischen Gewaltakten wie dem 11. September machen diese Verbrechen nicht zum Krieg. Mit Aussicht auf Erfolg können sie polizeilich und politisch, aber nicht militärisch bekämpft werden.

Das Kidnapping von israelischen Soldaten und der nicht zu rechtfertigende Beschuss israelischer Siedlungen und Städte war kein Krieg, sondern eine Provokation in erpresserischer Absicht. Wie schon 1982 nahm aber die israelische Militärdemokratie auch jetzt den Anlass zum Vorwand – damals die Ermordung eines Diplomaten – für einen Krieg gegen Zivilisten, medial drapiert als »Selbstverteidigung«. Dabei bediente sie sich hauptsächlich der Zombie-Strategie des Luftkriegs.

In diesem geht es nach seinem Erfinder Giulio Douhet (1869-1930) nicht um die Vernichtung der gegnerischen Armee, sondern getroffen werden sollten alle »Lebenszentren«, wobei Douhet »jede Unterscheidung zwischen Kriegführenden und Nichtkriegführenden« ablehnte. Nie ist die »barbarische Freiheit der schon gestifteten Staaten« (Kant) größer als im Krieg – das zeigt ein Blick auf die Geschichte der Luftkriegsführung, die am Schluss des Zweiten Weltkriegs wie zuvor in Guernica und danach in Vietnam und im Irakkrieg nur funktionierte, weil eine Seite aus der Luft faktisch allein operierte, also Asymmetrie herrschte. Das kaschiert die Propaganda damit, der israelische Luftkrieg sei die einzig mögliche Antwort darauf gewesen, dass die Hizbollah-Kämpfer die libanesische Zivilbevölkerung als »Schutzschild« instrumentalisiert hätten. Die Einwohner libanesischer Städte waren so wenig »Schutzschilder« wie die deutscher und japanischer Städte am Ende des Zweiten Weltkriegs.

Die wirkliche Asymmetrie im Libanonkrieg zeigt nicht die »Verbildlichung« (Münkler) aus dem Lehnstuhl, sondern die Opferbilanz von 1:10 und die Schadensbilanz von wenigstens 1:100 000. Die waffentechnische Überlegenheit der USA in Afghanistan und im Irak sowie jene Israels in Palästina und im Libanon befördern die Barbarisierung des Krieges stärker als die ebenso primitive wie aussichtslose und selbstdestruktive terroristische Gewalt.

9 *Toleranz – Einwanderungsgesellschaft – Rechtsstaat*

Unter der Flagge Toleranz segeln oft achselzuckendes Desinteresse und augenzwinkernde Vieldeutigkeit. Als Voltaire im Februar 1755 das Château de Prangins am Genfer See kaufte, musste er für den Kauf des Anwesens einen Strohmann vorschicken. Voltaire war nominell Katholik und diese durften im calvinistischen Genf keinen Grundbesitz erwerben. Die Genfer Regierung wusste, dass sie einen Ungläubigen tolerierte. Voltaire als Theoretiker der Toleranz nahm das zum Anlass, »den Fortschritt der menschlichen Vernunft« zu loben. 200 Jahre zuvor wurde in Genf der spanische Arzt Michel Servet wegen der Leugnung eines kirchlichen Dogmas auf dem Scheiterhaufen verbrannt, und Jean Calvin betrieb die Hinrichtung persönlich, wenn er auch ihre Form – die Verbrennung – ablehnte. Doch als Voltaire öffentlich auf das Verbrechen anspielte und den inzwischen erzielten Fortschritt pries, war es vorbei mit der friedlichen Koexistenz zwischen religiös inspirierter Herrschaft und Aufklärung. Voltaire verlegte seinen Wohnsitz nach Ferney.

Das Problem der Toleranz war zunächst eines der katholischen Kirche, später der christlichen Kirchen und des Staates. Der Kirchenvater Augustinus verstand die Duldung (tolerantia) als Grundtugend. Der Christ und die Kirche sollten die Schlechten, die Ungläubigen, die Heiden, die Juden und die Sündigen geduldig ertragen. Für spezielle Fälle – etwa im Falle der Kirchenspaltung – sah Augustinus auch gewaltsame Mittel (terror) vor, um die Einheit der

Kirche zu sichern. Noch im frühen Mittelalter wurde diese Unterscheidung zwischen dem Normalfall der Duldung und dem Ausnahmefall der Gewaltanwendung akzeptiert. Aber schon im Hoch- und Spätmittelalter forderte die Kirche die politische Unterstützung seitens der Obrigkeit bei der Verfolgung und Bestrafung von Ketzern, Heiden, Juden. Diese Praktiken, die auch Luther nachdrücklich befürwortete, führten allerdings nicht zum Frieden, sondern stachelten Denunziation, Verfolgung und religiös motivierte Kriege während Jahrhunderten an.

Exemplarisch mit dem Augsburger Religionsfrieden (1555) und dem Edikt von Nantes (1598) erkannten die vernünftigeren unter den weltlichen Gewalten, dass sie sich in Sackgassen locken ließen, wenn sie sich zum Schwert von Kirchen und Glauben machten. Ohne dass in diesen beiden Texten explizit von »Toleranz« die Rede war, versprachen deutsche Herrscher mit Kaiser Karl V. an der Spitze und der französische König Henri IV., beide Religionen im Rahmen gewisser Vorschriften zuzulassen.

Als ab dem 18. Jahrhundert die politische Herrschaft den absolut herrschenden Monarchen entrissen wurde und an die Verfassungs- und Nationalstaaten überging, wurden Religions- und Gewissensfreiheit sowie die mehr oder weniger strikte Neutralität des Staates zu rechtlichen Garantien für Gruppen und zu Grundrechten der Einzelnen. Religiös motivierte Bürgerkriege sollten damit ebenso unmöglich werden wie staatliche Verfolgung und Verurteilung von Menschen aus Glaubensgründen. Religiöse »Delikte« – mit Ausnahme der Gotteslästerung – verschwanden aus dem Strafrecht und stattdessen wurden Kirchen und Bürger auf Toleranz in Religionsfragen eingeschworen.

Natürlich hat sich der Übergang von der staatlich verordneten Toleranz zur grundrechtlich gesicherten Toleranz in den verschiedenen Staaten in unterschiedlichen Formen abgespielt. Der amerikanische Philosoph Michael Walzer unternimmt in seinem Buch »Über Toleranz« den Versuch, die verschiedenen Toleranzsysteme und die Abstufungen von Toleranz zwischen resignierter Duldung, Indifferenz und enthusiastischer Bejahung des Fremden darzustellen. Er verfährt dabei nicht historisch-analytisch, sondern destilliert aus der historischen Vielfalt von Toleranz fünf Modelle: das multinationale Imperium (z. B. die ehemalige Sowjetunion), die internationale Staatengemeinschaft (z. B. die EU), die Konföderation (z. B. die Schweiz), der Nationalstaat (z. B. Frankreich) und die Einwanderungsgesellschaft (z. B. die USA).

Walzer räumt ein, dass keines dieser Länder dem idealtypischen Modell entspricht, was die Frage aufwirft, wozu die Modelle dann taugen. So sind alle EU-Staaten auch Einwanderungsstaaten, und die USA weisen trotz der Vielfalt der Herkunft ihrer Bürger auch nationalstaatliche Züge auf. Im Prinzip fallen alle Staaten unter Walzers Kategorie »komplizierte Fälle«, da nirgends nur ein System der Toleranz herrscht.

Frankreich ist dafür in historischer wie aktueller Hinsicht ein gutes Beispiel. Es war seit der frühen Neuzeit eine Einwanderungsgesellschaft, was schon ein Blick ins Pariser Telefonbuch bestätigt. Die Poniatowskis, Pasquas, Wanegffelen, Roederers, Weills, Benamous usw. wanderten vor langer Zeit nach Frankreich ein und sind naturalisiert und assimiliert worden. Das trifft heute nur noch eingeschränkt zu. Während es für Bürger der EG ebenso selbstverständlich ist, einzuwandern wie auf die Toleranz der Franzosen zu rechnen, gilt beides nicht oder sehr viel eingeschränkter für japanische Geschäftsleute oder gar Menschen aus Afrika. Gegenüber diesen erweist sich die Intoleranz als immer größer und die Außengrenze Frankreichs als immer unüberwindlicher.

An den Problemen in den Schulen, an den Rändern der Großstädte, mit der Arbeitslosigkeit und mit der parteipolitisch organisierten Intoleranz lässt sich zeigen, wie sich die Toleranz Frankreichs in ein ebenso hermetisches wie kleinliches Regime der Intoleranz verwandelt, sobald es um arme, nichtweiße und nicht-christliche Menschen geht – egal ob es sich dabei um französische Bürger, niedergelassene ausländische Einwohner oder illegal eingereiste Flüchtlinge handelt. Unentwegt werden dazu »republikanische Werte« herzitiert, z. B. der Laizismus der Schule im Streit darüber, ob französische Kinder islamischen Glaubens Kopftücher tragen dürfen oder nicht. Intoleranz hat sich bis ins Rechts- und Wertesystem der Republik hineingefressen. Das Problem besteht darin, dass die mehrheitlich akzeptierte französische »Zivilreligion« – der Glaube an »republikanische Werte« – in wesentlichen Teilen intolerant geworden ist. Obendrein wirken Armut und Arbeitslosigkeit wie Quasi-Institutionalisierungen von Intoleranz. Der Kampf gegen Intoleranz sollte deshalb nicht mit »Werten«, »Identitäten«, »Moralgesetzen« und moralischen Appellen geführt werden.

Die Frage nach der Toleranz radikalisiert sich heute zur Frage an die wirtschaftlich, politisch und kulturell dominierenden Gruppen einer Gesellschaft, ob sie bereit sind, allen Einwohnern – also In- wie Ausländern, früh wie spät Eingewanderten und anerkannten Flüchtlingen – gleiche Rechte, gleiche soziale Chancen und gleiche Bildungschancen zu sichern. Die Mehrheit muss ihr Verhalten gegenüber Minderheiten von bloßen Versprechen auf rechtlich anerkannte Ansprüche umstellen. Eine solche rechtlich-politische und moralische Einstellung gegenüber Fremden und Fremdem heißt im sozialphilosophischen Jargon Universalismus. Toleranz, Zivilreligion und Identitätsangebote beruhen dagegen nur auf Appellen oder Versprechen.

Ein rechtlich fundierter Universalismus dagegen verteilt Rechtsansprüche, die von allen Einwohnern einklagbar sind. Solcher Universalismus muss gegenüber religiösen, ethnischen und anderen Besonderheiten sowie sozialen Ungleichheiten sensibel bleiben und flexibel handeln, dann kann er ein solides Fundament abgeben für ein gesellschaftliches Zusammenleben von Individuen verschiedener Herkunft, Tradition, Religion und Bildung.

Was das praktisch heißt, zeigt die unterschiedliche Behandlung von Mädchen, die Kopftücher tragen, und von religiösen Bräuchen, im Namen derer Mädchen beschnitten, also verstümmelt werden. Ein rechtlich fundierter Universalismus weiß zu unterscheiden zwischen Kleiderordnung und Körperverletzung. Es ist für Staat und Gesellschaft völlig irrelevant, ob junge Menschen mit Kopftuch in die Schule kommen oder mit Kreuzen auf der Brust oder Käppis auf dem Kopf. Am einklagbaren

Recht auf körperliche Unversehrtheit prallt jedoch jeder Bezug auf kulturelle oder religiöse Besonderheiten ab.

Das Beispiel belegt, dass die gegenüber universalistischen Konzeptionen gehegten Verdachtsmomente nicht zutreffen. Erstens will ein rechtlich fundierter Universalismus, der zugleich für Minderheiten sensibel ist, nicht alle Differenzen zwischen Menschen einebnen und diese homogenisieren. Und zweitens tendiert er nicht dazu, alles zu tolerieren. Er schützt die menschenrechtliche Garantie körperlicher Unversehrtheit für alle. Gleiche Rechte dienen der Integration bunter Gesellschaften, Toleranzversprechen bleiben dagegen oft folgenlos, und Identitätsversprechen sind Schlachthaus-Parolen. Sie spalten Gesellschaften in feindliche Blöcke.

10 *Antiamerikanismus – oder die Theologie der Leerstelle*

»Antiamerikanismus« – darüber weiß jeder Bescheid. Die Sache ist so klar, dass jede Nachfrage als Luxus erscheint, zumal in Kriegs- und Nachkriegszeiten – also immer. Ein offensichtlich etwas erregter Autor drechselte während des Kosovo-Krieges die These, die indianische Urbevölkerung in Nordamerika sei fast ausgerottet worden, zum »alten Topos des Antiamerikanismus«. Und in der nächsten Runde seines argumentativen Deliriums feierte er die Benennung von Kampfhubschraubern nach einem Indianerstamm als eine gelungene Art von Wiedergutmachung aus »Schuldbewusstsein gegenüber den Erschlagenen«. Die wehren sich bekanntlich nie.

Wenn man der Geschichte des Begriffs »Antiamerikanismus« nachgeht, stößt man auf Ungereimtheiten und Peinlichkeiten in jeder Preislage. Das beginnt mit dem Elementarsten – mit der Definition dessen, was »Antiamerikanismus« eigentlich sei. Am einfachsten ziehen sich jene aus der Affäre, die eine Definition verweigern, indem sie auf die »Vielschichtigkeit« des Begriffs hinweisen. In einer Dissertation heißt es dazu: Antiamerikanismus »ist ein Schlagwort, ein modischer Begriff, der sich in das Vokabular der tagespolitischen Diskussion ›eingeschlichen‹ hat, ohne dass klar wäre, wo er eigentlich herkommt, ohne dass er eine klare Definition hätte.«

Das hindert den Autor freilich nicht daran, auf 250 Seiten »die Entstehung des Antiamerikanismus«

abzuhandeln, ohne einen Präzisierungsversuch zu machen. Nicht einmal die Existenz des Phänomens hält der Autor für gesichert. Er schreibt über etwas, was es vielleicht gar nicht gibt oder in so vielen Varianten, dass am Schluss jeder selbst bestimmt, was »Antiamerikanismus« ist. Und er räumt seine Ratlosigkeit ein: »Ich bin mir bewusst, dass eine strenge Definition des Phänomens Antiamerikanismus auf Schwierigkeiten stoßen würde« (Günter Moltmann). »Antiamerikanismus« ist mithin eine Geschmacksfrage, worauf auch die kurze Definition im »Oxford English Dictionary« (1989) hindeutet: »a spirit of hostility towards Americans« (etwa »eine feindselige Stimmung gegenüber Amerikanern«).

Stimmungen gibt es fast so viele wie Menschen. Aber was hat es mit Feindseligkeit gegenüber Amerika und Amerikanern zu tun, wenn man die historische Tatsache der Ausrottung der indianischen Urbevölkerung erwähnt? Auch fachlexikalisch gesehen sieht es schlecht aus für den »Antiamerikanismus«: Die maßgeblichen Nachschlagewerke vom »Staatslexikon«, über das »Lexikon der Politik« und das »Sachwörterbuch der Politik« bis zur Enzyklopädie »Sowjetsystem und demokratische Gesellschaft« und zum Lexikon »Geschichtliche Grundbegriffe« enthalten alle keinen Artikel »Antiamerikanismus«. Die Redakteure wussten schon warum. Den journalistischen Messdienern der »real«politischen Liturgie bleibt damit viel Platz für ihre Soli und Improvisationen.

Ein etwas älteres Sprachspiel belebte – als Bundesgeschäftsführer der SPD – Peter Glotz anfangs der 80er Jahre. Seine These: Politik besteht darin, »Begriffe zu besetzen«. Fortan machten sich die

Einpeitscher aller Parteien daran, irgendeinen Begriff zu »besetzen« und je nach Gusto »die neue soziale Frage« oder »die alten Ungleichheiten« zu patentieren. Weil man bald merkte, dass PR-Agenturen im Planen begriffsgestützter »Kampagnen« agiler waren, kam man vom »Begriffebesetzen« wieder ab. Permanenter Plakatfloskelnkampf nervt das Publikum. Ein Besetzungsversuch Heiner Geißlers ging obendrein weit daneben. Mit dürftiger Rabulistik wollte er der Öffentlichkeit weismachen, im Grunde trage doch »der Pazifismus« schuld an »Auschwitz«, denn die militärische Schwächung »der Demokratie« habe den Aufstieg der Nazis begünstigt. Geißler kriegte Prügel von überall her.

Das Strickmuster dieser Rabulistik ist simpel: Wer zu viel oder zu wenig isst, ist süchtig. Und daraus wird messerscharf kurz geschlossen, wer weder zu viel noch zu wenig esse, sei im Grunde auch nur süchtig, nämlich danach, keine Sucht zu haben. Genau so macht man aus kosmopolitischen Demokraten im Handstreich »negative Nationalisten« und aus Pazifisten »negative Militaristen.«

Zweites Sprachspiel: Für den Politikwissenschaftler Dan Diner etwa ist »Antiamerikanismus der projektive Anwurf an die USA, für die Übel aller Welt ursächlich zu sein«. Wer behauptet derlei außer etwa der drittklassige Reiseschriftsteller Leo L. Matthias von rechts oder einige mehr emotional als rational argumentierende Friedensfreunde, denen die Differenz zwischen der Kritik an der amerikanischen Politik und an »Amerika« entgangen ist? In den 50er und 60er Jahren bündelte Matthias seine abendländischen, religiös-katholischen, elitär-konservativen, frauenfeindlichen und autoritätsgläubigen Ressentiments gegen »Amerika« zwischen zwei Buchdeckeln und präsentierte dem Publikum das als seine »Entdeckung Amerikas«. Aber was haben solche Konglomerate von Vorurteilen mit der kritischen Analyse von US-Politik, mit Kritik an der kulturellen, wirtschaftlichen, militärischen oder politischen Orientierung amerikanischer Eliten oder mit den politischen Optionen von rational argumentierenden Pazifisten zu tun? War Nietzsche wegen ein paar kernigen Sätzen über Amerika, das er nicht kannte, im gleichen Sinne ein »Antiamerikaner« wie jene deutschnationalen und nationalsozialistischen Propagandisten, die »Amerikanisierung« in den 20er Jahren als »Verjudung« hinstellten?

Anhand der Bücher von Dan Diner (»Verkehrte Welt«, 1993, und »Das Jahrhundert verstehen«, 1999) kann man zeigen, wie der von Hause aus leeren Propagandaformel »Antiamerikanismus« durch beliebige sozialpsychologische Spekulation nachträglich beliebige Inhalte verpasst und Motive untergeschoben werden. Die gegen den Vietnamkrieg Protestierenden in den 60er und 70er Jahren waren »antiamerikanisch« orientiert, weil ihnen Diner im Nachhinein die kollektive Ferndiagnose stellt, »die in Vietnam erkannten Verbrechen« hätten sich in den Köpfen und Seelen (!) der Demonstranten »mit den Verbrechen der eigenen Väter« im Zweiten Weltkrieg verwoben. Das Argument läuft doppelt: Weil die Väter und Großväter gegen die Nazis nichts unternommen hätten, wollten das deren Kinder und Enkel »generationsverschoben« kompensieren oder die Kinder und Enkel kämpfen wie Väter und Großväter gegen »Amerika« – jetzt als Demonstranten, früher als

Soldaten. Ergo: Anti-Vietnam-Protest ist in jedem Fall »Antiamerikanismus«. Ein apartes »Wissen«. Ganz abgesehen davon, dass derlei Motiv»forschung« rein spekulativ ist und auf fragwürdigen Konstruktionen wie einem »kollektiven Unbewussten« beruht, vermag die Improvisation nicht einmal zu erklären, warum die Proteste gegen den Vietnam- wie gegen den zweiten Golfkrieg weltweit (und auch in den USA selbst) stattfanden und sich politisch artikulierten und nicht »geopolitisch« oder psychologisierend spekulativ wie der neueste Kathederirrationalismus.

Drittes Sprachspiel: Richard Herzinger und Hannes Stein (»Endzeitpropheten oder die Offensive der Antiwestler«, 1995) wählten einen anderen Weg, um jene haltlosen psychologischen Spekulationen über zeit- und generationenverschobene Motivations- und Mentalitätsstrukturen zu vermeiden. Die beiden Literaturwissenschaftler betrachten als »Antiamerikaner«, wer »den Westen« kritisiert. Was »der Westen« ist, klären sie mit einem instruktiven Vergleich: »Wie im Zentrum des jüdischen Monotheismus ein unnennbarer, körperloser und völlig abstrakter Gott steht, ... so klafft auch im Innern der liberalen Demokratie eine Leerstelle. Niemand kann sagen, was den Kern des Westens ausmacht, denn er hat keinen Kern. Genau aus diesem Grund ist der westliche Lebensstil so universaltauglich.«

Ist »der Westen« schon einmal mit »Gott« auf eine Stufe gesetzt, fällt der nächste Schritt leichter: Gott ist unfassbar, aber allmächtig. Auch der Westen ist unfassbar, aber noch nicht allmächtig, dafür hat er immerhin schon »verbindliche Werte«. Diese sind freilich »nicht inhaltlich bestimmbar« – genau wie die Erwägungen Gottes. Um die »westlichen

Werte«, um die sich alles dreht, die aber keiner Analyse zugänglich sind, zu fassen, wagen die Autoren einen argumentativen Salto mortale. Sie nennen die westlichen Werte »neutrale Werte«.

Nun ist jeder denkbare Wert bestimmt durch die Beziehung, die zwischen einem Gegenstand und einem Maßstab durch einen wertenden Menschen hergestellt wird. Ein »neutraler Wert« ist entweder kein Wert, weil die wertende Beziehung gar nicht hergestellt wird, oder der »neutrale Wert« ist glatter Unsinn, weil der wertende Mensch eben wertet und nicht neutral bleibt. Nicht einmal Neutralität ist ein »neutraler Wert«. Im neuesten Buch Herzingers (»Republik ohne Mitte«) wird die göttliche »Leerstellen«-Theorie noch einmal etwas modifiziert aufgewärmt.

Mit ihrer »ersten Definition des Antiamerikanismus« verabschiedeten sich Herzinger/Stein aus dem ernst zu nehmenden Diskurs: »Mach's gleich richtig, geh zu McDonald's«, denn »dagegen gibt es keinen rational begründbaren Einwand«. Schrott essen? Ist das ein rationaler oder »antiamerikanischer« Einwand? Oder eine Geschmacksfrage?

Der Begriff »Amerikanismus« hat seine Wurzeln in den revolutionären Ereignissen zwischen der Unabhängigkeitserklärung (1776) und dem Verfassungskonvent (1787). Die damals aus christlicher Spiritualität, Patriotismus, Common Sense und politischem Pragmatismus entstandene »Ziviltheologie« (Jürgen Gebhardt) verdichtete sich zu »Geboten der Vernunft und reinem Amerikanismus« (Thomas Jefferson 1797). Sie zeichnete sich durch hohe Anpassungsfähigkeit an die jeweiligen politischen und gesellschaftlichen Verhältnisse aus.

»Amerikanismus« wurde immer und überall gleichzeitig an den Pranger gestellt und bejubelt. Im Allgemeinen – aber keineswegs durchgängig! – formierte sich der Tadel am »Amerikanismus« in Europa auf konservativer, das Lob auf liberaler und linker Seite. Das gilt für die USA eher umgekehrt. Der linke schwarze Agitator Malcolm X fühlte sich als »Opfer des Amerikanismus«, und auf der anderer Seite weigerte sich das »Comittee on Un-American Activities« unter Joseph McCarthy zwischen 1950 und 1954 beharrlich, präzise festzustellen, was »unamerikanisch« bzw. »amerikanisch« bedeutet. Fazit: »Antiamerikanismus« und »Amerikanismus« sind für analytische Zwecke, die weiter reichen als das banale ideologische Zurechnungsgeschäft, untauglich. Sie lenken davon ab, worum es wirklich geht. Die heutige Debatte dreht sich nicht um »Amerika«, sondern darum, ob man den Kampf gegen Terroristen als kriegerischen Kreuzzug organisieren soll oder ob andere Mittel dem Ziel angemessener sind.

11 *Der Fernsehphilosophiker Sloterdijk flunkert munter drauf los*

Auftritt

»Performativ« nennt die Sprachwissenschaft einen Satz, wenn gleichzeitig mit einer sprachlichen Äußerung eine entsprechende Handlung vollzogen wird, also wenn jemand seinem Gegenüber die Hand reichend sagt: »Ich gratuliere Ihnen.« Was landläufig Medienkritik heißt, verwickelt sich oft in einen performativen Selbstwiderspruch: Man beklagt lauthals die Medialisierung der Gesellschaft, während man gerade in einer Talkshow sitzt. Der Medienphilosoph Peter Sloterdijk ist Experte auf diesem Gebiet.

Einer kleinen französischen Kulturzeitschrift gab er jüngst ein Interview, in dem er sich zur Behauptung verstieg: »Mit der Medialisierung weidet man sich an öffentlichen Erniedrigungen wie in den Arenen im alten Rom.« So unbestritten die Rituale der öffentlichen Erniedrigung sind, so abwegig ist der Vergleich des Fernsehens mit den mörderischen Erniedrigungen in der Antike. Im gleichen Interview raunte Sloterdijk vom »Unterhaltungs-Faschismus« in der medialen Gesellschaft, so als ob die Erniedrigungen und Selbsterniedrigungen in den Talkshows etwas mit Faschismus zu tun hätten (L'évènement du jeudi, Nr. 13, 9.-16.2.2000).

Das alles gehört zur Selbstdemontage Sloterdijk und bliebe insofern belanglos. Seit er sich mit einer rüden Attacke auf die Kritische Theorie und unqualifizierten Anwürfen gegen Jürgen Habermas im letzten Sommer hierzulande ins Abseits geredet hat, hausiert er im Ausland. Im gleichen Interview antwortete Sloterdijk auf die Frage, ob Habermas ihm »grundlegend feindlich« gesinnt sei, mit einer psychologischen Ferndiagnose: »Habermas ist eine seltsame Persönlichkeit. Er kann freundlich und herzlich sein, aber er hat auch ein cholerisches und nervöses Temperament. Er hat einen gewissen Sinn für Humor, außer man berührt, selbst mit Abstand, seine Vergangenheit oder die Frage des Nazismus. Dann vergisst und verliert er jeden Humor. Seine besten Freunde erzählen, dass sie nicht mit ihm ins Kino gehen wollen, weil er die fürchterliche Gewohnheit habe, unentwegt zu brüllen: ›Das ist Faschismus, das ist Faschismus!‹«

Auf die Kolportage – mediengerecht ohne Namensnennung – folgt die gewöhnliche Gemeinheit im hohen Ton. »Das ist das Schicksal der Söhne großer Faschisten. Unter dem Nazismus hat der Vater von Habermas eine wirklich große Rolle gespielt, über die man öffentlich besser nicht redet.« Das kann Sloterdijk in Frankreich so dahersagen. Denn Habermas hat nie ein Hehl daraus gemacht, aus welchen politischen Verhältnissen er kommt: 1979 im Interview mit Detlef Horster und Willem van Reijen und am 30.6.1988 in einem Interview mit »Libération!« Sein Vater war in der Partei seit 1933, auch in der SA. 1940 wurde der 1891 Geborene eingezogen und diente bis 1945 zunächst als Hauptmann, dann als Major in Frankreich. Nichts ist bekannt, dass Habermas Senior eine verdächtige oder gar eine »große Rolle« gespielt haben könnte. Das ist reines »Sphären«-Gemurmel.

Im zivilen Beruf war Habermas' Vater vor, während und nach der Nazizeit Leiter der Zweigstelle

Gummersbach der Industrie- und Handelskammer Köln/Wuppertal. Was die Welt bislang nicht wusste: Der »große Nazi« versteckte sich in der Zweigstelle Gummersbach, das nur Handballinteressierte kennen. Habermas' Vater war einer von Millionen von »Mitläufern«, als den ihn die Amerikaner nach der Kriegsgefangenschaft auch einstuften.

Einmal in Fahrt gekommen, bläst Sloterdijk »Fakten« mediengerecht auf. »Er (Habermas) gehörte der Hitler-Jugend an. Während sehr langer Zeit hat er sich geweigert, sich von seiner Vergangenheit zu distanzieren und darüber offen zu reden.« Ab 1939 war Habermas im »Jungvolk«, wie alle – die Mitgliedschaft war damals bekanntlich Pflicht geworden. Im Übrigen gehörte er mit seiner Gaumenspalte zu jener Personengruppe mit »minderwertigem Erbgut«, die nach 1933 jedes Nazi-Biologiebuch mit Bildern illustrierte. Auch solche Bilder haben den Schüler davor bewahrt, ein »großer« oder gar »fanatischer« Hitlerjunge zu werden. Weil die Spekulation mit vermeintlich generationenübergreifenden Kompensationsleistungen – der Spielplatz aller Vulgärpsychologie – nicht gerade überzeugend ist und aus der Zugehörigkeit zur »Hitler-Jugend« beim besten Willen keine »Vergangenheit« zu konstruieren ist, verweist Sloterdijk noch auf Habermas' Doktorvater als »Erblast« (»ein großer Anhänger des Nazismus« soll Erich Rothaker gewesen sein, was dann doch mehr zum Fall Rothaker gehört als zum Nicht-Fall Habermas, der seine Lehrer vorfand).

Und was hat Habermas intellektuell mit dem Nazismus zu tun? Er, der als 24-Jähriger die erste Kritik am wirklich »großen Anhänger des Nazismus« – Martin Heidegger – geschrieben und ihm vorgeworfen hat, 1953 Vorlesungen aus dem Jahre 1935 unkommentiert veröffentlicht zu haben – so als wäre gar nichts gewesen dazwischen! Ein philosophischer Irrtum des Studenten Habermas ist verzeihlich: Er meinte damals noch, es ginge philosophisch weiter »mit Heidegger gegen Heidegger«. Ein paar Jahre später hat er eingesehen, dass die Schwarzwald-Bukolik nur auf provinzielle »Holzwege« führt. Sloterdijk – Jahrgang 1947 – hängt bis heute an diesen bukolischen Ideen.

Wo die Fakten nichts hergeben, hilft die spekulative Auslegung: »Mit seiner (Habermas') Heirat hat sich alles geändert. Es fand ein Bruch statt und er hat sich von seiner Vergangenheit getrennt, die für ihn gleichbedeutend mit tiefer Erniedrigung ist. Er trägt in sich einen widerlichen Gegenstand, den er überall zu entdecken glaubt ... Das ist der tragische Fall eines Denkers von gewisser Bedeutung, der das Opfer eines unkontrollierbaren Mechanismus ist.« Der wirkliche »Bruch« in Habermas' Leben fand natürlich im Sommer 1945 statt. Und da war er 16 und ziemlich perplex. Gebrochen hat er damals nicht mit einer post festum zugerechneten »Vergangenheit«, sondern wie Millionen von jungen Deutschen mit Illusionen, die viele ältere Bürgerinnen und Bürger in der bigotten Adenauerzeit weiter pflegten. Bei all seinem ressentimentgeladenen Getue bezieht sich Sloterdijk auf »die politische Ethik der europäischen Länder.«

Jürgen Habermas auf der Couch? Ist das Stoff für eine Satire mit doppeltem Boden oder eher eine Demonstration für die Zustände im medialen Betrieb? Fürs zweite spricht, dass das Feuilleton der »Frankfurter Allgemeinen Zeitung« – stilsicher wie immer – Teile des Sloterdijk-Interviews distanzlos herzitierte (19.2.2000). Habermas' Heidegger-Kritik von 1953 erschien übrigens auch in der FAZ.

Vorspiel

Ende Juli 1999 hielt der Karlsruher Lokalphilosoph Peter Sloterdijk auf einer Tagung mit dem Titel »Ende des Seins – Exodus from Being« einen Vortrag, über den ein heftiger Streit entstanden ist. Sein Thema: »Regeln für den Menschenpark«. Beabsichtigt war damit eine Auseinandersetzung mit Martin Heideggers Humanismusbrief aus dem Jahre 1946. Ein Teil der Tagungsteilnehmer war entsetzt über Sloterdijks Thesen. Auf entsprechende Zeitungsberichte reagierte Sloterdijk selbstgerecht wie immer, indem er Kritiker als »junge Ahnungslosigkeit« verspottete. Im August 1999 kritisierte Thomas Assheuer in der »Zeit« Sloterdijks These, der abendländische Humanismus habe die »Bestie« Mensch mit wenig Erfolg gezähmt, in Zukunft komme es deshalb darauf an, sich mit dessen Züchtung zu befassen, um ein Überleben aller im »Menschenpark« zu sichern. Auf die Kritik reagierte Sloterdijk – in seiner »Ehre« beleidigt – larmoyant mit zwei offenen Briefen; einen adressiert an den »Zeit«-Autor, den er als »Problemgans« verspottet, und einen an Jürgen Habermas, dem er weltweite Stimmungsmache gegen ihn, die Verbreitung von nicht autorisierten »Raubkopien« seines Vortragstextes, »latent erpresserische Vorwürfe« gegen schweigende Tagungsteilnehmer und Unkollegialität vorwirft, was alles viel mit Sloterdijks Befindlichkeit, aber nichts mit der Sache zu tun hat. Nur zweierlei vermied der cholerisch um sich schlagende Philosoph: Er belegt keinen seiner Vorwürfe mit Fakten, und er sagt nicht, worin die Verfälschungen in den inkriminierten »Raubkopien« bestehen.

Sloterdijks Vortrag liegt nun in einer autorisierten Fassung vor. Daran fällt auf, wie wenig Neues er enthält. Bereits vor sechs Jahren, in seinem Essay »Im selben Boot. Versuch über Hyperpolitik«, stehen dieselben Thesen mit Berufung auf dieselben Autoren – einzig das Vokabular hat Sloterdijk jetzt gleichsam »nietzscheanisiert«. 1993 sprach er im Blick auf Platons »Politeia« noch von »Ausbrütung neuer Generationen von Besten«, jetzt schwadroniert er im gleichen Kontext von »Selektion«, »Züchtung«, »Menschenzüchtung« und einem »Codex von Anthropotechniken«. Als der öffentliche Streit los ging, versteckte sich Sloterdijk hinter einer Unterscheidung, die im Vortrag gar nicht zu finden ist und im Übrigen nichts klärt. Die Unterscheidung zwischen »legitimer genmedizinischer Optimierung für Einzelne« und »illegitimer Biopolitik für Gruppen« verschiebt nämlich nur das Problem. Ein »Codex« ist für beides unumgänglich, aber wer formuliert ihn und was soll er enthalten? Sloterdijk schweigt dazu.

Dessen liebste Rolle war schon immer jene des bösen Buben, als der er freilich nur noch Kinder und Narren schreckt. Er verkriecht sich hinter Platon und Nietzsche sowie raunenden Floskeln (»mehr des Andeutens ist auf diesem Feld weder möglich noch statthaft«) und Kalauern («Lektionen haben mit Selektionen mehr zu tun als irgendein Kulturhistoriker zu bedenken willens und fähig war«).

Schon seine erste These läuft ins Leere. Dieser These zufolge war der Humanismus immer an die Schrift gebunden. Dem Kurzschluss, durch Funk, Fernsehen und Internet seien die »aktuellen Gesellschaften« zu »post-literarischen – und folglich, posthumanistischen« geworden, fehlt jede Evidenz, denn ohne Zweifel waren bis ins 19. Jahrhundert hinein, als die Massenalphabetisierung begann, alle Gesellschaften in weit geringerem Maße »literarische« Gesellschaften als die heutigen – trotz der Bedeutungsverluste schriftlicher Tradition und Kultur in den letzten beiden Jahrzehnten des 20. Jahrhunderts.

Am anstößigsten in Sloterdijks Vortrag wirkt jedoch sein Vorhaben, ausgerechnet den durchsichtigen und unsäglichen Rechtfertigungsversuch Martin Heideggers für seine Abrechnung, »den« Humanismus hervorzuklauben. Zwar kritisiert Sloterdijk Heideggers Text als »ontologisches Hirtenspiel«, als »Peinlichkeit« und agrarromantischen Anachronismus, gesteht Heidegger jedoch zu, das »zweitausendjährige Nichtdenken« beendet und »die Heraufkunft der eigentlichen Menschenwesensfrage« gestellt zu haben. Heideggers vermeintliches Verdienst, »in beispiellos verdüsterten Jahren nach 1945«, im »elendesten Tal der europäischen Nachkriegs-Krise« als Erster die »Menschenwesensfrage« – eine abgelutschte Kitschvokabel – gestellt zu haben, überspielt vor allem, wie es zur »Katastrophe der Gegenwart« gekommen ist. Von solcher Verharmlosung ist es dann nicht mehr weit zur Gleichsetzung von Christentum, Marxismus und Existentialismus als »Spielarten des Humanismus, ... die sich nur in der Oberflächenstruktur unterscheiden.« Für Heidegger waren »Bolschewismus, Faschismus und Amerikanismus« nur »drei Kandidaturen für eine humanitär verbrämte Weltherrschaft« – von derlei kruder Pseudodenkerei setzt sich Sloterdijk mit dem Hinweis ab, das sei »Heideggers Sicht«. Aber schon im übernächsten Satz schleicht er sich hinterrücks mit rhetorischen Fragen umso näher an dessen »Sicht« heran: »Was zähmt den Menschen, wenn seine bisherigen Anstrengungen der Selbstzähmung in der Hauptsache doch nur zu seiner Machtergreifung über alles Seiende geführt haben?«

Die »Belege« für Sloterdijks vulgär-apokalyptische Diagnosen und Prognosen von der »Verwilderung« und »Bestialisierung der Menschen« sind erbärmlich. Für die beispiellose »Enthemmungswelle« der Gewalt fallen ihm die jüngsten Morde an amerikanischen Schulen und die Vulgarität der »Unterhaltungsindustrie« ein, als ob derlei mit den Exzessen in den antiken »Hinrichtungsritualen« und der staatlichen Gewalt in diesem 20. Jahrhundert auch nur entfernt vergleichbar wäre. Sloterdijk stürzt ab wie sein Meister bei seinem durchsichtigen Rechtfertigungsversuch von 1946.

IV Glossen

1 *Dichter unter Diktatoren: Durs Grünbein*

Im neuesten »Spiegel« erklärt der Dichter Durs Grünbein den lebenden und toten Diktatoren und Tyrannen in einem offen Brief seine Sicht der Dinge: »Ich bin Dichter, und als solcher wird man hin und wieder nach seiner politischen Meinung gefragt.« Er hält sich für ein »Auskunftsbüro« in Sachen »Weltanschauung« und verrät mit diesem Wort aus dem DDR-Weltanschauungsbetrieb, wo er intellektuell stehen geblieben ist – trotz des Nachhilfeunterrichts in Sachen Demokratie.

Auf vier Seiten begründet er die Vorzüge eines »gepflegten Mehrparteiensystems mit freien und geheimen Wahlen« gegenüber diktatorischen und tyrannischen Einrichtungen. Das ist ungefähr so spannend und erkenntnisfördernd, wie wenn der Dichter Wasser in die Elbe schüttete. Noch vor der Mitte des Textes ahnt der Autor, dass er mit seiner Lobrede auf die Demokratie wie mit seiner Verachtung für die »orientalische Despotie« beim Leser »ein gewisses Gähnen« verursacht, um dann nach fast drei Seiten »endlich zur Sache« zu kommen.

Er hegt Bewunderung für die »tückische Lyrik« und für die »blumigblutige Zweitsprache« der

Despoten und bekennt sein »heimliches Entzücken an den poetischen Ungeheuerlichkeiten«. Mescaleros »klammheimliche Freude« war eine Provokation, Grünbeins Imitation ein plumpes Remake.

Der Dichter Grünbein phantasiert sich als »Mäuschen« in die Toiletten und an die Tafeln der Diktatoren, um deren Kommentare zum Weltgeschehen zu hören. Und was – vermutet er – kriegt er dort zu hören? »Passagen aus Nietzsches ›Zarathustra‹ und lupenreinen Machiavelli.« Nur total graue Mäuschen stellen sich Diktatoren so vor.

Natürlich ist die Lobrede auf die Demokratie nur ironisch gemeint, denn »wir« sind mit der »Moral« am Ende, mit »unserem Latein« sowieso schon lange, und die Menschenrechte sind nur »Geräuschstörung«. »Wir« – wer immer das sei – kaufen den Diktatoren die Bodenschätze ab und bieten ihnen Investitionen an. »Partnerschaft korrumpiert alle Moral.« Und weil »auch bei uns der Schriftsteller kein Held mehr ist«, weiß der Dichter keine Rettung vor dem Untergang des Westens. Dem wievielten?

Einen Rat an den Dichter Grünbein: Lassen Sie das dilettantische Herumfeuilletonieren in Prosa und kehren Sie zum reimenden Gewerbe zurück! Das bringt cash weniger ein als die Gesinnungsepisteln im »Spiegel«, steigert aber die Ehre. Als Lyriker war Grünbein fast immer der Luftigste und Windschnittigste. Mitten in die Hitze des Jahrhundertsommers 2006 platzte er mit seinem Gedicht »Klimagipfel«. Wenn alle vom Klima reden, sind auch Dichter mit »Weltanschauung« gefragt. Grünbein war damals dem Kopenhagener Klimagipfel um Jahre voraus mit seinem phantastischen Kunststückchen, in dem sich »nackt« auf »Akt« und »Bock« auf »Rock« so wunderschön reimen wie ehedem »Herz« auf »Schmerz« und »Lust« auf »Brust«.

Bereits zur Jahrtausendwende, im Heiligen Krieg gegen die Rechtschreibreform, verdiente sich der Poet in Gottfried Benns viel zu großen Schuhen bleibende Meriten mit einer astreinen Mütterzeugung in Prosa. Bei seinem Lobgesang auf die Muttersprache stolperte er geradewegs in den Sumpf von Pathos und Kitsch: »Man vergreift sich nicht an der Mutter. Man spielt nicht mit dem Körper, der einen gezeugt hat.« Im »Spiegel«-Essay verrät Grünbein seine neueste Müttererkenntnis: »Wahr ist nur, dass noch jeder Tyrann eine Mutter hatte.«

Wozu taugt das »Auskunftsbüro« Grünbein im politischen Nahkampf? Als flinker Handlanger des Zeitgeistes versagt Grünbein: Haiti zerstört – und immer noch kein passendes Gedicht des FAZ-Hauspoeten. Die isländischen Vulkanwolken verflogen und die Flugzeuge wieder in der Luft – aber immer noch keine Hexameter des Hilfs-Vulkanologen und Warmluftexperten. Griechenland am Boden – und keine einzige Stanze von Grünbein. Der Bohrturm im Golf von Mexiko abgesoffen, Mensch und Tier ölverschmiert – und immer noch kein triefend-klebriges Sonett aus seinem Reimgenerator. Wo bleibt seine Ode an die soldatische Biathlon-Missionarin Magdalena Neuner? Wie lange noch, Dichter, wollen Sie unsere Geduld strapazieren?

2 *Wendelin Wiedeking hat Benzin im Hirn*

Wendelin Wiedeking – ein Held des neueren Kapitalismus – kam 1992 zur Porsche AG, und dieser Firma ging es damals schlecht. Aber Wiedeking hatte einen Plan, wie er dem Unternehmen den »aufrechten Gang« (Wiedeking) wieder beibringen wollte. Das Unternehmen erholte sich bald. 2002 wurde Wiedeking 50 Jahre alt, und da verriet er sein Geheimre-zept – »das Davidprinzip«. Seine Bewunderer widmeten ihm eine Festschrift. Das Rezept im Porsche-Deutsch des Pressesprechers Anton Hunger: »Gegen jede Fusionslogik verteidigt Wiedeking mit Mut, Glaubwürdigkeit und unverwechselbarer Identität und neugeschaffenen Werten die Kleinheit als erfolgreiche Strategie – gerade in der globalisierten Welt.«

Im richtigen Leben sahen »Mut, Glaubwürdigkeit, Identität und Kleinheit« dann bekanntlich etwas anders aus. Zusammen mit seinem Finanzchef und Zockerkumpan Holger Härter machte sich Wendelin »David« Wiedeking ans Werk, um den Goliath VW zu erlegen. Der ist nur dreißig Mal größer als Porsche. Porsche hat sich bei dem hybriden Versuch verschluckt, aber Wiedeking verdiente daran persönlich bis zu 80 Millionen – pro Jahr. Die Übernahmeschlacht ging verloren, und Porsche sitzt auf einem Schuldenberg von neun Milliarden Euro. »Wendelin Wiedeking ist ein Mensch mit Prinzipien, und sein Erfolgsrezept ist seine Persönlichkeit« – meint Anton Hunger, der sich selbst zu jenen »bissstarken Spürhunden« zählt, denen Kultur den »Beischlaf der Prosperität« verschafft.

Den Ausgang der Wiedeking-Story kannten die Wiedeking-Fans Martin Walser, Hans-Olaf Henkel, Gerhard Schröder und Rezzo Schlauch 2002 noch nicht, als sie sich ans Loben machten. Wie nah und teuer ihnen jedoch das »Davidprinzip« ist, betonten sie so energisch, dass sie heute als Titanen der Fehlprognose und Großmeister des »Kleinheit«-Kitschs dastehen.

Martin Walsers Tirade gegen »Sauriertum, Gigantomanie, Napoleonismus in der Wirtschaft« und »Machthaberei« macht ihn zum federführenden Apostel des Davidprinzips. Gerhard Schröder lobte 2002 autokanzlermäßig die Dreifaltigkeit von Wiedeking, Porsche und David, materialisiert im »kleinen Flitzer, der mit Intelligenz, Mut und Technik der gewaltigen Konkurrenz der Branchenriesen trotzt.« Hans-Olaf Henkel, der Tambourmajor des Kapitalismus, stolperte über den eigenen Groß- und Dummsprech: »Die Porsche AG ist ein großes Unternehmen, das sich allen Hochzeits- und Fusionsangeboten widersetzt. Wendelin Wiedeking selbst wehrt sich vehement gegen die modischen Trends anderer Unternehmensfürsten. Er vermittelt Visionen und keine wichtigtuerischen Voraussagen, die von der Realität eingeholt werden.« Rezzo Schlauch kniete nieder vor dem »Davidprinzip« und »dem herausragenden Unternehmensführer Wendelin Wiedeking.«

Lothar Späth tappte nicht in die Falle der David-Wiedeking-Lobhudelei: »Der Schlüssel zum Erfolg ist die richtige Strategie, und diese kann sich im Lauf der Zeit ändern« oder als falsch herausstellen. Kräht der Hahn auf dem Mist, ändert sich das Wetter, oder es bleibt wie es ist.

3 *Toxische Positionen*

Mediziner und Biologen diskutieren momentan wieder, ob sich dieses oder jenes Virus zur Pandemie auswachsen könnte. Pandemien sind Seuchen, die sich über ganze Länder verbreiten. – Für die Sprache ist das keine Frage mehr. Wörter breiten sich schneller aus als Seuchen. Noch bis Ende der 70er Jahre verabschiedeten sich nur Italiener und Schweizer – und zwar solche, die sich duzten – sowie Schauspieler in Rainer Werner Fassbinders Filmen mit »Ciao« bzw. »Tschau«. Heute verwendet dieses Wort jede Friseurin, wenn sie einer Kundin, die ihre Großmutter sein könnte, auf Wiedersehen sagt. Das ist eine der harmloseren Seuchen.

Entschieden toxischer – dieses Wort muss man nicht mehr erklären, seit der kapitalistische Betrieb wegen halbkrimineller Machenschaften ins Trudeln geraten ist – ist die »Positions«-Seuche. Man kann keine Besprechung einer Kunstausstellung und keine Pressetexte von Museen mehr lesen, in denen nicht »Positionen vertreten« werden und sich Künstler »positionieren«. Jüngst kamen kurz nacheinander zwei Pressetexte aus zwei verschiedenen Museen. Der eine kündigte eine »Vortragsreihe Positionen« an, der andere teilte mit, demnächst würden »musikalische Positionen aus dem weiten Feld der europäischen free music vorgestellt.« Die »Positions«-Seuche ist ein Produkt des kerndeutschen Kunstbetriebs – andere westeuropäische Sprachen kennen das Wort in dieser Verwendung nicht oder nur in philosophisch anspruchsvoller Bedeutung wie in Jacques Derridas »Positions« (1972).

Früher vertraten Künstler Stilrichtungen oder Schulen oder sie gruppierten sich nach Techniken, die man nach inhaltlichen und/oder formalen Kriterien – also qualitativ bestimmend – unterschied: »Leipziger Schule«, »arte povera«, »neue Wilde« etc. Über solche Etiketten konnte man streiten, aber sie hatten wenigstens einen – wenn auch oft problematischen – Restinhalt.

»Positionen« dagegen sind inhalts-, aber nur scheinbar wertneutral. Wenn von einer musikalischen oder malerischen »Position« die Rede ist, wird buchstäblich nichts mitgeteilt außer dem öden Faktum, dass jemand irgendetwas spielt, malt, zeichnet oder filmt. »Positionen« gibt es so viele, wie es Künstler gibt, denn jeder darf sich »positionieren«.

Mit der einfältigen Charakterisierung als »Position« entziehen sich Kunstkritiker der intellektuellen Anstrengung, die Werke eines Künstlers in eine Stilrichtung, einen Schulzusammenhang oder einen anderen ästhetisch relevanten Kontext zu stellen. Kurzum – sie entziehen sich der Aufgabe, etwas Bestimmtes zu sagen und verwenden lieber die Leerformel »Position«. Die Leerformel »Position« kündigt Leersätze an: »Die Ausstellung setzt einen Programmschwerpunkt fort mit aktuellen zeitgenössischen künstlerischen Positionen.« Und die Leersätze bündeln sich zu Katalogbeiträgen aus Positionen-Gelaber. Je öfter und je prominenter der Betrieb ein Werk zur »Position« adelt, desto schneller wird das Werk zur marktgängigen »Position« – zum ökonomischen Wert mit Preisschild.

4 *Stadelmaiers Privatreligion*

Was verbindet, was unterscheidet Theaterkritiker von Fußballreportern? Der Fußballreporter muss so wenig ein Ballack oder Müller sein wie der Theaterkritiker ein Shakespeare oder Brecht. Aber der Fußballreporter muss etwas vom Fußball verstehen. Dem Theaterkritiker dagegen genügen ein Stift, ein Spiralblock und eine kommode Privatreligion, die der FAZ-Theater-Kritiker Gerhard Stadelmaier so formuliert: »Er ist ein aufgeklärter demokratischer Despot, der erste Spieler und Regisseur eines Gegen-Theaters, das sich vom Theater nährt und speist, es aber auf eigene Art verdaut.« Dass der Theaterkritiker das Stück, das gespielt wird, verstehen sollte, ist nicht zwingend nötig im Verdauungsgeschäft der Stadelmaiers. Vielen reicht es, nach der Vorstellung eine Flasche zu öffnen, das Restgefühl des selbst erzeugten Kopfbühnenstücks in den Laptop zu hämmern und schnell zu verschicken.

Die Entstehung von Stadelmaiers Theaterkritiken ist en détail nicht bekannt, aber ihr Sprachduktus legt Spuren. Die Kritiken beginnen oft mit Salven von Substantiven oder boulevardmäßigen Hauptsatz-Staccatos: »Die Frau ist außer sich. Sie weiß nicht, was sie tut. Sie ist wie ferngesteuert. Ein Fluch lastet auf ihr. Ein Virus tobt in ihr. Ein Gift zerfrisst sie.« Nach diesem ungezielten Schnellfeuer referiert Stadelmaier rustikal den Stückinhalt – ohne eine historische Kontextualisierung des Stoffs oder andere handfeste Information. »Es ist eine alte Geschichte« genügt allemal in diesem Gewerbe.

Dann kommt der Kritiker Stadelmaier zur Sache, d. h. zur stimulierten Selbstbeschreibung der Befindlichkeit. Diese entzieht den Sätzen im Handstreich das Verb. Theaterkritik wird zum Ego-Trip und kennt nur noch bewundernde oder verdammende Kaskaden von Substantiv-Keulen, die dem Leser das manisch-egophile Kopfstück des Kritikers in die Birne trommeln: »Das Ungeheure, das dieser Ausnahmefrau widerfährt als etwas Fremdes, Tolles, sie bis auf den Grund Packendes, Erschütterndes, Verzehrendes, Verbrennendes, völlig Fremdes, Unverschuldetes ...«

Wenn sich das Substantiv-Getrommel ausgetobt hat, kommt die Stunde der Vergleiche, die sich als Spießer-Ressentiments und Macho-Phantasien in Stadelmaiers Kopf ejakulationsreif aufgestaut haben. So wird die »Ausnahmefrau« von eben, in einem Vergleichsfortissimo wahlweise zum »trotzigen, verzogenen Kind« oder zur »Wilmersdorfer Walkürenwitwe«, der »man den Vibrator geklaut hat«.

Wenn die Kritik fast fertig ist, mutiert die Wilmersdorferin zur »nordischen Magermegäre« oder zum »Nervenbündel« nahe an der »Hysteriegrenze« und wird zur »Ertragenden, die dem Schicksal ... eine Form abtrotzt, in der sie ihre Souveränität stolz bewahrt.« Und der Theaterkritiker, der wieder einmal nichts gesehen, wenig begriffen und gar nichts verstanden, aber alles gesagt hat, was ihm gerade so einfiel nach dem Ende des Stücks, sinkt müde ins trostlose Hotelbettdasein und wiegt sich mit seinen Sätzen, Metaphern und Vergleichen mit wonnigstem Wohlgefühl solo in den feuchten Theaterkritiker-Traum, es denen oben auf und hinter der Bühne wieder einmal richtig besorgt zu haben. Peinlicher als Stadelmaier sind nur die Stadelmaierchen – jene Nachwuchsleute des Meisters, die diesen überbieten wollen.

5 *Ohne Vertrauen auf Vertrauen*

Angesichts eines Kapitalismus, der gerade zeigt, was viele ahnten, macht ein Wort eine steile Karriere: Von Angela Merkel über Peer Steinbrück bis zu Josef Ackermann reden alle nur noch von »Vertrauen« und »Vertrauenskrise« und nicht mehr von so schönen Dingen wie »Performance«, »Standort« oder »Synergieeffekten«. – Mit dem Vertrauen ist es wie mit der ehelichen Treue: Je mehr Eheleute nachprüfen, ob der Andere treu ist oder nicht, desto mehr unterminieren sie beim Andern und bei sich selbst, was eine Basis von Treue ist: Vertrauen. Am Schluss vertrauen beide nur noch ihrem Verdacht, doch noch nicht ausreichend nach Beweisen der Treue oder Untreue des Anderen geforscht zu haben – also dem Misstrauen.

Je genauer Banken gegenseitig ihre Vertrauenswürdigkeit begutachten, desto mehr Unsicherheiten und Unwägbarkeiten und desto mehr Prüfungsbedarf werden sie feststellen und damit das schwächen, was sie zurückgewinnen wollen – Vertrauen. Zuletzt vertrauen alle nur noch ihrem Misstrauen.

Vertrauen mündet also zwangsläufig in Paradoxien. Damit meinen die Fachleute Befunde, die dem wörtlich Gemeinten zuwiderlaufen oder die Verwunderung über einen sinnwidrigen Sachverhalt.

Wer sagt, »dieser Satz ist falsch«, formuliert einen paradoxen Satz. Denn der Satz ist falsch, wenn er wahr ist, und wenn er unwahr ist, muss man ihn – gegen seinen Wortlaut – für wahr halten.

Um solchen Paradoxien zu entgehen, haben Experten Strategien entworfen. – Die erste stammt von Lenin, der angeblich gesagt haben soll: »Vertrauen ist gut, Kontrolle ist besser!« Trotz seiner dubiosen Herkunft lieh sich der sozialdemokratische Finanzminister Steinbrück den Satz aus für seine Lösung der aktuellen Vertrauenskrise und gab den Bankern im Vertrauen auf die Kontrollierbarkeit zunächst eine Bürgschaft für 26 Milliarden Euro – Tendenz steigend. Bürgen, weiß jeder Steuerzahler, tut man würgen.

Die zweite Strategie stammt von Niklas Luhmann und Josef Ackermann. Nach Luhmann sollen wir nicht weiter auf Personen mit ihren Mucken und Macken vertrauen, sondern auf Systeme, denn »Systeme tun, was Systeme tun müssen« und nicht, was sie wollen wie die Banker und Spekulanten. Wir müssen also nur vom Vertrauen auf Personen auf »Systemvertrauen« umschalten und dann läuft der Laden wieder rund. Das hat sich sein Schüler Josef Ackermann gemerkt und predigt nun den An- und Aufbau von »europäischem Systemvertrauen« und »sozialem Kapital« angesichts des amerikanisch-verlotterten Kapitalismus. Warum dessen Bruder in Europa mehr Vertrauen verdienen soll als der jenseits des Atlantiks, ist allerdings ein Bankgeheimnis.

Die genialste Strategie, um der Vertrauenskrise und den Paradoxien des Vertrauens zu entkommen, stammt von Petra Roth. Die war Arzthelferin und ist seit vielen Jahren Frankfurter Oberbürgermeisterin und als solche mit allem Menschlichen bestens vertraut. Einer ihrer Vorgänger sprach von »Schweinen«, als er das Vertrauen verlor und abgewählt wurde. Frau Roths Rezept gegen Abwahl und Vertrauenskrise lautet deshalb: »Geist in Kapital verwandeln«, dann bleibt man vertrauenswürdig – fast für ewig.

6 *Zeitfenster*

Bei Komposita – also zusammengesetzten Wörtern – geht es notorisch drunter und drüber, vor allem im Deutschen, in dem – grammatisch korrekt – ziemlich alles mit fast allem so verleimt wird, wie in keiner anderen europäischen Sprache. Den simplen »Atomwaffensperrvertrag« verwandelt das Englische in eine Genitiv-Salve: »Treaty on the Non-Proliferation of Nuclear Weapons«, was jedes Kind versteht. Das Englische und der Genitiv müssen kapitulieren, wenn starkdeutsch-kompositorisch nachgeladen wird. Zum Beispiel mit der »Atomwaffenvertragausstiegsmöglichkeitendebatte«. Zugegeben – bei diesem sechsfach gesprungenen Kompositum-Rittberger – Erweiterungen sind denkbar und grammatisch korrekt möglich – hat man es mit einer satirischen Übertreibung zu tun.

Die Teufelei beginnt aber vor der Satire. Zum Beispiel beim »Zeitfenster«. Übersetzung aussichtslos. Ein Fenster kann man auf zweierlei Weise öffnen. Von außen mit einem Hammer oder einem Stein. Das gilt dann gemeinhin als Einbruch oder Sachbeschädigung und der Täter sieht, von außen nach innen, was er sich holen möchte – den Flachbildschirm, den Gran Duque d'Alba Solera Gran Riserva oder einen echten Horst Janssen –, je nach Geschmack und Niveau.

Zeit kann man nicht sehen, nicht einmal durch ein Fenster. Was man da sieht, ist dem puren zeitlichen Zufall und der örtlichen Situation geschuldet – spielende Kinder, parkende Autos oder Karnevalsumzüge, kurz das chaotische Allerlei des Draußen, aber nicht den unerbittlichen Zeitfluss, dessen minimale Einheiten immer schon vorbei sind, wenn man sie auch nur denkt oder fühlt.

Mit dem Kompositum »Zeitfenster« ist also gar nichts rechtes anzufangen.

Und das ist wohl der Hauptgrund dafür, dass heute alle vom »Zeitfenster« reden – von der Kanzlerin und Thorsten Schäfer-Gümbel bis zu Matthias Horx und Ursula von der Leyen, den Talk-Athleten, den Wirtschaftsweisen und den Börsengurus. Da hagelt es nur so von »kurzen«, »günstigen«, »neuronalen«, »geringen«, »winzigen« und »schmalen« Zeitfenstern. Ob die von außen reingucken oder von innen rausschauen – sie sehen nie Zeitliches, also Vergangenes oder Zukünftiges, sondern allenfalls irgendwie Zeitbedingtes, was man »Gegenwart« nennt.

Im starren Blick durchs »Zeitfenster« schaut man auf Zufälliges oder in ein schwarzes Loch. Die Blödrede vom »Zeitfenster« will aber gerade suggerieren, sie sehe gleichsam durchs Zeitfernrohr, was kommt. Derlei Anspruch ist ungefähr so plausibel wie der Rat von Bankern, das für den kapitalistischen Betrieb unverzichtbare Systemvertrauen dadurch herzustellen, dass man den Zeitgenossen unentwegt predigt, jetzt helfe nur noch das Vertrauen darauf, dass das System so funktioniert, wie Luhmann es sich vorstellte.

Das Kompositum »Zeitfenster« ist für Politiker, Bürokraten, Manager und Planer besonders attraktiv. Dieses die Zukunft verwaltende Personal bemächtigt sich damit des Blicks nach vorn und will uns weismachen, was es sehe, sei »vernünftig«, »natürlich«, »normal« und »notwendig« sowieso. Die »Zeitfenster«-Rhetorik ersetzt für das Publikum den älteren Hokuspokus mit Kartenleger- und Handlinienleserwahrheiten.

7 *Angesagt*

Seit geraumer Zeit gehört das Wort »angesagt« zu den »angesagtesten« im Repertoire der »Ansager« in allen Medien. Das Wort ist der Ersatz für den Rohrstock und den Zeigefinger, den einst Lehrer, Offiziere und anderes Ansagepersonal für ihre imperativen Ansagen benützten. Zwischen Rohrstock und Zeigefinger von gestern und den medialen Ansagern von heute klaffen jedoch Welten und ein kategorialer Unterschied.

Lehrer, Offiziere und anderes altes Ansagepersonal standen für eine mehr oder weniger anerkannte Autorität und eine mehr oder weniger unbestrittene Institution. Der heutige mediale Ansager ist nur ein Ich-Verstärker, der keine Autorität besitzt und keine Institution vertritt, sondern seine privaten Vorlieben anpreist oder modische Trends verstärkt.

Das Ansager-Ich macht seine Bandscheibenprobleme, die Macken seines Hundes oder seiner Katze, seine Badezimmer- und Trinkgewohnheiten, seine Bier- und sonstigen Vorlieben öffentlich und knüpft daran – einmal warmgelaufen – allerhand Spekulationen und Verallgemeinerungen der restlos subalternen Art.

Das intellektuell anspruchsvollere, essayistische Ansager-Ich bastelt sich aus den Geldproblemen seiner Tante den neusten Trend des Kapitalismus oder aus den notorisch schlechten Manieren von Zeitgenossen die Normalität und Unvermeidlichkeit von »nationaler Identität« oder »Kriegen gegen den Terror«. Dieses Ansager-Ich übersetzt das graeco-lateinische Sprichwort »per aspera ad astra« (»durch Mühsal zu den Sternen«) mit der Friedrich Merz-Devise: »Durch den Bierdeckel zur Politik.«

Beim Sortieren von Gott und der Welt hilft dem Ansager-Ich außer seiner Alltagserfahrung und seiner familiär-freundschaftlichen Umgebung der ebenso handliche wie idiotische und epidemisch auftretende Schematismus »korrekt«/»unkorrekt«. Alkoholiker und Fixer sind – für Ansager »korrekt« gesehen – Suchtkranke. Ansager bevorzugen aber allemal den »angesagten«, vermeintlich »unkorrekten« Blick. Demzufolge sind von der Sucht geheilte Menschen ebenfalls süchtig – nämlich nach Suchtlosigkeit, sie sind Suchtlosigkeitssüchtige. Ergo und total »unkorrekt« – alles irgendwie Sucht. Nach diesem Schema läuft alles auf dasselbe hinaus. Das Ansager-Ich hat sich rückversichert: »Korrekt«/»unkorrekt« funktioniert wie eine Zwickmühle im Brettspiel.

Wenn es um das Sortieren von Menschen und Meinungen geht, setzt das Ansager-Ich auf das unmittelbar Sichtbare – also auf Klamotten, Brille etc., die jemand trägt. Die Ansager unterstellen einen Zusammenhang zwischen Klamotten, Brille etc. einer Person und dem, was jemand sagt. Kleider machen nicht länger Leute, wie Gottfried Keller meinte, sondern Klamotten bestimmen die Geltung von Argumenten und die Konsistenz von Sätzen. Kombiniert mit dem Schema »korrekt«/»unkorrekt« erzeugt der Klamotten-Blick eine schnelle Sicht aufs Ganze: Im Disput zwischen einem Pazifisten im Wollpullover und einem Kriegswilligen in smartem italienischem Tuch und »angesagter« Brille hat der »Wollpullover« verloren, bevor er ein Argument vorgetragen hat – eine bequeme Zwick- oder Doppelmühle.

8 Frankfurter Allgemeiner Küchenmoses: Küchenlatein (1)

Moses ist schwer im Kommen. Jüngst wurden die Hartz-»Reformen« mit den Zehn Geboten verglichen, die Moses von Gott empfangen hat. Der für Weltliches aller Art bei VW zuständige Peter Hartz wäre demnach der Gott, der der rot-grünen Regierung die »Reform«-Gesetze eingeflüstert hat.

Jede Farce erzeugt einen, der sie überbietet. Hartnäckig arbeitet der Gastronomie-Kritiker Jürgen Dollase jede Woche daran, der FAZ-Leserschaft die »Neue Deutsche Schule« der Kochkunst vorzustellen. Über Nacht geht das nicht. Noch im Mai 2007 sagte Dollase den deutschen Köchen, »lebt wohl, ihr Sößchenfreunde!« und bescheinigte ihnen, sie zählten »international nichts mehr«. Aber schon im Juni gingen die Köche daran »sich zu befreien«, und vier Monate später konnte ihr Prophet Dollase das »Regelwerk der neuen Küche« vorlegen. Die zehn Gebote der »strukturalistischen Küche« drehen sich um das, was Kochen – mehr oder weniger gut – seit weit über hundert Jahren auszeichnet: »Alle Elemente einer Kreation werden unter sensorischen Gesichtspunkten präzise aufeinander bezogen.« Genau.

Aber die »Neue Deutsche Küche« hat zwei Erzfeinde. Da ist Frankreich, das immer noch Platz 1 beansprucht. Der Anspruch der klassischen französischen Küche wie der Nouvelle Cuisine ist für den Befreiungskrieger der »Neuen Deutschen Küche« nur »ein Instrument der Unterdrückung durch ein letztlich autoritäres Küchenverständnis.« Die Küchennapoleone jenseits des Rheins bekommen Dresche und werden eingedeckt mit Hinweisen auf die Segnungen der deutschen regionalen Küchen. Dem Raffinierten und Überkandidelten der Franzosen setzt Dollase Teutonisch-Handfestes entgegen: Labskaus, Matjesfilet auf Schwarzbrot mit rohen (!) Zwiebeln und natürlich alles vom »Schwein von den Ohren bis zum Schwanz«. Bon appétit.

Der zweite Feind der »Neuen Deutschen Küche« ist gefährlicher und heißt Jürgen Dollase. Sein Anspruch, »das Essen vernünftig zu beschreiben«, lenkt zunächst vom Essen ab, denn darüber muss jeder erst eine Runde lachen. Dollases Schwungrad-Wort – »Textur« – stammt aus der Textilindustrie. Bei ihm meint es Struktur oder Konsistenz, neben Temperatur und Aroma die wichtigste Eigenschaft alles Gekochten. Eine Trivialität also. Dollase schmiedet aus »Textur«, »Texturspiel« und »Texturbild« papierene Stichwaffen, die fast schon weh tun in ihrer lächerlichen und Lachreiz auslösenden Prätention. Gebratene Gänsestopfleber mit Karotten an einer Kaffee-Sauce erzeugen »einen wichtigen Effekt der kulinarischen Dekonstruktion, nämlich den erheblich veränderten Blick auf Zusammenhänge durch texturelle Veränderung ihrer Bestandteile.« Wo »kulinarische Aufklärung« (Dollase über Dollase) so daherkommt, ist der Bluff nicht weit weg. Wer »das Pauillac-Lamm, das Sisteron-Lamm, das Salzwiesen-Lamm« nicht blind unterscheiden kann, hat keine Ahnung davon, wie die »strukturalistische Theorie und Praxis der kulinarischen Konstruktion« funktioniert und wie »die Nussigkeit« von Fisch »perfekt und originell dekliniert wird«. Gehen wir essen? Nein, wir deklinieren weiter.

9 *Walser schaut Fernsehen*

Martin Walser widmete dem Tennis-Duo Becker/Graf 1992 eine zwölfseitige Eloge in Prosa und bekannte sich als Tennis-Dauerfernseher. Er trat freiwillig der »millionenfachen Verehrergemeinschaft« von Fernsehsportlern bei und fühlte sich dabei so wohl wie die Vorgestrigen in der Volksgemeinschaft. »Ich verehre gerne, das gebe ich zu.« Der Schriftsteller Walser wollte natürlich kein »Fan« sein, denn in dem sehr kurzen englischen Wort witterte er ein zu großes »Bewusstlosigkeitsquantum«. Er bekannte sich bieder und in obligatem Deutsch zur Verehrung für Stefanie Graf und Boris Becker und zur Gemeinschaft sowieso.

Tennis war vorgestern. Da guckt Walser heute nicht mehr hin, weil es keine Deutschen mehr zu verehren gibt auf Sand wie auf Rasen. – Biathlon war gestern. Trotz seiner Vorliebe fürs schwarz-rotgolden Verpackte schrieb Walser noch keine Lobeshymne auf die hübschen Biathletinnen aus den Bundeswehrkasernen. Wohin steckte Walser nur den Verehrungsschleim, den er den ganzen Winter über aufsparte?

Bis zum letzten Samstag bewahrte er ihn in seinem Inneren. Aber dann quoll er eruptiv heraus in einen offenen Brief an Bastian Schweinsteiger in der »Süddeutschen Zeitung«. Der Fußballer wurde von Walser vom Scheitel bis zur Sohle eingerieben mit seifigem Verehrungsschleim. Der Anlass für Walsers brachiale Attacke aus der Tiefe deutscher Innerlichkeit ist Schweinsteigers Kniefall nach der Niederlage gegen Spanien: »unser Haupterinnerungsbild« – sagt Walser und meint seines – »an dieses 0:1-Ereignis« – den Kniefall nach dem Spiel.

Walser trägt die Verehrungsmasse dick auf: »So knien, so sich beugen kann nur einer, der gerade verloren hat. Und das kann ich Ihnen aus längerer Fernseh-Zuschauer-Erfahrung mitteilen: Die, die gewonnen haben, sind nicht halb so eindrucksvoll wie die, die verloren haben.« Und dann erinnert er an Boris Becker als Sieger: Der hatte »ein Gesicht wie unsere Vorfahren, als sie noch auf den Bäumen lebten.« Verlor Becker dagegen, »sah er aus wie ein Kind, das nichts dafür konnte.« Becker mag Walser erschienen sein wie ein Kind. Zumindest zeugungsfähig war er schon, wie man weiß.

1992 dagegen sah Becker beim Gewinnen für Walser noch aus wie »Burt Lancaster und Kirk Douglas« und beim Verlieren schlicht »wie er selbst«. Im kerndeutschen »Tennis-Sternbild« Becker-Graf entdeckte der Schriftsteller damals »endlich eine Religion ohne doppelten Boden. Was man sieht, ist, was man sieht, basta. Der Gott der neuen Religion: der hin- und herfliegende Tennisball. Leicht, hell und behaart.« Eine Kinderreligion.

Und welche Religion verkündet der Guru vom Bodensee nach Schweinsteigers Kniefall? Eine vom Fernsehen inszenierte Bilder-Religion, die nach dem Filmemacher Dominik Graf »ganz stark Leni-Riefenstahl-Züge« trägt. Der Bilder- und Gemeinschafts-Verehrer Martin Walser besäuft sich – nicht zum ersten Mal – öffentlich am eigenen Innenleben und an verfetteten Wörtern und Bildern: »Der gloriose Fußballer kniet allein, die Stirn im Gras, dieses Bild hat es verdient, gespeichert zu werden, überall.«

10 Eine Blase voller Kultur

»Kultur« ist längst ein Plastikwort, aus dem sich – das Alphabet rauf und runter – fast alles kneten lässt von der »Aktien-« bis zur »Zombiekultur«. Die »Aktienkultur«-Blase, die Manfred Krug einst gegen gutes Geld von der Telekom aufblasen half, ist ebenso geplatzt wie die alte sozialdemokratische

»Streitkultur«. Der Basta-Kanzler Gerhard Schröder bereicherte die sozialdemokratische »Streitkultur«. Er übersetzte Carl Schmitts Kritik am Parlamentarismus – »alle reden, keiner entscheidet« – ins Starkdeutsche: »Ich entscheide, danach dürft ihr alle darüber reden.« Angela Merkel hat mit einiger Sicherheit von ihrem Vorgänger Schröder nur eines gelernt: »Handeln wie Schröder, aber reden wie Mutti.« Sie käme nie auf die Idee, Westerwelle als Kellner zu bezeichnen wie der Koch Schröder seinen Mehrheitenservierer Fischer. Sie nennt ihre Küchenbekanntschaft anheimelnd Guido und behandelt diesen wie einen Laufburschen. Dies ist der Fortschritt von der Schröderschen Küchenhierarchie zur Merkelschen »Küchenbekanntschaftskultur«.

Wo »Kultur« herrscht, bleibt nichts, wie es einmal war. Dr. Joseph Goebbels verstand es als Beitrag zur zeitgemäßen deutschen Kulturförderung, als er sich den Satz »wenn ich das Wort Kultur höre, greife ich zu meiner Pistole« aus dem Drama »Schlageter« des Nazi-Poeten Hanns Johst (1890-1978) entlieh.

Im jüngeren Deutschland adelte der »cultural turn« die Putzfrau zur »Raumpflegerin«, den Bauern zum »Kulturwirt« und die trötenblöde Deutschtümelei zur »Leitkultur«. Ein Schweizer Minister riet den einheimischen Bauern zu tun, was die Gastwirte schon umsatzfördernd praktizieren. So wie diese ihren »Wein des Monats« sollten die Bauern ihre »Käse des Monats« anbieten, und die »Kultur des Käses« hegen und pflegen, um den Absatz anzukurbeln. Man muss wohl »Diplompsychologe und Markt- und Kulturforscher« sein wie Stephan Grünewald, um die »Protestkultur« rund um Stuttgart 21 so schlicht einzuordnen: »Weg vom Licht, rein in die Dunkelheit. So bildet Stuttgart 21 den Brennspiegel für viele gesellschaftliche Abstiegsängste und eine drohende Zweiklassengesellschaft: Ihr da oben – wir da unten.«

Der militante Militärschriftsteller Max Jähns war in seinem Buch »Über Krieg, Frieden und Kultur« schon 1861 der Meinung, die Menschheit benötige in regelmäßigen Abständen »Kulturdünger« durch Krieg – also Menschenblut –, um sich vor dem Niedergang zu schützen. Die Universitäten machen es heute bedeutend billiger: »Wasser für die wissenschaftliche Kultur« titelte jüngst eine Tageszeitung. Bei der Lektüre stellte sich heraus, dass mit dem Dünger »Wasser« ganz gewöhnliches Geld gemeint war.

Schon vor 150 Jahren gab es in einem deutschen Konversationslexikon einen Artikel über »Kulturpolizei«. Um dem Getue mit dem Wort »Kultur« den Garaus zu machen, sollte die »Kulturpolizei« durchgreifen, damit die »Kultur des Käses« und alle anderen sprachlichen Kulturderivate dorthin gelangen, wo die »Aktienkultur« schon friedlich ruht – im Orkus der unsterblichen Peinlichkeiten.

11 *Zürich – von DADA zu Gaga*

Die Stadt Zürich wirbt für kulinarisch-kulturelle Kurzurlaube mit viel Geld in deutschen Zeitungen. Die Stadt hat mehr zu bieten als Parkplätze für Schwarzgeld. Was die Kultur betrifft, so tut sich die tonangebende Elite etwas schwerer. Ende der 60er Jahre vertrieb man Peter Stein – den besten lebenden

Theaterregisseur – aus politischen Gründen. Der revanchierte sich damit, dass er in Berlin die weltweit beachtete »Schaubühne« aufbaute. In Zürich ist das nur bei einem angekommen: Der damals an maßgeblicher Stelle im Kulturdezernat tätige Christoph Vitali holte Stein und seine legendäre Truppe für Gastspiele zurück – mit der phänomenalen »Peer Gynt-Aufführung«. Sozusagen im Handgepäck brachte Stein auch die Schauspieler und das Material für eine Brecht-Aufführung mit – als Geschenk für seine Freunde in der Zürcher Linken und als Antwort an jene, die ihn zuvor davongejagt hatten.

Zürich blamiert sich gern, wenn es um Kultur geht. 1916, mitten im Ersten Weltkrieg, wurde in Zürich das »Cabaret Voltaire« gegründet, von wo die DADA-Bewegung in Europa ihren Protestzug gegen verbiesterten Nationalismus, bigotten Moralismus und verstockte Bürgerlichkeit antrat.

2016 möchte der Zürcher Stadtrat 100 Jahre DADA feiern, um sich »weltweit als bedeutende Kulturstadt zu profilieren, die ihr kulturelles Erbe sorgsam pflegt und langfristig sichert.« Soweit die politische Absicht des Stadtrats, mit Kultur Geld zu machen. Er unterbreitete dem Stadtparlament den Vorschlag, 313 620 Franken für die Miete des »Cabaret Voltaire« bis 2017 und 900 000 Franken für eine Hundertjahrfeier zu bewilligen.

Die lokale vox populi greift zwar nicht zur Pistole, wenn sie »Kultur« hört, dafür zum Rotstift. Die »Grünliberalen«, die Abordnung des Justemilieus aus Spießer- und Ignorantentum, beantragte, die Subvention für DADA auf 390 000 Franken zu kürzen. Die Sozialdemokraten fanden 900 000 Franken zwar richtig, aber für nicht »mehrheitsfähig«

und stimmten – dadaistisch – mit den Grünliberalen, den Christdemokraten und den Geldliberalen von der FDP: »390 000 Franken müssen reichen!« Die vier Evangelischen unter den Christen wollten 60 000 Franken dazu legen, blieben aber allein mit dem Vorschlag.

Wenn sich alle Parteien einig sind, dann schlägt die Stunde der Kretins. Da sich eine Mehrheit für die 390 000 Franken Subvention abzeichnete, kündigte die »Schweizerische Volkspartei« (SVP) an, zuzustimmen, aber gegen jede weitere Unterstützung von DADA das gesunde Volksempfinden zu mobilisieren mit einem Referendum – also einer Volksabstimmung. Die SVP will DADA 2017 endgültig beerdigt wissen.

Die SVP ging aufs Ganze und fragte, was man denn unterstütze mit DADA. Ihre Antwort: »Das Nichts – antikapitalistisch, antibürgerlich und antikirchlich – ein schwarzes Loch.« Solchem Biedersinn leuchtete DADA schon vor fast hundert Jahren heim: »Wir gehen los gegen alle »ismen«, Parteien und Anschauungen. Negationisten wollen wir sein.« DADA wird auch die SVP-Positivisten überleben.

V Verrisse

1 *Schnelldenkerei à la mode*

Norbert Bolz, Die ungeliebte Freiheit. Ein Lagebericht, München 2010

Norbert Bolz ist Professor für Kommunikationstheorie und Medienwissenschaft in Berlin. Er hat sich von »Gruppen«, »Teamgeist« und »den Vielen« verabschiedet und sich Gewaltiges vorgenommen – einen »Lagebericht« über die »Herkulesarbeit der Freiheit«. Gleich auf den ersten Seiten zitiert er zwei Schwerathleten der Freiheitssicherung als Kronzeugen: Martin Heidegger und Carl Schmitt. Heidegger, Philosoph aus der Finsternis des Schwarzwalds, hat sich um die Freiheit verdient gemacht mit seinen Überlegungen zu »Normalmenschen« und »Starken«, vor allem aber mit der These von der »inneren Wahrheit und Größe« (1953) des Nationalsozialismus. Schmitt, der furchtbare Jurist aus Plettenberg, bewies seine Sensibilität in Sachen Freiheit schon 1934: »Der Andersdenkende, Andersempfindende und Andersgeartete« wie »das Andersdenken als solches« stören und zerstören das »völkische Empfinden«.

Begleitet von diesen beiden rabiaten Freiheitskämpfern und einem halben Dutzend Gesinnungsgenossen geht Herkules Bolz von Anfang an aufs Ganze.

Er unterscheidet »großgeschriebene Freiheit«, wie sie nur Einzelne, Einsame, Mutige und Helden kennen und leben, von den kleinen »bürgerlichen Freiheiten«, wie sie in den Verfassungen stehen. Mit diesen Kleinfreiheiten – so der Großdenker – werde allenfalls die Restfreiheit gesichert, »lieber Bingo zu spielen als Jürgen Habermas zu lesen«.

Um der »großgeschriebenen Freiheit« auf die Spur zu kommen, muss der Leser einiges in Kauf nehmen, denn die »anspruchsvolle Idee von Freiheit« ist keine einfache Sache und schon gar nicht eine Frage der Logik oder der Wissenschaft, sondern eine »existentielle Frage«, denn es geht um die »metaphysische Dimension« des Liberalismus. »Großgeschriebene Freiheit« beruht nämlich für Bolz auf Gründen, »die die Vernunft nicht kennt.« Bolz verweist Kant, der Glauben und Vernunft bescheiden trennte, in die Schranken und plädiert für die Rückkehr hinter Kant zurück – nämlich für »die Unterwerfung der Vernunft unter den Glauben«. »Man kann die Freiheit nicht beweisen«, sondern muss sich zu ihr »bekehren« und an sie glauben. »Nur der hat einen freien Willen, der daran glaubt, einen freien Willen zu haben«, was zwar nur eine sich im Kreis drehende Behauptungspirouette ist, aber für Bolz so einleuchtet wie der Beweis der »Psychoneuroimmunologie« dafür, dass »Hoffnung heilt« und der Glaube bekanntlich Berge versetzt. Das »Identitätsmanagement eines freien Menschen« besteht darin, seinen »Willen« und seinen »Beruf als Berufung« zu erkennen und »sein Leben selbstverantwortlich« zu führen.

Die Freiheit des »freien Menschen« und dessen »Lebensführung« in der »Sorge um das wirklich Wichtige« sind freilich umstellt von Feinden – philosophischen, politischen und medialen. Philosophisch ist der Erzfeind der Freiheit die Notwendigkeit, politisch der Sozialstaat und medial die öffentliche Meinung. Der Sozialstaat verspricht ökonomische Sicherheit, bevormundet und »versklavt« aber gleichzeitig die Menschen. Bolz vermisst die »Tugend der Risikobereitschaft« und forsches Unternehmertum, »Altar« und »Opfer«, die zu seiner Idee eines »männlichen Liberalismus« ebenso gehören wie der ganz alte »Heroismus«. Denn Helden zeigen, »dass das bloße Leben und Überleben nicht das gute Leben ist«. Die ganze Zivilisation (Konsum, Freizeit, Mode) steckt in einem »Entmännlichungsprozess«, und die Pädagogik hat Bolz zufolge »die Austreibung der Männlichkeit zum System« gemacht. Bolz wendet sich zwar einmal gegen den »Vulgärnietzscheanismus« und hält Nietzsches »Polemik gegen die Masse« für falsch, aber er pflegt ebenso gern rechtsgestrickte Ressentiments wie Sloterdijk, Sarrazin e tutti quanti bis hinunter zu Necla Kelek: »Die Vielen, die nur leben wollen, können das, weil einige mehr als leben wollen«, sagt der lebenslänglich staatlich alimentierte Beamte Bolz. Die Liste solcher Plattitüden wäre beliebig erweiterbar.

Mit pauschalisierenden Slogans wie »Wohlfahrtspolitik erzeugt Unmündigkeit« nähert sich Bolz der Propaganda der Westerwelle-FDP bis zur Ununterscheidbarkeit. Geradezu einfältig sind die Vorstellungen des Medienwissenschaftlers Bolz von Medien und Öffentlichkeit: »Wenn die öffentliche Meinung in einer Massendemokratie gesprochen hat, bringt niemand mehr den Mut zum Widerspruch auf. (...) Niemand wagt es, einem unabhängigen Gedankenzug zu folgen. Deshalb gibt es auch keine großen Denker mehr.« Da sich Bolz wahrscheinlich für unabhängig und frei hält, widerspricht er sich selbst mit solchen Seichtheiten.

Bolz' Rundumschläge lassen nichts aus. Die meisten zehren von intellektuellen Notrationen wie der abgeschmackten Phrase, Kritik als »politisch korrekt« zu denunzieren. Von der Hirnforschung über die Polemik gegen »Brüssel« und »Bologna« bis zum Lob auf Ehe und Kirche lässt Bolz nichts aus. Seine Parforcejagd nach »dem Positiven« endet damit, dass er seine Freiheit an den Pforten der Institutionen abgibt: Institutionen wie Märkte, Bürokratien und Ehen »funktionieren als Autopilot des Denkens. Sie entscheiden für uns, denken für uns und lösen unsere Probleme«. Die neoliberale Religion pur. An Universitäten, schreibt Bolz einmal, dürfe man heute »dumm sein«, aber »nicht von der Parteilinie abweichen.« Die von Bolz verachtete »kleine Freiheit« der Meinung gilt auch für geschwätzige, beschränkte und konformistische Professoren.

2 *»Heldenprüfung« voller Peinlichkeiten*

Jürgen Busche, Heldenprüfung. Das verweigerte Erbe des Ersten Weltkriegs, München 2004

Jürgen Busche ist ein schlachtenkundiger Journalist. Bereits in seiner Dissertation beschäftigte er sich vor rund 30 Jahren mit antiken Schlachten. Die Leidenschaft dafür ist ihm geblieben, denn jetzt legt er unter dem Titel »Heldenprüfung« ein Buch vor, das dem »verweigerten Erbe des Ersten Weltkriegs« gewidmet ist.

Was bedeutet Heldentum und was meint das Erbe des Ersten Weltkriegs? Busche zitiert eingangs eine brauchbare Definition von Jacob Grimm aus dem Jahre 1844: Demnach ist ein Held »ein Mensch, der gegen das Böse streitend unsterbliche Taten verrichtet und zu göttlicher Ehre gelangt.« Es ist offensichtlich, dass sich diese Definition an Verhältnissen orientiert, die sich von denen moderner Gesellschaften und moderner Kriege radikal unterscheiden. Weder mit der Horaz'schen Phrase vom »süßen Sterben fürs Vaterland« noch mit dem Kampf gegen »das Böse« oder dem Gewinn »göttlicher Ehre« haben moderne Kriege auch nur das Geringste zu tun. Damit ist dem Helden schlicht der Boden entzogen. Heutige Soldaten und auch die des Ersten Weltkriegs können unter Umständen über individuelle Tapferkeit verfügen, aber Helden sind sie nicht, denn sie verüben keine »unsterblichen Taten« auf eigenes Risiko und eigene Verantwortung, sondern sind eingespannt in eine Kriegsmaschinerie, in der sie als Rädchen mehr oder weniger funktional agieren. Soldaten werden zu bloßen Mitläufern und Komplizen der Macht. Unter den Bedingungen von Aufklärung und Moderne existiert Heldentum nur noch in Landserheftchen und schlechten Filmen.

Tapferkeit ist eine individuelle, intellektuelle und physische Handlungsdisposition »nach dem Maß des Menschen«, wie Aristoteles meinte. Heldentum dagegen ist geknüpft an überindividuelle politisch-religiöse oder mythologische Kontexte. Max Weber, der zu Beginn des Kriegs noch trunken war vom wilhelminisch geprägten Hurra-Helden- und Kriegertum, korrigierte sich nach zwei Kriegsjahren und beschäftigte sich mit der Frage, wie politische Eliten beschaffen sein müssen, die Kriege verantworten können.

Gleich am ersten Helden, den Busche präsentiert, wird das Anachronistische seiner Heldenprüfung einsichtig. Der deutsche U-Boot-Kommandant Otto Weddigen versenkte am 22. September 1914 drei englische Schiffe, schickte 1600 Menschen in den Tod und sagte seinen Soldaten: »Wir können uns freuen.« Ein Held? Der U-Boot-Krieg im Ersten Weltkrieg wurde auf deutscher wie auf englischer Seite teilweise völkerrechtswidrig, teilweise im rechtsfreien Raum geführt. Nach dem Urteil des Marinehistorikers Frank P. Chambers waren »Deutschlands Vergehen auf hoher See verbrecherischer und spektakulärer als diejenigen Englands.«

Das verweist auf einen Konstruktionsfehler in Busches Buch. In souveräner Missachtung der gesamten ernst zu nehmenden historischen Forschung spricht er noch vom »Verteidigungskrieg« Deutschlands gegen England. Der Kriegspolitik des Kaiserreichs im Allgemeinen wie dem Schlachtflotten-Bauplan von Großadmiral Alfred von Tirpitz im Besonderen lag die strategische Idee zugrunde, die Vorherrschaft Englands und insbesondere diejenige seiner Flotte zu brechen. Tirpitz sprach entlarvend vom »Eventualpräventivkrieg«. Busche meint, »einiges im Ersten Weltkrieg« sei misslungen, »weil es den Verantwortlichen an Heldenmut« gefehlt habe. Derlei vertreten seit der Weimarer Republik nur noch Kriegsveteranen in ihrer »apologetischen Erinnerungsliteratur« (Wolfram Wette). Aus dieser stammt auch Busches Vermutung, die deutschen

Kriegshelden seien vergessen worden, weil sie den Krieg verloren hätten oder weil »die schlechte historische Bildung« das so gewollt habe. In dieselbe Preislage fällt die Klage, in Deutschland »fehle ein Ethos des Krieges« (Busche) oder wie sich Karl-Heinz Bohrer vor Jahren ausdrückte: »höheres Ethos, letzte causa, brinkmanship.«

Die deutschen Eliten führten den Ersten Weltkrieg von Anfang an als »gigantisches Vabanquespiel« (Christoph Cornelissen), denn der modifizierte Schlieffenplan war in drei Punkten völlig illusorisch, in einem schlicht verbrecherisch. Illusorisch waren die Einschätzungen der politisch-militärischen Kräftekonstellation, insbesondere des britisch-russischen Verhältnisses sowie die Annahmen über die Zeit, die Russland benötige, um seine Truppen zu mobilisieren. Durch den enormen Ausbau der Eisenbahn hatte sich diese Frist so verkürzt, dass ein Zweifrontenkrieg praktisch vom Kriegsanfang an unvermeidlich wurde. Als illusorisch erwies sich schließlich auch die Annahme, mit den zur Verfügung stehenden Kräften ließe sich die französische Armee im Handstreich ausschalten. Verbrecherisch war der einkalkulierte Bruch der belgischen Neutralität. Das provozierte England und führte zu seinem schnellen Eingreifen auf dem Kontinent. Kurz nachdem Erich von Falkenhayn Helmut von Moltke als Generalstabschef abgelöst hatte (14.9.1914), erkannte der neue Chef, dass der Krieg »eigentlich verloren« sei (18.11.1914). Das hinderte ihn freilich nicht daran, in der »Knochenmühle« (Falkenhayn) des Stellungskrieges, im Gaskrieg und im U-Bootkrieg in den folgenden drei Jahren Hunderttausende von Soldatenleben zu verheizen. So viel zum »Erbe«.

Busches Helden waren keine, weil sie im »totalen Krieg« (Ludendorff) gesinnungsstark, aber besinnungslos ausführten, was ihnen befohlen wurde oder was sie für »Pflichterfüllung« hielten. An Ernst Jünger ließe sich das trefflich zeigen, aber für Busche sind die »Stahlgewitter« ein »Erlebnisbericht«, obwohl er auf die seltsamen Praktiken Jüngers bei der redaktionellen Bearbeitung seiner Texte hinweist. Zwanzig Jahre nach dem Krieg und zehn Jahre nach dem ersten Erscheinen des Textes schrieb Jünger 1935: »Gestern habe ich die Bearbeitung des ›Wäldchens 125‹ abgeschlossen ... Ich habe auf diese Weise den ersten Teil des Jahres damit zugebracht, meine Autorschaft nach rückwärts auszubauen, damit kein Satz hinter mir bleibt, dem ich nicht zustimmen kann.« Man könnte dieses aparte Verfahren des Ausbauens nach rückwärts – d. h. der Tilgung der wüstesten nationalistischen, blutrünstigen und antisemitischen Ausfälle – auch als »Leitfaden der Unaufrichtigkeit« bezeichnen – ein Wort, mit dem Peter de Mendelssohn Jüngers wabbernde »Marmorklippen« umschrieb. Für Busche wandelte sich Jünger dagegen nach 1923 vom »Helden« zum »Zivilisten«. Präziser wäre: vom Stoßtruppführer mutierte er zum Karl May, d. h. zum Vermarkter seiner Stoßtruppführerlegenden und Kriegermythen.

In weiteren Kapiteln erzählt Busche die Geschichten des jungen Erwin Rommel im Gebirgskrieg, des Fliegers Ernst Udet und des U-Boot-Kommandanten Franz von Hipper, dessen »nur durchschnittliche operative Begabung und Führungskraft« (Holger H. Herwig) in der Skagerrak-Seeschlacht (31.5.1916) Busche weit über- und dessen wahres Verdienst er unterschätzt: Als die Matrosen 1918 rebellierten, richtete er kein Blutbad an, sondern verabschiedete sich in den Ruhestand und schwieg im Unterschied zum »genialen« (Busche) Ludendorff. Busches Buch kommt ohne Fußnoten und Belege aus, so dass viele Zahlen und Behauptungen nicht überprüfbar sind. Vor allem aber pflegt er Geschichtsschreibung im Stil ganz alter Lateinlehrer und legt dar, was »die Deutschen ... gebraucht hätten«, um doch noch zu gewinnen: »Man hätte alles auf eine Karte setzen müssen«, was Busche – ganz Lehrer – gleich mehrfach betont. Die im Sinne Max Webers verantwortungslose politische und militärische Führung setzte bereits im Juli 1914 mit ihrem Entschluss zum Blitzkrieg – dem »Sprung ins Dunkle« (Reichskanzler Theobald von Bethmann Hollweg) – alles auf eine Karte.

3 *Hubertus Knabe jagt Dunkelmänner*

Hubertus Knabe, Honeckers Erben. Die Wahrheit über DIE LINKE, Berlin 2009

Der tapfere Mann sieht rot, blutrot. Und das kommt nicht zufällig, denn Hubertus Knabe hat sich fast sein ganzes Berufsleben lang mit der Stasi beschäftigt. Er ist im Westen aufgewachsen und hatte zwischen 1980 und 1987 Einreiseverbot in die DDR. Das legitimierte und prädestinierte den Historiker zum Mitarbeiter der Gauck/Birthler-Behörde (1992-2000). Seit 2001 ist er Direktor der Gedenkstätte Berlin-Hohenschönhausen im ehemaligen Untersuchungsgefängnis des Ministeriums für Staatssicherheit.

Rot sieht Knabe aber nicht nur, wenn er die DDR-Geschichte nacherzählt, sondern auch dann, wenn er die aktuelle politische Lage betrachtet – überall sind seit 1989 »Honeckers Erben« dabei, das Erbe der SED zu hegen und zu pflegen. Um das wahrzunehmen, muss man sich vor allem an die Springer-Presse halten. Denn nur diese und Knabe erkennen hinter der Maskerade der Vorsitzenden der Partei DIE LINKE – Gregor Gysi und Oskar Lafontaine – »die« Wahrheit, wie es im programmatischen Untertitel von Knabes Buch heißt. Und »die« Wahrheit ist rustikal einfach wie alles in seiner intellektuell anspruchslosen Kampfpostille: »In Wirklichkeit dominieren die Partei alte SED-Kader.«

Auch Bücher können zu spät kommen. Und das gilt für Knabes Buch gleich in mehrfacher Hinsicht. Er rekapituliert über weite Strecken nur, was längst bekannt ist und streicht manches nur etwas greller an. »Nach vierzig Jahren hinterließ die SED ein heruntergekommenes Land. (...) Traditionelle Sozialmilieus, christliche Bindungen und bürgerliche Wertvorstellungen hatten sich weitgehend aufgelöst.« Das ist eine etwas späte Einsicht des einäugig gewordenen Historikers Knabe. Im März 1989 – also ein halbes Jahr vor der Wende – schrieb Knabe in einer linken Zeitschrift in Westdeutschland über das Land, das dann über Nacht zum »Scherbenhaufen« wurde: »Auch im Reproduktionsbereich hat der Modernisierungsprozess weit reichende Folgen: das Wohlstandsniveau ist in der DDR angestiegen, das Alltagsleben wurde durch die Massenmotorisierung und die Technisierung der Haushalte revolutioniert und vereinheitlicht. Dadurch wurden die differierenden sozialen und kulturellen Milieus eingeebnet, gleichzeitig kam es zu einer Individualisierung, die einerseits als Vereinzelung, andererseits als Freisetzung von individuellen Emanzipationschancen wirkt.«

Über weite Strecken liest sich das Buch wie die biedersinnige Prosa von ganz alten, westdeutschen Verfassungsschützern aus den 50er Jahren: »Wie die KPD will DIE LINKE in Deutschland den Kapitalismus überwinden und den Sozialismus errichten.« Knabe sieht bereits »die programmatische Rückkehr zum Staatssozialismus ... in vollem Gange«. Wenn man etwas genauer hinschaut, ist der Kapitalismus in der momentanen Krise doch gerade dabei, sich selbst neu zu sortieren und die dabei anfallenden Kosten zu sozialisieren. Was die DDR-Wirtschaft in vierzig Jahren an Schulden anhäufte, das schaffte die bayerische Hypo Real Estate in wenigen Jahren und muss nun mit staatlichen Bürgschaften gestützt werden, die doppelt so hoch sind wie die gesamte DDR-Schuld. »Der einzige Teil des sogenannten Nationalreichtums, der wirklich in den Gesamtbesitz der modernen Völker eingeht, ist – ihre Staatsschuld.« Der Satz stammt zwar von Marx, ist aber trotzdem nach wie vor richtig.

Man muss die Partei DIE LINKE nicht mögen. Aber wer ein Buch über sie schreibt, sollte zur Erklärung ihrer Erfolge und Misserfolge schon etwas mehr an Gründen aufbieten als »Trickserei«, »Marketing«, »Täuschung«, »Betrug« und natürlich »die Medien«. Auch bei der Gründung der »Wahlalternative Arbeit und soziale Gerechtigkeit« (WASG) sieht er PDS-Dunkel- und Hintermänner am Werk und nicht eine Reaktion von westlichen Gewerkschaftern, Sozialdemokraten und anderen Linken auf die katastrophale rot-grüne »Reform«-politik im Namen von »Hartz« und »Agenda 2010«.

Weitgehend auf Spekulationen und Gerüchten beruhen Knabes Darlegungen zum »Milliardenschatz« der SED und seinen Transfer zur PDS. Was die – vermutlich – »gigantische Summe« von etwas über drei Milliarden DM betrifft, so erscheint sie heute doch etwas weniger gigantisch. Auf die nahe liegende Frage, wie ein solcher Schatz entstehen konnte angesichts von vierzig Jahren Misswirtschaft, geht Knabe gar nicht erst ein. Und er versichert, dass »bis heute nicht bekannt ist, wie viel Geld die PDS insgesamt beiseite schaffen konnte und wer davon heute profitiert.« Das hindert ihn jedoch nicht an munteren Spielchen mit Milliarden und Millionen, die – vielleicht – hin- und hergeschoben wurden. Dass die PDS allerlei versucht hat, das SED-Vermögen zu behalten, ist aktenkundig, aber auch der Vergleich von 1995, wonach die PDS gegen vier Gebäude auf Altvermögen verzichtete.

Für den Historiker Knabe ist jede Differenzierung eine verkappte »Verharmlosung«. Deshalb stellt er Hitlers Diktatur mit jener Honeckers auf eine Stufe und übersieht dabei, dass jene Leichenberge und diese vorwiegend Aktenberge hervorbrachte. Für die historische Darstellung, wie und warum es zum »realsozialistischen« Desaster kam, an dem es nichts zu beschönigen gibt, fehlt es Knabe an Sinn für Proportionen ebenso wie an einem von Ressentiments freien Blick. Dafür nur ein Beispiel: Zunächst spricht er vom »Tod« Rosa Luxemburgs, die bekanntlich ermordet wurde, und ein paar Seiten danach ist sie schon selbst schuld an ihrer Ermordung: »Die Saat, die hier aufgegangen war, hatte sie selbst gesät.«

Die ebenso umständliche wie konfuse Darstellung der Entwicklung nach 1989 leidet darunter, dass Knabe permanent herumspekuliert und sich dabei vor allem auf konservative und rechte Gewährsleute mit zweifelhafter wissenschaftlicher Reputation stützt. Wenn die PDS am 13. August 2001 erklärt, »ein Staat, der sein Volk einsperrt, ist weder demokratisch noch sozialistisch«, so tut dies Knabe als »Lippenbekenntnis« ab. Andererseits zeichnet er sich durch eine pseudo-religiöse Stasi-Akten-Gläubigkeit aus und nimmt alles für bare Münze, was dort steht. Auf rund 130 Seiten bastelt sich Knabe aus diesen Akten seine Zerrbilder und Pappkameraden von Bisky bis Zimmer und Bartsch bis Wagenknecht, die er »SED-Nachfolger« nennt, so als ob Personen Nachfolger von Parteien sein könnten. Es ist nicht zuletzt dieses grobianische Denken und diese verkommene Sprache, die das Buch zu einem Ärgernis machen.

Als mutiger Kämpfer für »Freiheit und Wohlstand« und gegen »verordnete Gleichheit« tritt Knabe natürlich auch für die Privatisierung ein. Denn: »Wie ein Dienstleistungsbetrieb arbeitet, der von Staatsangestellten geführt wird, weiß jeder, der in Deutschland einmal ein Auto anmelden musste.« Dieses famose »Argument« fliegt als Bumerang zum Staatsangestellten und Gedenkstättenbetreiber Hubertus Knabe zurück. Vielleicht sollte sein Dienstherr das Museum privatisieren, um Knabe mehr Zeit zu verschaffen für das Bücherschreiben.

4 *Alle reden vom Klima, wir auch*

Claus Leggewie/Harald Welzer, Das Ende der Welt, wie wir sie kannten. Klima, Zukunft und die Chancen der Demokratie, Frankfurt 2009

Den etwas älteren SDS-Slogan »alle reden vom Wetter, wir nicht« könnte man zeitgemäß umformulieren zum Motto »alle reden vom Klima, wir auch«. Das Klima, der Klimawandel, die Klimakrise und damit die Klimapolitik stehen im Mittelpunkt des Interesses von Fachleuten aller Art, Politikern, Intellektuellen und politisch interessierten Zeitgenossen. Und das zu Recht.

Vor einem Jahr erschien das Buch »Klimakriege« des Sozialpsychologen Harald Welzer, der das Thema zur Spekulation über »Klimakriege« des 21. Jahrhunderts dramatisierte. Davon ist in dem zusammen mit dem Politikwissenschaftler Claus Leggewie entstandenen Buch mit dem Titel »Das Ende der Welt, wie wir sie kannten. Klima, Zukunft und die Chancen der Demokratie« nichts mehr zu spüren. Das Wort von den »Klimakriegen« kommt gar nicht mehr vor. Und das ist einer der Vorzüge des Buches.

Die beiden Autoren sprechen jetzt von der Klimakrise und zunächst etwas unklar von der »übergeordneten Metakrise«, wobei diffus bleibt, was sie damit meinen. Oft hat es den Anschein, als ob sie einfach die griechischen Wörter »meta« (inmitten, mit, gemäß, zwischen, hinter, nach) und »mega« (groß, mächtig, völlig, ganz) durcheinander brächten. Nach fünfzig Seiten erst klärt sich das terminologische Verwirrspiel. Welzer und Leggewie meinen, dass sich die zahlreichen Megakrisen von der Hunger- bis zur Finanzkrise zu einer einzigen Metakrise, einer Krise »auf höherer Stufe«, verdichtet haben. Die Metakrise ist eine Systemkrise, die »die Endlichkeit eines Gesellschaftssystems« anzeigt, das rund 250 Jahre »erfolgreich« funktioniert hat: das industriekapitalistische Wirtschaftssystem, das auf Wachstum beruht. Welcher Art dieses Wachstum war, blieb völlig belanglos, Hauptsache »es« wuchs, d. h. das Kapital blieb im Verwertungskreislauf und erzeugte irgendetwas, das irgendwem Profite verschaffte. Diese Einsicht ist nicht ganz neu. »Die hybride Vorstellung (...) einer Welt tendenziell unaufhörlichen Wachstums« (Leggewie/Welzer) entschleierte nicht erst die aktuelle Finanz- und Wirtschaftskrise, sondern Karl Marx vor über 150 Jahren. Neu ist nur, dass das, was damals noch weit in der Zukunft lag, jetzt nicht mehr ein Risiko ist, sondern eine akute Gefahr. Wenn sich die Erde weiter so erwärmt, wie in den letzten 250 Jahren, droht eine Klimakatastrophe.

Klimaforscher sind sich einig darüber, dass die Erwärmung keine Naturkatastrophe ist, sondern erzeugt wurde durch »unsere« Produktions- und Lebensweise. Uneinig sind sich die Fachleute nur über das Tempo dieser Erwärmung und die Mittel, mit denen die Katastrophe abgewendet werden kann.

Es gibt – vergröbernd gesagt – zwei Sorten von Büchern über das Klima. Die erste Sorte stammt von Fachleuten, die den Klimawandel als Symptom für gravierende Veränderungen betrachten, aber auf das Kernproblem abzielen: Alles Leben und Überleben auf dieser Welt hängt vom äußerst komplexen System des Wasserkreislaufs ab, das heißt vom

Kreislauf von Kohlenstoff und Stickstoff, der den Baustein der Proteine bildet. Bei Leggewie/Welzer ist auf Seite 45 erstmals und ausgesprochen knapp von Wasser die Rede.

Das Buch von Leggewie/Welzer ist insofern Sekundärliteratur zum Thema Klima, als die Autoren »die karbone Gesellschaft« für die Klimakrise verantwortlich machen – also jene Gesellschaft, die ihren Energiebedarf seit 250 Jahren fast ausschließlich aus Holz, Kohle, Erdöl und Erdgas deckt – alles fossile Brennstoffe, die irrsinnige Mengen Kohlenstoffdioxyd (CO_2) freisetzen. Die »Dreieinigkeit« von »Billigenergie, Wachstumsparadigma und karboner Gesellschaft« ist das wichtigste Symptom, das einen Klimawandel bewirkt, aber nicht die einzige Ursache. Natürlich bleibt es trotzdem richtig und wichtig, die Verbrennung fossiler Stoffe zu reduzieren und langfristig andere Energiequellen zu erschließen.

Leggewie/Welzer beziehen sich öfter auf den Naturwissenschaftler Jarred Diamond und sein Buch »Kollaps«. Diamond untersucht an exemplarischen Beispielen, warum Gesellschaften untergegangen sind. Es gibt, wie Diamond belegt, »keinen einzigen Fall, in dem man den Zusammenbruch einer Gesellschaft ausschließlich auf Umweltschäden zurückführen könnte.« Wichtig sind immer auch die politischen Reaktionen der Eliten eines Landes und der Gesellschaft auf Umweltschäden, Klimaveränderung, Bevölkerungswachstum, Armut und Reichtum. Einen »Umweltdeterminismus« hält Diamond für ebenso naiv wie absurd.

Ein Beispiel Diamonds, das Leggewie/Welzer öfters zitieren (und verfälschen), sind die Wikinger. Im Jahr 793 n. Chr. kamen sie aus Norwegen über

Island nach Grönland, wo sie sich trotz widriger Bedingungen und dank großer Disziplin 450 Jahre halten konnten. Die Gesellschaft wurde zusammengehalten durch eine Elite starker Häuptlinge und den christlichen Glauben. Im Unterschied zu den eingeborenen Inuit, die als Sammler und Jäger lebten, brachten die Wikinger die Viehzucht ins Land, an der sie auch festhielten, als das Klima im Winter kälter wurde und die Heuproduktion im Sommer karger ausfiel. Die Autorität der Häuptlinge und der Geistlichkeit zerfiel, als eine Hungersnot ausbrach, und den Machthabern blieb nur »das Recht, als letzte zu verhungern. (…) Das kurzfristige Interesse der Machthaber siegte über die langfristigen Interessen der Gesamtgesellschaft« (Diamond). Die wichtige Rolle, die Entscheidungen, Interessen und Herrschaft spielen, blenden Leggewie/Welzer aus – die Kulturwissenschaftler meinen, den Wikingern hätte »das kulturelle Konzept« gefehlt. Gegen die aktuelle »Metakrise« setzen sie auf eine »Kulturrevolution des Alltags« durch eine »Außerparlamentarische Opposition 2.0.«

Die Autoren haben sich viel vorgenommen. Sie wollen auf 235 Seiten die Krise analysieren und Auswege diskutieren. Dabei lassen sie gar nichts aus. Auf 30 Zeilen gelangen sie vom Challenger-Unfall 1986 zurück zum Marsch der Hominiden aus Afrika nach Europa vor zwei Millionen Jahren, und dann geht es zügig voran zum Jahr 1933. Das Buch franst in 53 Kapitelchen von durchschnittlich vier Seiten aus und wirkt wie eine feuilletonsoziologische Kompilation aus Zeitungslektüre, Talk-Show-Weisheiten, Netzfunden und obligaten Ergebnissen aus »jüngsten Studien«.

5 *Ein deutscher Mythenbastler erzählt*

Herfried Münkler, Die Deutschen und ihre Mythen, Berlin 2009

Die Studie über »Die Deutschen und ihre Mythen« des Berliner Politikwissenschaftlers stützt sich auf eine große Masse von Literatur und berücksichtigt monumentale Werke ebenso wie Magister- und Seminararbeiten. Es gelingt dem Autor, dieses Material aus rund fünf Jahrhunderten »Arbeit am Mythos« in fünf Kapiteln übersichtlich vorzustellen. Er behandelt nacheinander nationale Mythen, Mythen aus dem langen Kampf gegen Rom, preußische Mythen, lokale Mythen und schließlich politische Mythen nach dem Zweiten Weltkrieg.

Am Beispiel des mittelalterlichen Kaisers Friedrich I. – wegen seines roten Bartes Barbarossa genannt – zeigt Münkler, wie sich Mythen über Jahrhunderte neuen politischen Konstellationen anpassen. Barbarossa ertrank auf dem Weg nach Jerusalem am 10. Juni 1190 in einem Fluss in Kleinasien. Mythisch aufgeladen wird die Figur jedoch erst vierhundert Jahre später während der Reformation. Der deutsche Kaiser Barbarossa wurde jetzt – nach harten Kämpfen um den Vorrang zwischen Kaiser und Papst – zur Gegenfigur des Papstes. Den Barbarossa-Mythos erfanden viel später die Romantiker nach dem Untergang des »Heiligen römischen Reiches deutscher Nation« 1806. Der nach der Grimmschen Sage im Kyffhäuser schlafende Kaiser wurde zum Symbol aller Hoffnungen auf eine Wiedergeburt des Reiches. Nach der Reichsgründung von 1870/71 unter Bismarck und den bis dahin nur Preußen regierenden Hohenzollern kam es zu einem Barbarossa-Boom mit Denkmälern in Goslar und im Harz, mit denen die vermeintliche Wiedergeburt des Reiches gefeiert wurde. Tatsächlich handelte es sich jedoch um die Neuschöpfung eines Staates bzw. Fürstenbundes, den es so vorher nie gegeben hatte. Aber Staaten bedienen sich solcher Gründungsmythen zur Identifikation und Orientierung ebenso wie Bürgerinnen und Bürger.

Erzählte und bildliche Mythen sind – wie alle Ideologien – Mittel der politischen Funktionalisierung und Herrschaftslegitimation. Sie sind desto langlebiger je anpassungsfähiger sie sind. Münkler demonstriert dies überzeugend am Beispiel von »Faust«-Darstellungen von Goethe bis Thomas Mann. »Faust« konnte je nach Bedarf als überlegener Wissenschaftler, ewig Zaudernder, Humanist, diabolischer Wüstling oder Mensch mit imperialer Mission vorgestellt werden.

Auch die Funktionalisierung der »Nibelungensage« im deutschen Kaiserreich mit der Gleichsetzung von Bismarck und Siegfried während des Ersten Weltkrieges mit den Aufrufen zu Heldenmut und Opfergang und nach der Niederlage mit der »Dolchstoßlegende« zeigt, wie vielfältig politische Mythen einsetzbar sind.

Nach 1945 setzte sich die systematische Instrumentalisierung von Geschichte zur Stabilisierung der Herrschaft insbesondere in der legitimationsbedürftigen DDR fort. Die Regierenden in der BRD waren in dieser Hinsicht buchstäblich geheilt von der eigenen Geschichte und verzichteten weitgehend auf politische Mythen. Eine harte D-Mark, wirtschaftliches Wachstum und ein Auto genügten den Bürgern als Grundlage ihres Vertrauens in die Demokratie. Die Bemühungen von Dolf Sternberger und Jürgen Habermas, dem grassierenden Boulevard-Zeitungs-Chauvinismus mit einem strikt an der Verfassung orientierten Patriotismus zu antworten, waren nicht erfolgreich. Gelegentlich wird Münkler selbst Opfer von politischen Mythen. So meint er ernsthaft, die propagandistische Formel von der »Verbindung von Demokratie, Menschenrechten und Marktwirtschaft« in der BRD hätte eine objektive Herausforderung des »Selbstbewusstseins« der USA oder Frankreichs punkto Fortschrittlichkeit gebildet. Das ist bestenfalls westdeutsche Leitartikel-Mythologie.

Schnell erweist sich Münklers Buch als zwiespältig. Er macht auf den 600 Seiten nirgends klar, was »politische Mythen« (er nennt sie auch »Großerzählungen«) sind und wie er ihre Wirkung nachweisen will. Führt die Spur der »germanischen Gefolgschafts- und Treuevorstellung« wirklich geradewegs von Tacitus' »Germania« (im 15. Jahrhundert entdeckt) zu Hitler? Da sich Münkler nur mit deutschen politischen Mythen beschäftigt, kann er die Wirkung und Funktionsweise von Mythen nicht durch Vergleiche darstellen, um Beurteilungsmaßstäbe zu gewinnen und Unterschiede zu analysieren. Wie fruchtbar das sein kann, zeigte vor zehn Jahren die große Ausstellung »Marianne und Germania. 1789-1889«. Ausstellung und Katalog machten erkennbar, wie unterschiedliche soziale und politische Konstellationen mythische Deutungsmuster erzeugen oder wiederbeleben. Insofern bietet Münkler vor allem eine stark deutsche Sicht auf deutsche Mythen.

Münkler ist darin zuzustimmen, dass es Dichter, Schriftsteller, Intellektuelle und Künstler sind, die Mythen schaffen. Im Falle Preußens, Friedrichs des Großen und der so genannten »preußischen Tugenden« macht der Autor das kenntnisreich deutlich. Münklers »mythenpolitische« Methode gelangt jedoch schnell an eine Grenze, denn alle jene Autoren von Franz Mehring bis Hans-Ulrich Wehler, die sich mit der wissenschaftlichen und politischen Kritik der preußischen Hausmythologie beschäftigten, kommen bei Münkler gar nicht erst vor.

Das hat weniger methodische als politische Gründe. Münkler meint nämlich, »dass politische Großverbände (...) ohne Gründungsmythos auf Dauer nicht auskommen können« und deshalb »Großerzählungen« bzw. »politische Mythen« benötigten. Gerade vor dem Hintergrund der deutschen Geschichte und ihrem verheerenden Hang zu Mythen muss man das kritisch bezweifeln und nicht rechtfertigen wie Münkler. Er möchte auch heute Wissenschaftler, Intellektuelle und Künstler geradezu zur »Arbeit an gründungs- und orientierungsmythischen Erzählungen« verpflichten. Wer sich »nur« der Kritik von politischen Mythen und der Aufklärung über politische Legenden verschreibe, begebe sich »auf den Hochsitz der Kritik« und entziehe sich so der »politischen Pflicht« zu Entscheidung und Verantwortung, schreibt er in Anlehnung an eine verwegene Formulierung des Historikers Joachim Fest. Sollen Wissenschaftler, Intellektuelle und Künstler in einem demokratischen Gemeinwesen wirklich wieder Mythenbastler werden?

6 *Ferndiagnostische Spekulationen über 68*

Christian Schneider/Cordelia Stillke/Bernd Leineweber, Trauma und Kritik. Zur Generationengeschichte der Kritischen Theorie, Münster 2000

Was – außer den vordergründigen medialen Dramatisierungsbedürfnissen – die momentane Erregung über »1968« hervorruft, bleibt unklar, aber die Vermutung liegt nahe, dass es um einen Stachel geht, der tief sitzt. Wie tief dieser bei ihnen selbst sitzt, versuchen Christian Schneider, Cordelia Stillke und Bernd Leineweber herauszufinden. Sie gehören der Protestgeneration an und verstehen sich als Schüler der Kritischen Theorie. In einer Art philosophisch-psychologischer Selbstanalyse beschäftigen sie sich mit ihrer eigenen »Bildungsgeschichte«, die maßgeblich geprägt wurde durch das Studium bei Max Horkheimer und Theodor W. Adorno.

Dass diese nach dem Zweiten Weltkrieg und dem Mord an den europäischen Juden wieder nach Frankfurt zurückkamen, war nicht selbstverständlich. Schneider, Stillke und Leineweber deuten die Gründe für die Rückkehr in der Optik der Psychoanalyse als tief verankerte psychische Dispositionen. Bei Horkheimer, dem »die Vorstellung, dass man dazu gehört«, zeitlebens fremd war, ist es ein quasi-adoleszentes Rebellentum, das ihn antrieb. Er kehrte zurück, weil er der deutschen Jugend mit einer »Erziehung zum Widerstand« bei der Abgrenzung von den Generationen der Täter und Mitläufer helfen wollte. Als Herbert Marcuse allerdings 1968 vom »Naturrecht« auf Widerstand sprach –

was trotz der Anführungszeichen missverständlich blieb –, distanzierte sich Horkheimer öffentlich von ihm. Für Adorno gibt es biographisch evidente Zeugnisse, dass er sich schon als Kind als »Außenseiter« und »Opfer« fühlte. Diese psychischen Dispositionen und Erfahrungen Horkheimers und Adornos sind für die »Geschichtskonstruktion« der Kritischen Theorie – so die Grundthese des Autorenkollektivs – ausschlaggebend geworden. Horkheimer und Adorno entschieden sich zur Rückkehr, weil sie als Überlebende vor der nachwachsenden Generation Zeugnis ablegen und als »Statthalter der Ermordeten« auftreten wollten. »Die Entscheidung, ihn als ›Bruder der Opfer‹ des Nationalsozialismus zu sehen, hat Horkheimer nicht nur seinen professoralen Kollegen, sondern auch seinen Schülern abverlangt.«

Diese – aufgewachsen in Elternhäusern, wo die Vergangenheit bis 1968 beschwiegen und die Mitschuld am Völkermord verdrängt worden war – nahmen das Angebot der Ersatzvaterschaft an, waren aber mit der Identifikation mit den Opfern überfordert. Freilich enthielt dieses Angebot auch zwei Ambivalenzen: Kritische Theorie wurde von vielen Studenten nicht als fachphilosophische Disziplin, sondern wegen des Formats und des Habitus ihrer Repräsentanten als »eine Art Lebenslehre« verstanden. Kaum eine Theorie war jedoch dafür ungeeigneter als die Kritische Theorie, denn diese hatte ihr Gravitationszentrum in der Negativität, die als »Nichtidentisches« beschworen wurde, während alles »Identische«, einem apodiktischen Verdikt verfiel: »Alle Kultur nach Auschwitz, samt der dringlichen Kritik daran, ist Müll.« Das Autorenkollektiv unterstellt, derlei radikale Zuspitzungen könnten bei Studenten »ein Trauma« oder »das Grundgefühl einer ›negativen Identität‹« erzeugt haben. In welchem Ausmaß das tatsächlich der Fall war, ist eine nicht-aufklärungsfähige Frage. Ambivalent war die »Kritische Theorie« auch als Gesellschaftstheorie, insofern sie sich – zumal in Adornos Spätwerk – nicht allzu konkret auf die gesellschaftlichen, wirtschaftlichen und politischen Verhältnisse einließ, sondern das Ganze zum »Verblendungszusammenhang« erklärte und im negativ besetzten Begriff des »Bestehenden« bündelte. Als die Studentenbewegung daran ging, das »Bestehende« als kapitalistische Macht- und Klassenverhältnisse auszubuchstabieren, wurden sie von ihren Lehrern nicht mehr verstanden. Umgekehrt sahen sich die Studenten alleingelassen und verraten.

Schneider, Stillke und Leineweber spüren mit erheblichem Aufwand den Spuren nach, die das Konzept der Stellvertreterschaft der Ermordeten im Werk Adornos hinterlassen hat. Sie kommen dabei zum Schluss, dass schon die »Dialektik der Aufklärung« (1947), vollends jedoch die »Negative Dialektik« (1966) »in gewisser Weise« Sedimente der Lebensgeschichte der beiden Autoren darstellen. Dem hätten Horkheimer und Adorno, die vom »Zeitkern« ihrer wie jeder Theorie sprachen, wohl kaum widersprochen. Im Bemühen, diesen »Zeitkern« biographisch festzumachen, greifen die Autoren manchmal etwas kurz, so zum Beispiel wenn sie Adornos Kritik an der Psychoanalyse als Therapie auf seine »Überlebensschuld« zurückführen möchten.

Wenn man das Buch von Schneider, Stillke und Leineweber als Analysen zur Selbstverständigung über ihre eigene Anziehung durch und Distanz zur Kritischen Theorie liest, kann man es nicht hoch genug schätzen. Aber leider geht der Ehrgeiz der Autoren weit darüber hinaus. Mit dem ambivalenten Gestus von richtigen 68ern gehen sie aufs Ganze und möchten mindestens alles in den Griff bekommen – subito sowieso. Das geht nicht ohne Pauschalisierungen und totalisierende Zumutungen ab.

7 *Aufgeblasenes und Ressentiments*

Dirk Schümer, Die Kinderfänger. Ein belgisches Drama von europäischer Dimension, Berlin 1997

Kann man eine Reportage auf den Umfang von dreihundert Seiten aufblasen? Man kann, wenn die Fakten so viel hergeben. Der Journalist Dirk Schümer erzählt, von »meinem Arbeitgeber FAZ« nach Belgien geschickt, die haarsträubenden Geschichten von polizeilicher Schlamperei und juristischer Gleichgültigkeit im Zusammenhang mit dem Verschwinden von rund zwei Dutzend Kindern. Diese Geschichten werden eingerahmt von einem kenntnisreichen Bericht über Fälle von Korruption, Entführung und Erpressung innerhalb der belgischen politischen Elite. Der Mord am sozialistischen Politiker André Cools am 18.7.1991 bildete hier nur den Höhepunkt einer Kette von Skandalen. Stoff für 150 bis 200 Seiten.

Der Untertitel des Buches erklärt, warum es 300 Seiten lang geworden ist und verrät zugleich, dass es dem Autor um mehr als eine Reportage geht. Er möchte das Geschehen als »ein belgisches Drama von europäischer Dimension« interpretieren. Damit übernimmt er sich in jeder Hinsicht, denn es gelingt ihm nirgends, plausibel darzutun, dass »die Krise des belgischen Staates ... beispielhaft sein könnte« für alle »westlichen Demokratien«. Nicht einmal die »europäische Dimension« der Verbrechen, für die der Kinderschander Marc Dutroux verantwortlich gemacht wird, steht zweifellos fest. Genauso wenig ist geklärt, ob jemand (und gegebenenfalls wer) hinter dem Mann steht. Restlos spekulativ bleibt vorerst auch der Zusammenhang zwischen den Verbrechen an den Kindern und den Verbrechen im politischen Milieu sowie der Korruption unter dem Schutz der Parteien- und Sprachenkompromiss-Kungelei.

Die fürsorgliche mediale Betreuung der Opfer und ihrer Angehörigen à la Schreinemakers verharmlost Schümer zum »gleichsam neuen Dienstweg« als Ersatz für eine ordentliche kriminalistische Ermittlung. Das volkstümliche TV-Verfahren steigerte das Entsetzen über die Verbrechen an den Kindern zum populären »Urteil«, wonach die zeitliche Koinzidenz des Kindesmissbrauchs mit den politischen Verbrechen einen sachlichen, gar kausalen Zusammenhang beweise. Schümer sieht die Lücken zwischen den beiden parallel verlaufenden Ereignisketten, aber er zeichnet nicht nur deren Verlauf auf, sondern arrangiert sich eher mit dem gesunden Volksempfinden der Boulevardmedien, wonach alles mit allem zusammenhänge und allemal »ganz oben« zusammenlaufe. Das untrügliche Indiz dafür sind die fast auf jeder Seite wiederkehrenden rhetorischen Fragen und pauschalen Behauptungen auf der Basis dürftigster Belege: »Die Parallelen zum Fall Cools waren allzu offensichtlich, als dass die Belgier sie übersehen konnten.« Zwei Seiten später folgt der gleiche Satz für den Fall Dutroux. Gelegentlich behilft sich der Autor damit, die trübe Faktenlage für seine Thesen mit starker Moral zu kompensieren: »Im Namen der getöteten Kinder ist es nun erlaubt, das Böse der Gesellschaft auf das Scheitern demokratischer Institutionen zurückzuführen«. Zu einer solch abenteuerlichen Beweisführung passt, dass sich Schümer dauernd auf »die« Belgier, »das« Volk, »die« Menschen, »die normalen Bürger« oder gleich »die duldsamen Flamen« beruft. Er wendet sich gegen Verschwörungstheorien, aber kocht über Dutzende von Seiten nur Gerüchte und Spekulationen auf, mit denen sich jene Theorien nähren.

Noch ärgerlicher als handwerkliche Schnitzer wie die Beförderung von Alfred Dreyfus zum »General« oder die giftige Polemik gegen die frankophilen Wallonen zu Gunsten der »zweisprachigen Flamen« (wobei es Schümer fertig bringt, im Wort »révolutionnaire« gleich zwei orthographische Fehler unterzubringen), ist der Interpretationsrahmen, auf den der Autor sein Sittenbild Belgiens aufnagelt. Dieses ist von Dämonisierungen und primitiven Schablonen geprägt. Den »Tausenden wandelnden Zeitbomben« von sexuell Gestörten sind natürlich Staatsanwältinnen und Richterinnen nicht gewachsen, die im »Herrenhaus« wohnen oder »Zobel« tragen.

Schümers Interpretation beruht auf Anachronismen und Ressentiments. Die Penetranz, mit der er auf der »Künstlichkeit« des Staates beharrt, wenn es um belgische Geschichte geht, verlängert das ohnehin anachronistische Argument ins Groteske. Er redet von Belgien mit einem Eifer als einem »Kunstprodukt«, von »künstlichen Grenzen«, von »seelenloser Nation« und einem »künstlichen Staat«, so als ob es irgendwo oder irgendwann »Naturstaaten« oder »natürliche Grenzen« gegeben hätte – ein Begriff, der außer für »Geopolitiker« für niemanden evident ist, weil ihm nicht einmal Inseln entsprechen (Irland, Sri Lanka, Zypern).

Zu solchen Anachronismen gesellen sich Ressentiments in jeder Preislage. Aus dem innigen Verhältnis für »Identität«, »Nation«, »Autorität«, den »starken Staat«, »hartes Durchgreifen«, »schärfere Justiz« und andere Sonderangebote aus Carl Schmitts Hausapotheke speist sich Schümers Ressentiment gegen die Europäische Union. Dabei ist ihm nichts zu billig. Das Kompetenzgewirr unter belgischen Polizeiorganen dient Schümer zur rhetorischen Frage: »Aber wie soll eine europäische Polizei funktionieren, wenn nicht einmal die belgischen Behörden ordentlich zusammenarbeiten können«. Dabei übertrifft die »legale« Vernetzung der Polizei- und Geheimdienste in Europa turmhoch den Stand ihrer demokratischen Kontrolle.

Schümer schießt mit der im Boulevardjournalismus üblichen Munition auf »die Eurokraten«, aber er vergisst, dass die Brüsseler Bürokratie – mit allen Defiziten ihrer demokratischen Kontrolle – zahlenmäßig bescheiden ist, verglichen mit deutschen Bundes- und Landesbehörden, ganz zu schweigen von aufgeblähten »Managementebenen«. Wenn vom »betonierten Alptraum« Brüssel die Rede ist, obwohl die Grundstücksspekulation nicht anders wütet als in Frankfurt oder Berlin, bedient sich Schümer jener Parolen, mit denen der Stammtisch von der populistischen Journaille versorgt wird: »In manchen Straßen haust eine Menge schmieriger Sexshops, wo die einpendelnden Eurokraten noch morgens vor der Arbeit vorbeischauen können.« »Eurokraten« darf man so angehen, die viel luzidere Darstellung der Spekulantenszene in Faßbinders Frankfurter »Müll«-Stück verfällt bis heute der maßgeblich von Schümers Arbeitgeber inspirierten Zensur.

So richtig zur Sache geht es gegen den Schluss des Buches. Der im Juristischen dilettierende Journalist möchte aus einem konservativ-volkstümelnden Ressentiment (z. B. gegen »libertinäre Hochkultur«) heraus, in das ihn die Talkshow-Debatte über Kindesmissbrauch gestürzt hat, en passant den Rechtsstaat umkippen. Er hält sich hinter dem »besorgten Bürger« bedeckt, meint aber auch selbst: »Wichtiger als das Bürgerrecht eines abgestraften Gesetzesbrechers wird zunehmend das Recht erachtet, sich präventiv gegen gefährlich veranlagte Menschen zu schützen.« Das möchte er nicht als Halali zur allgemeinen Menschenhatz missverstanden wissen! Dem unvermeidlichen Missverständnis ist kostensparend vorzubeugen, wenn man das Buch nicht kauft.

8 Plumper Flachsinn über Faschismus

Georg Seeßlen, Tanz den Adolf Hitler. Faschismus in der populären Kultur, Berlin 1994

Was für ein Titel! Man beginnt zu lesen und gerät in eine glänzend geschriebene Geschichte, die den öden Alltag einer »Offiziersfamilie« der Adenauer- & Erhardjahre mit den durch Filme geprägten Träumen, Phantasien und Hoffnungen eines Jugendlichen konfrontiert. »Was immer mein Onkel tat, es wurde damit erklärt, dass er in Stalingrad war.« Aber schon nach sieben Seiten bricht diese Geschichte ab. Höheres zieht den Autor an – nicht gerade eine Faschismustheorie, aber hinter einer prätentiösen Analyse der »faschistischen Ur-Situation« möchte er nicht zurückbleiben. Über dreißig Seiten hinweg traktiert der Autor den Leser mit Thesen, die auch noch die plumpeste Faschismustheorie locker unterbieten. Flachsinn im erhabenen Ton: »Die Sprache ... verweigerte sich dem ödipalen Drama der antiautoritären Revolte, indem sie aufhörte, sich als Form zu zeigen.« Adorno kommentierte derlei mit dem Satz, das Niveau sei hoch, aber keiner drauf. Der Autor fahndet in der dünnen Luft empiriefreier Abstraktion nach plakativen Gegenbegriffen, die er beliebig durchbuchstabiert: »Verbergen – Enthüllen«, »Fälschung – Original«, »Schuld – Versöhnung«, »Körper – Objekt«, »Kultur – Barbarei« und natürlich »Täter – Opfer« – dies oder jenes oder vielleicht das Gegenteil. »Der gemäßigte, neue Faschismus« versteckt sich überall, denn die Nachkriegszeit steht bis heute im Zeichen einer »Kultur der Entschuldung«. Das ist nicht falsch, aber was das konkret bedeutet, ertränkt der Autor in moralisierenden Phrasen, wonach »die planvolle Ermordung von Menschen« unter der Nazi-Diktatur abgelöst worden sei von »der Asylpolitik, der Ausländerpolitik der BRD«. Seeßlen hält derlei Schwachsinn wohl für starkes Denken. Und diesem verdanken wir auch die abenteuerliche These, bundesdeutsche Archivpraxis sorge dafür, dass »die Bearbeitung der Geschichte in den Händen der Täter« verbleibe. Daran ist soviel richtig, dass es Einschränkungen bei der Verwendung von Personalakten (»Personenschutz«) gibt. Aber erstens geben gerade Personalakten notorisch ganz wenig her, und zweitens umfassen sie nur einen winzigen Teil der sonst völlig frei zugänglichen Akten – auch der Gestapo-Akten. Diesen Abschnitt hätte der Autor sich (und dem Leser) ersparen können, wenn er sich an die eigene Einsicht gehalten hätte: »Aber natürlich ist es ganz und gar nicht so einfach.« Er fährt freihändig und wild spekulierend durch die Zeiten, auf der Suche danach, was er für »Faschismus« hält – von den dreißiger Jahren bis heute. Anachronismen stehen neben kitschigen Formeln wie der vom Faschismus als »Abwesenheit des Menschlichen«. Anzurechnen ist Seeßlen allerdings, dass es bei dieser Hatz auf Faschisten nicht so einfältig und denunziatorisch zugeht wie beim Al-Bundy-Journalismus, der »die« Linken und Pazifisten zu Antisemiten stempelte, weil sie sich nicht einreihen mochten in das, was Peter Rühmkorf die »Legion Schwarzkopf« genannt hat.

In zwei Abschnitten zeichnet Seeßlen die Geschichte des Nazifilms und dessen Rezeption in der Unterhaltungsindustrie der BRD nach. Eine zentrale Rolle spielte dabei das Werk Leni Riefenstahls. Deren »Krieg gegen die Wirklichkeit« kulminiert in den Propagandafilmen zum Nürnberger Parteitag und zur Berliner Olympiade. Die empirische Basis des Buches ist eher schmal, aber der Autor interpretiert die Filme elegant, solange er nicht in die Marotte zurückfällt, sie ins Korsett moraltriefender Schemata zu zwängen.

Am besten gelungen sind jene Passagen, in denen es um die faschistischen Gehalte von Comics, Illustriertenromanen, Science Fiction und Texten von Skin-Bands geht. Auf diesem Feld verfügt der Autor über fundierte Kenntnisse. Was sich da – vor allem in Comics und in den Texten von Skinhead-Rockbands – zusammengebraut hat, läuft auf »ein geschlossenes rechtsextremes Weltbild« hinaus. Aber auch dabei verschüttet ein pathetischer Gestus, was durch sachhaltige Präzision zu zeigen wäre, ohne die Polemik zur gutgemeinten Schimpferei absinkt. – Das Buch, das das Versprechen von Titel und Untertitel einlöst, steht noch aus.

9 *Auf den Hund gekommener Konservatismus*

Wolfgang Sofsky, Das Buch der Laster, München 2009

Der Göttinger Soziologe und Privatgelehrte Wolfgang Sofsky porträtiert in seinem neuen Buch 18 Arten des Lasters. Er beginnt mit der Beschreibung von Andrea Mantegnas Bild von 1500, das die Vertreibung der Laster aus dem Garten der Tugend durch die Göttin Minerva zeigt. Minerva hieß in der griechischen Mythologie Athene und war die Schutzgöttin von Athen, aber auch der Künste, der Handwerke, des Krieges und der Vernunft. Laster bzw. Sünden haben – wie die Tugenden – griechisch-römische und jüdisch-christliche Wurzeln.

Im jüdisch-christlichen Verständnis bildeten Stolz, Habsucht, Neid, Zorn, Unkeuschheit, Unmäßigkeit und Trägheit die sieben Haupt- oder Todsünden. Nach antikem Verständnis galten Weisheit, Tapferkeit, Besonnenheit und Gerechtigkeit als die vier Kardinaltugenden. Während sich der Renaissance-Maler Mantegna noch mehr oder weniger strikt an den aristotelisch-jüdisch-christlichen Tugend- bzw. Lasterkatalog hält in seinem Bildprogramm, kümmert sich Sofsky wenig um die Tradition in seiner Aufzählung von 18 Lastern von der Gleichgültigkeit bis zur Grausamkeit. Die robuste Geschichtslosigkeit drückt sich auch terminologisch aus. Sofsky spricht ohne Differenzierung von Lastern, Sünden, Unsitten, Untugenden, Unmoral und Untaten.

Sofskys These lautet einigermaßen apodiktisch: »In ihrer moralischen Ausstattung kennt die menschliche Spezies keinen Fortschritt. Daher ist auch kein allgemeiner Sittenzerfall zu diagnostizieren. In moralischen Angelegenheiten gibt es keine besseren Zeiten, weder in der Vergangenheit noch in der Zukunft.« Woher Sofsky das so genau weiß, verrät er ebenso wenig, wie die Gründe für seine 18-stufige Hierarchie von Lastern: »In mehreren Schritten steigert sich die Unmoral von der Gleichgültigkeit und Weichherzigkeit über die Willensschwäche und Zügellosigkeit bis zur Bösartigkeit.«

Das Buch enthält zwar eine vierseitige Liste mit einschlägigen Werken von Aristoteles über Thomas von Aquin und Kant bis zu Peter Sloterdijk, aber im ganzen Buch erscheint kein einziger dieser Namen und kein einziges Zitat, das Sofskys Laster-Typologie philosophiegeschichtlich untermauerte. Sofskys Laster-Katalog hat keine historischen oder sozialen Dimensionen, weshalb er auch nichts dazu beitragen kann, um zu erklären, wie aus der christlichen Todsünde »Geiz« im Lauf der Jahrhunderte eine Konsumententugend (»Geiz ist geil«) werden konnte. Sofsky arbeitet mit dogmatischen Setzungen. Zu seiner Methode äußert er sich nur en passant an einer einzigen Stelle. Er versteht sein Buch als »anthropologische Analyse«, die »Selbst- und Sachverhältnisse« betrachtet. Das Fundament dieser Betrachtung bilden ganz alte Unbekannte: »der« Mensch, »die« Menschheit und »man« – alles nur Pseudonyme, hinter denen die Willkür des Autors und sonst nichts steckt. Auf Schritt und Tritt finden sich Sätze wie der folgende: »Im Alltag handeln die Menschen meist nicht nach Grundsätzen.«

Oder auch nicht. Woraus bezieht der Autor seine gusseisernen Gewissheiten? Bei der Darstellung der einzelnen Laster behilft er sich ganz schlichter spekulativer Anleihen bei beliebigen Befindlichkeiten, zum Beispiel beim Laster der Ungerechtigkeit bzw. des Ungerechten: »Allen bleibt er etwas schuldig. Er belohnt keine Verdienste, spendet kein Lob und erteilt keinen Tadel, Versprechen vergisst er, Verträge missachtet er, Entschuldigungen übersieht er. Die Laune des Augenblicks bestimmt sein Denken und Tun.«

Dieser aus freihändig herzitierten Versatzstücken zusammengeklebte Pappkamerad des »Ungerechten« – die Laster kommen bei Sofsky fast immer männlich daher – muss dann herhalten zur Darstellung »der« Ungerechtigkeit, in deren Bestimmung keine historischen, sozialen oder systematischen Argumente eingehen. Mit einer Ausnahme: Immer wenn sich Sofskys im Prinzip zeit- und ortlose Laster in die Moderne verirren, schwingt ein gar nicht dezentes und wohl bekanntes Ressentiment gegen die Demokratie mit. Das hört sich im Falle des Lasters der Trägheit so an: »Wähler und Mitglieder sollen ausharren und ihren Repräsentanten freie Hand lassen. Ihr Schweigen zählt als Zustimmung, ihre Trägheit als Loyalität. Solange niemand aufbegehrt, ist das demokratische Regime stabil.« Auf diese sehr kommode Art macht Sofsky nicht nur das Laster der Trägheit, sondern auch die Laster des Selbstmitleids, der Feigheit, der Torheit, des Starrsinns, der Habgier und der Ungerechtigkeit zu Fundamenten der Demokratie und der Moderne.

Gelegentlich unterschreitet Sofsky sogar dieses bescheidene Niveau der Kritik von Demokratie und Moderne und landet bei stammtischtauglichen Karikaturen – so beim Porträt des Geizigen: »Beim gemeinsamen Mahl bestellt sich der Knauser das billigste Gericht, obwohl er weiß, dass es ihm nicht schmecken wird. Statt Wein trinkt er Wasser, statt Fleisch wählt er Salat, statt fünf Gängen nur zwei. Dass er damit den anderen den Appetit raubt, stört ihn nicht. Nötigt ihn die Sitte, Gäste einzuladen, zählt er genau, wie viel Gläser ein jeder getrunken hat. Still rechnet er nach, was ihn die Gefälligkeit bereits gekostet hat.«

Von solchen grobianischen Stereotypen und dogmatischen Behauptungen ist das Buch voll. Nietzsche glaubte, »alles Dogmatisieren in der Philosophie« sei nur »edle Kinderei und Anfängerei« gewesen und habe sich längst überlebt. Sofskys Buch ist der Gegenbeweis. Er rüstet Behauptungen, Dogmen und Beliebigkeitsfloskeln zu scheinbar plausiblen anthropologische Gewissheiten auf, die allenfalls als gar nicht so edle Kinderei durchgehen könnten.

Als vulgär gelten Sofsky nicht nur »Zoten und Cochonnerien, die Entblößung nackter Tatsachen oder die Enthüllung intimer Geheimnisse«, sondern einiges mehr: »Vulgär, das ist auch nicht nur die Vorliebe für Plastiktischdecken, weiße Socken oder Tätowierungen, für Schunkellokale und kolossale Besaufnisse. Vulgär ist der Pöbel, der von der Religion nur den Aberglauben, von der Kultur nur die Arena, von der Sprache nur die Lautgesten, von der Gesellschaft nur die Massen und vom Staat nur die öffentliche Speisung kennt.«

Zum Ressentiment gegenüber der Demokratie gesellt sich im intellektuell auf den Hund gekommenen Konservatismus notorisch elitärer Dünkel. Übertroffen wird dieser hinlänglich bekannte Gestus von Sofkys fatalem Hang zu hämmernden Hauptsätzen, die den Eindruck von allgemeiner Geschwätzigkeit verstärken: »Der Alltag ist das Reich der Gewohnheit.«

Unterboten werden solche Allgemeinplätze von prätentiös verpackten Tautologien, wenn er schreibt: »Serialität ist vor allem durch das Prinzip der Zahl bestimmt« – und die Armut kommt von der pauvreté, möchte man hinzufügen.

Im Schlusskapitel über Grausamkeit steigert Sofsky sein Lamento zur Apotheose. Im Paradies des Schreckens versammelt er alle 18 Laster in der »Hölle der Grausamkeit als Institution«, die sich »die« Menschen – im Unterschied zur christlichen Auffassung – zu ihrem Aufenthalt selbst gewählt haben. Die Höllenwelt, die er mit grellen Strichen skizziert, gleicht jener Mantegnas – mit einem wichtigen Unterschied: »Fern ist die Göttin der Vernunft, die vor Zeiten das Paradies befreit hat.« Im Widerspruch zu seiner eingangs zitierten These, es gebe keinen »Zerfall«, kommt Sofskys kulturpessimistisch-postmoderner Botschaft »nur« die Vernunft abhanden. Aber damit lässt es sich als Privatgelehrter offensichtlich gemütlich überwintern, solange es Verlage gibt, die derlei drucken.

10 Kaschmirbehaglichkeit

Stephan Wackwitz, Selbsterniedrigung durch Spazierengehen, Frankfurt 2002

Das Personal des ersten Textes besteht aus Freundin, Freund und einem Ich, dem Autor. Der Aufhänger: Die Freundin fragt angesichts eines Fotos von einem erigierten Penis die beiden Männer, »ob das eigentlich wehtut.« Dem Freund fällt die Antwort nicht leicht, weil er »zwischen New York und Krakau hin- und herpendelt«, und den Autor Wackwitz »durchzuckte eine Epiphanie von der Art, wie sie uns Essayisten gelegentlich durchzuckt.« Der Autor wusste »plötzlich«, was »das Gegenteil jener Schlappschwanz-Literatur ist«, die Maxim Biller zur Weißglut brachte. Das Thema ist also Billers »Erektionsliteratur«, d. h. dessen periodisch erscheinenden gespreizten Aufgeregtheiten über die Unaufgeregtheiten der jeweils neuesten Spielart der insgesamt langweiligen neuen Literatur. Wackwitz kann da mitreden. Warum? Weil er Autor ist. So einfach ist das.

Billers und anderer »Erektionsliteratur« verdankt sich der »literarischen Überproduktion« und der notorischen Verwechslung von Literatur und Leben. Die »Erektionsliteratur« im Stile Billers zielt Wackwitz zufolge auf »nationale Seelenführerschaft pro bono, contra malum« – womit der Autor nach dem Hinweis auf Adorno auch noch demonstriert, dass er Lateinkenntnisse besitzt. Wackwitz' Rat an Biller und Konsorten: »nach zehn Jahren wieder in die ›Minima Moralia‹ reinschauen«, statt nach »Distinktionsgewinnen« zu schielen. Pierre Bourdieu lacht in seinem Grabe.

Und als Grund von allem Übel entdeckt Wackwitz, dass deutsche Erektions-Literaten seit 230 Jahren immer nur das eine Stück von »Sturm und Drang«, von »Stürmern und Drängern« wiederholen, weil sie »mit der Dialektik zwischen minor poet und major writer nicht zurechtkommen«. Aber Wackwitz schafft Abhilfe und gibt gleichzeitig das Geheimnis seines Überlebenstraums als großer Autor preis. Alle »Literatur kommt klein zur Welt«, kann aber wachsen. Kafka war auch einmal kafka und wurde zum KAFKA, obwohl er »keinen Agenten« hatte. Einer wie Robert Walser blieb dagegen »unvergleichlich viel kleiner« als KAFKA. »Dass er groß wurde, ist nicht das Ergebnis eines strategisch richtig inszenierten Aufsteifungsrappels gewesen, sondern eher eine Art Zufall.«

Und warum erzählt Wackwitz all diese Peinlichkeiten und Plattitüden? Es sind die Ergebnisse eines jener »eigentümlich ziellosen Abende in einer Krakauer Wohnküche« und genau so beliebig-banal wie der dabei getrunkene »Wodka« und die gerauchten »Marlboro Lights«. Des »Menschen Sinn für Identität mit sich selbst« (Richard Rorty) ist Wackwitz' innigster Antrieb zum Schreiben. Der Autor kennt sein Risiko: »Man weiß immer erst nach dem Schreiben eines dieser Stücke, die sich nicht zwischen Autobiographie, Prosalyrik, philosophischer Abhandlung und Journalismus entscheiden können, wozu es eigentlich dient.« Die Funktion dieser Textsorte identifizierte der französische Publizist Jean-François Kahn als Selbstbespiegelungen von aufgedunsenen Unerheblichkeiten, die Autoren gelten ihm als »Nabelschauer der eigenen Kaschmirbehaglichkeit«.

Alle anderen neun Geschichten, mit denen Wackwitz aufwartet, sind nach dem gleichen Muster gestrickt. Der Autor und sein Anhang verbringen Weihnachten auf Gran Canaria (wo sonst?), und unterhalten sich über Boris Beckers (»Tennisprofi«) »Scheidungsauseinandersetzungen« mit obligater »innerer Anteilnahme«, wenn sich Wackwitz nicht gerade damit beschäftigt, wie sein »Leben tatsächlich in der unheimlichsten und seinerseits wieder an ein Verhängnis erinnernden Weise in innerer Abhängigkeit von dem sich über Jahrzehnte entfaltenden autobiographischen Werk Woody Allens vollzogen« hat. Zum vollkommenen Spießerglück auf Gran Canaria fehlt nur noch der Hund.

In einer anderen Geschichte langweilt sich der achtjährige Sohn, was Vater Wackwitz zum steilen Hinweis nötigt, es sei »offenbar sowieso alles andere als einfach, acht Jahre alt zu sein.« Warum soll es dem Achtjährigen als Sohn nicht anders gehen als dem jungen Kafka als Dichter. »Man ist mit acht«, weiß der Vater, »kein kleines Kind mehr, aber auch noch kein großes.« Und kaum hat sich der Vater, der auch Baudelaire kennt, vom »Einbruch des ennui in die Welt achtjähriger Kinder« halbwegs erholt, ist er auch schon beim »Zustand unserer modernen Gemeinwesen und unserer systemisch ausdifferenzierten Wirtschaft«, bei Stalin, Trotzki und Heidegger. Nur eine »metaphysische Hemmung« hindert den besorgten Vater daran, dem Jungen das »Pokémon-Universum« (»auf eine halbe Stunde täglich limitiert«) zu entwinden, weil dieser vielleicht »jetzt gerade Erfahrungen mit einem dämonischen Existenzial« machen könnte. Von »den nebligen Abgründen des Seins« in der Gegenwart warf es den Autor schnurstracks »in die Abgründe des Daseins« der Studentenjahre in den 70ern zurück, als er sich ins Tagebuch notiert hatte: »In der Mensa über Königsberger Klopse mit einem fertig examinierten Soziologen geredet: ›Es ist irgendwie so hoffnungslos, wenn man da in den Kloß so reinbeißt‹, und wir müssen beide lachen.«

Derlei ist dem Leser längst vergangen zwischen dem Beginn der Geschichte und ihrem Ende, als der Sohn »schon fast achteinhalb geworden ist«, nicht mehr im Pokémon-Universum spielt, sondern auf dem Klavier, was den Vater freut, obwohl »Klavierstunden erheblich teurer sind als alle Pokémon-Spiele.« Und Wackwitz endet mit der Drohung – trotz der eingangs konstatierten literarischen »Überproduktionskrise«: »Morgen werde ich wieder etwas schreiben.« Das soll er ruhig, aber – bitte sehr – der hochgeschätzte Fischer-Verlag sollte verhindern, dass wir das Geschriebene zu lesen bekommen!

VI In eigener Sache

1 *Triviale Laufmaschine*

»We're just doing it.« Darauf reduzieren sich bei näherem Hinsehen die Antworten von Marathonläufern auf die Frage, warum sie nicht harmlose Jogger geblieben sind. Die Zahl derer, die sich so zu harten Entscheidungen bekennen und dafür allerlei an Strapazen auf sich nehmen, ist nicht bekannt – geht aber allein für die BRD in die Sechsstelligkeit. So viele Leser hat Niklas Luhmann im Inland noch nicht – aber weltweit allemal, besonders in Asien. Es gibt Berührungspunkte zwischen dem Marathonlauf und der Systemtheorie. Deren Anspruch an die Kritiker – »macht es anders, ... aber mindestens ebenso gut« – teilt jeder Läufer. In den Marathon-Slang übersetzt, gilt ein entsprechender Satz jedem Überholenden und lautet, wenn auch (meist) unausgesprochen: »gezählt wird am Schluss« – nach etwas über 42 Kilometern. Über die Vorliebe von Systemtheoretikern und Marathonläufern für weitere Sekundärtugenden – vom langen Atem bis zu kurzen Erholungszeiten, Sinn für Selbstironie und tiefem Puls – braucht man kein Wort zu verlieren. Sie sind richtig und unverzichtbar, aber eben sekundär.

Bei Luhmann und seinem Gewährsmann fürs Logische und fürs Beginnen – George Spencer Brown – läuft das Entscheiden auf das Unterscheiden hinaus. Deshalb heißt deren gemeinsame Devise: »Fang mit einer Unterscheidung an«, dann ergibt sich der Rest von selbst. Damit meinen die Theoretiker nicht die moralische Binsenwahrheit, dass einer manchmal B sagen muss, weil er unvorsichtigerweise A versprochen hat. Philosophisch meint Unterscheiden, dass, wer »das Böse« benennt, »das Gute« mitdenken muss, weil das eine an das andere angrenzt und weil eine Grenzziehung nur möglich ist, indem man das Territorium jenseits – und sei es das finsterste Nichts – als bekannt voraussetzt. Der Läufer hat den Nichtläufer im Visier wie der Leser den Nichtleser.

Damit soll wenigstens in diesem Artikel Schluss sein. Die Sache wird ins restlos Positive gedreht: Der Läufer als Leser und der Leser als Läufer wurden letzten Sonntag beim Frankfurter Marathon zur Einheit und traten gleichzeitig zum Duell gegeneinander an: Muskelkopf gegen Kopfbein, aber für die Dauer des Laufs bildeten sie ein zusammenlaufendes System mit der Startnummer 8086, um die behaupteten Affinitäten von Marathon und Systemtheorie zu testen. Luhmann hätte gesagt: »Jede Seite ist die andere Seite der anderen Seite« oder einfach Goethe zitiert: »Jedes ausgesprochene Wort erregt den Gegensinn.«

Man muss in tiefe Schichten bohren, um jene Abgründe der Einheit von Identität und Nichtidentität, die Differenz und die Einheit von Hut und Fuß, von Muskelkopf und Kopfbein zu sehen. Jeder

Marathonlauf beginnt mit einer Unterscheidung zwischen dem Laufen und der Königsdisziplin der Systemtheorie – dem Beobachten von etwas und dem Beobachten des Beobachtens. Es gab den 42-Kilometer-Lauf, Stadtansichten und die Resultate der akkumulierten Leseläufe durch Luhmanns Werk von über 10 000 Druckseiten. Der Lauf fand also simultan in der Stadtwelt, in der Theoriewelt und bodennah auf dem Asphalt statt, und die Lage kompliziert sich dadurch, dass sich der Bewohner dieser drei Welten zum Laufsystem mit der Startnummer 8086 verdichtete und nun aus allen drei Welten berichtet.

Das hat Konsequenzen fürs beobachtende Laufen wie fürs laufende Beobachten und bietet – wörtlich verstanden und im übertragenen Sinne – jede Menge von Möglichkeiten des Hinlaufens und Herbeobachtens, das in Luhmanns Theorie »re-entry« heißt und etwa so abgeht: Wissenschaft unterscheidet nach wahr oder falsch. Wenn dafür ein Regelsystem errichtet wird, ist das eine Theorie der Wissenschaft oder die Anwendung von wissenschaftlichem Unterscheiden auf Wissenschaft selbst. Es geht dann um zweierlei: erstens um wahr/falsch für ein bestimmtes Faktum und – zweitens – um die Frage, ob die Unterscheidung nach wahr/falsch selbst wahr oder falsch ist. Luhmann zielt wie Hegel immer aufs Ganze. Für die Startnummer 8086 stellte sich die Frage trivialer: einfaches Weiterlaufen oder die Stadtlandschaft und sich selbst beobachtendes Laufen, um herauszufinden, wie solche Beton- und Glasmassen, so viel Hässlichkeit und Biederkeit entstehen – trotz komplexer Systeme und dazugehöriger Theorie oder etwa gerade dank dieser? Dieser marathonmäßig rustikalen Lesart seiner Theorie hätte Luhmann widersprochen. Aber die Erfahrung vom Sonntag lehrte einmal mehr: Der Zustand der Stadt wird beim ersten »re-entry« zum Motiv, beim zweiten direkt zum Antrieb, schneller zu laufen oder eben – mit der Stadt, dem Laufen und der Theorie ringend – dorthin zu laufen, wo noch niemand war außer das sich notorisch selbst überschätzende »alteuropäische« Subjekt samt dazugehörigem Denken.

Nach dem Warum und nach dem Wie fragen nur »Vernunft-Nostalgiker«, denn jedes »System tut, was es tut« (Luhmann), unabhängig davon, welche Gedanken Intellektuelle oder gar die laufenden unter diesen sich dazu machen. Das gilt bei Luhmann auch für das System Frau und verschärft für alles, was einst als Frauenbewegung auftrat, denn »eine Frau muss tun, was ein Frau tun muss«. Ist Laufen ein System oder ein systemtheoriewidriges oder -resistentes Verhalten? Über weite Strecken des Laufs widmet sich das Laufsystem mit der Startnummer 8086 deshalb der Frage, ob es überhaupt eines ist. Dass Systemtheorie nur ein »re-entry« ins System meint, wo definitionsgemäß immer »geschieht, was geschieht«, also der tautologische Leerlauf, leuchtet rein läufer-theoretisch nicht ein: »Das System Laufen läuft, wie es läuft«, gilt vielleicht für den VW bzw. die alte Reklame dafür oder den heroischen Naturalismus des laufend amtierenden Außenministers, der meint, »wir« seien »von Mutter Natur als Lauftiere entwickelt worden«. Wenn das richtig wäre, glichen »wir« wohl eher Panthern und Gazellen. Der evolutionäre Weg zum »aufrechten Gang« hat »uns« ziemlich langsam gemacht.

Auf dem letzten Drittel der Strecke läuft das System Laufen nicht nur, sondern schmerzt auch, und jedes noch so kunstvoll arrangierte »re-entry« endet tendenziell im Überlauf, also auf der Meta-Ebene und bei der Frage nach dem ultimativen Sinn des Laufens. Nicht wenigen versagt das System Laufen schon lange vor dem Überlauf mangels »Sinn«. Eine zentrale Kategorie bei Luhmann: »Sinn ist ... ein Produkt der Operationen, die Sinn benutzen.« Aber genau damit wird es bei der Operation Laufen prekär, wenn sich außer Schmerz und Weh nichts mehr einstellen will – schon gar kein Sinn. In Fischers Marathonprosa übersetzt: Beim »ganz personellen Umbau«, d. h. beim »Auswechseln und völligen Neuschreiben meiner personellen Programmdiskette« auf dem Lauf ins Außenministerium, entdeckte er laufend Sinn in jeder Preislage und vor allem »eine große Harmonie des eigenen Ich« – am intensivsten wohl beim murmelnden Platttreten und Plattreden von Wörtern und Begriffen zu tautologischen Sätzen und pleonastischen Ausdrücken wie dem vom »eigenen Ich«, vom »inneren Dialog mit mir selbst« oder vom »Kern meiner inneren Machtfrage«. Fischers Sinnsuche endet im Sinnüberlauf: »Leidenschaft« kommt bei ihm von der »Passion«. Dem gewöhnlichen Läufer oder dem Laufen entspringt derlei »Sinn« nicht, schon eher dem laufenden Herumregieren.

Das Laufsystem mit der Startnummer 8086 ist eine »triviale Maschine« (Luhmann im Anschluss an den Biokybernetiker Heinz von Foerster). Alles, was beim Systemtheoretiker System heißt, kann mehr als Laufen, ist mithin eine »nicht-triviale Maschine«. Im Unterschied zum Laufsystem 8086 laufen die nichttrivialen Maschinen nicht mit Wasser, Tee und Bananen, sondern ausschließlich mit dem Selbstgebrannten. Der erzeugt einen esoterischen Rausch, nennt sich »Sinn« und steht so reichlich zur Verfügung wie Sauerstoff im Wald, denn »Sinn« ist alles, buchstäblich alles – auch der Unsinn und obendrein die Negation von Sinn, weil auch das Sinnlose wenigstens den Restsinn hat, keinen zu haben. Gerade deshalb verbietet sich dem Läufer die Sinnfrage, wenn er nicht ins Trübe hinüberrutschen will.

Die Sinnfrage ist die kritische Grenze für jedes rational orientierte Laufsystem, weil sich die Irritationen aus der Welt des Überlaufs nach Carl-Schmittscher Dezision (»souverän ist, wer abbricht«) und des Noch-nicht-Überlaufs im Sinne des »Prinzips Hoffnung« von Ernst Bloch ein systemgefährdendes Duell liefern. Restlos laufsystemüberwindend können Irritationen wirken, wenn sie in kantischer Verkleidung oder empirisch als starke Legionen von Nichtläufern im Sinne des transzendentalen Laufens auftreten: Statt um Laufen, Nichtlaufen oder Überlaufen geht es dann nur noch um die Bedingungen der Möglichkeit des Laufens überhaupt. Das System versetzt sich künstlich in den Zustand des Vorlaufs oder kollabiert an »Komplexitätssteigerung« (Luhmann) im »selbstreferentiellen« (Luhmann) delirium stagnans der Sinnsuche in Fischers Manier. Steile Überlegungen dieser Art jagten das Laufsystem 8086 durch die Straßen, wenn es nicht gerade dabei war, anhand der Zwischenzeiten nachzurechnen, wie die Endzeit aussehen könnte, solange die »Strukturen des Systems«, »die laufende Ersetzung von vorhergehenden Elementen durch neue« (Luhmann) –, also die Abfolge des einen Laufschritts durch den nächsten – zulassen.

Die Spekulationen darüber verloren sich jedoch schnell in »Hyperkomplexität« angesichts der städtischen Umwelt und der Vielzahl der unberechenbaren Variablen über die Verfassung des Laufsystems nach Kilometer 32, dem Beginn der Vorhölle.

Zu den hyperkomplexen Eindrücken gesellten sich chaotische Ausdrücke und Anderes aus dem Schattenreich von Beliebigkeit, Zufall und Allem, was sonst noch der Fall sein kann und bei Luhmann unter der Großfirma »Umwelt« auftritt. Vereinfacht gesagt: Alles, was nicht Laufsystem ist, ist Umwelt. (Lauf-)»system und Umwelt« sind »zwei Seiten einer Form« und können »zwar getrennt, aber nicht ohne die jeweils andere Seite existieren« (Luhmann). In Frankfurt gelangte das Laufsystem mit der Startnummer 8086 mitsamt zugehöriger Theoriepackung schon kurz nach dem Start auf den Platz der Republik. Derlei Umwelt stellt auch routinierte Laufsysteme und Lauftypen mit optimalen Nehmerqualitäten im Wegdrücken von Systemirritationen auf eine harte Probe. Was an diesem »Platz« das städtische Planungsdezernat, das seine Nichtig- und Winzigkeit seit 50 Jahren mit Kümmerlichkeiten und Großstadtphantasien kompensiert, zusammen mit dem Big Business von Banken und anderen Konjunkturrittern hingekriegt hat, sucht seinesgleichen in Europa. Plätze organisieren räumliche, funktionale und ästhetische Ströme von Verkehr, Waren, arbeitenden, wohnenden, spazierenden Menschen und Kommunikation anderer Art. Denkt man sich vom Frankfurter Platz der Republik die Autos weg, bleiben vier Straßenbahngeleise und ein Loch übrig.

Auf Frankfurter Plätzen ist eben manches anders. Bis ihnen Jean Tinguely auf einer Postkarte mitteilte, bei der Konstablerwache handle es sich nicht um einen Platz, sondern um eine Ödnis bzw. einen allenfalls als Parkplatz nutzbaren Unort, hielten viele Frankfurter das Gebilde an der Zeil für einen Platz.

Die Straßenkreuzung am heutigen Platz der Republik wurde erst 1922 zum »Platz« aufgewertet. Die Funktion verpasste ihm Hitlers »Generalinspekteur für das deutsche Straßenwesen« Fritz Todt. Dessen sozial-, christ- und freidemokratischen Nachfolgern ist seither eine einzige Innovation eingefallen. Diese bestand darin, den »Platz« im Namen der »autogerechten Stadt« mit einer zweispurigen Autobrücke ungefähr nord-südmäßig zu überqueren, damit ostwestmäßig Durchzug herrscht – eben »Luft für den Verkehr« (FAZ 7.11.1969). Ein paar Jahre später hat man die Brücke wieder abgerissen und seither konkurrieren die ästhetischen Dumpfheiten mit ökonomischen Sachzwängen und Standortlogiken. Fußgänger sind auf dem »Platz« übrigens nur einmal im Jahr vorgesehen – wenn dessen »Luft« gesperrt ist für den Autoverkehr und frei gegeben wird für die Marathonläufer. Marathonmäßig die Stadt lahmzulegen, ist ein nettes Spiel, das obendrein neue Einsichten und Durchblicke auf deren sprichwörtliche Unwirtlichkeit gewährt.

Ein zentraler Begriff der Systemtheorie heißt »strukturelle Kopplung«. Die Systeme der Wirtschaft, der Stadtplanung und der Politik etwa lassen sich demnach nicht koordinieren, weil jedes einer eigenen Logik folgt und nach eigenen Regeln funktioniert. Aber die verschiedenen Systeme lassen sich »koppeln«. In der Wissenschaft geht es zwar um Wahrheit, aber auch um Geld. Wer kriegt Forschungsgelder und wer Auszeichnungen für Forschungsergebnisse? Wissenschaftliche Wahrheiten, die gekauft werden, gelten dagegen als wertlos und korrupt wie gekaufte Liebe. Die Systemgrenzen sind freilich eng und die Unterscheidungen im Interessendschungel heikel. Da fragt sich, welche »strukturellen Kopplungen« zwischen Wirtschafts-, Politik-, Parteien- und Verwaltungssystem eine Stadtun(!)welt hingekriegt haben, die am Schluss so aussieht wie der Frankfurter Platz der Republik: Ein architektonisch-städtebauliches Monster wie dafür hingepfuscht, damit »man nicht sieht, dass man nicht sieht, was man nicht sieht« (Luhmann). Marathongemäß vereinfacht: Da koppelte sich, was sich kuppeln wollte ohne Rücksicht auf Verluste zur »Identität«, von der Luhmann einmal sagt, »weil es« um sie gehe, gehe »es auch um Gewalt«. Ein paar Kilometer weiter stehen am Straßenrand zwei Buben mit ihrer Mutter; sie halten zu dritt ein Plakat, auf dem steht: »Papa Du schaffst es! Wir lieben Dich.« Was das bekenntnisfreudige Trio wohl von Luhmanns These hält, wonach die Ehe die Liebe in »die Pathologie des Familienlebens« überführt?

Das Laufen dreht sich auch um die Zeit, aber meistens nicht um jene triviale Zeit, die die Ranglisten ausdrucken. »Die allmähliche Verfertigung der Gedanken« beim Laufen führt jedoch nicht dazu, »Zeit zu gewinnen«, wie Heinrich von Kleist es vom Reden behauptete. Und auch Luhmanns Definition von Zeit als »Unterscheidung zwischen der Gleichzeitigkeit und der Differenz vorher/nachher« spottet jeder Marathon-Erfahrung. Zwar laufen alle Läufer gegen die gleiche Uhr, aber zusätzlich haben sie Eigenzeiten. In diesen und über diese denken sie beim Laufen nach. Das dient nicht dazu, Zeit zu gewinnen, sondern dazu, die objektive Zeit zu vergessen, sie nachdenkend über Anderes zu verdrängen. Das Metronom der Beinarbeit bilden nicht die qualitativ indifferenten Zeitintervalle des Sekunden-, Minuten- und Stundentakts, sondern die Kopfarbeit. Laufgurus verklären deshalb das Laufen zu einer quasi-religiosen, meditativen Veranstaltung. Nichts einseitiger als das. Beim Training jahrein und jahraus immer und beim Marathonlauf wenigstens bis 10 Kilometer vor dem Ziel ist Laufen für viele eine kommunikative Angelegenheit.

Zu Beginn und gegen Ende des Marathonlaufs kreuzte das schmerzensreiche Laufsystem diese Gegend zwischen Platz der Republik und Opernplatz. Dazwischen blieb viel Zeit, um die Tauglichkeit der Systemtheorie zu testen, Frankfurt, die eigenen Unterschenkel und den Marathon zu begreifen. Den Opernplatz lobte einst ein lokaler Hofpoet, der auch die putzigen Mittelalter-Attrappen auf dem Römerberg als Gemütlichkeitsreservoir (»Kraft aus der Geschichte«) betrachtete, als »vollkommenen Platz« mit »festlicher Ausstrahlung« und »menschlichem Maß« (FAZ 14.12.85). Wenn man vom Reuterweg her auf den »Platz« zukommt, ist er gar keiner, sondern eine formlose Mischung aus Leere, Steinplatten, Glas, eingekübelten Bäumen, Springbrunnen sowie Gründerzeitrelikten. Nur weg von hier – die Nähe zum Ziel bescherte dem trivialen Laufsystem 8086 einen kurzfristigen Triumph über die Nicht-Trivialität aller Systemtheorie. Auf diesen Platz hätte Luhmann den Satz beziehen können: »Kreuzen ist kreativ.« Mit Sinn für Ironie wiederholte er auf Seite

1133 seines vorletzten Werks eine halbseitige Passage, die wörtlich schon auf Seite 1095 steht. Aber das Laufsystem 8086 empfand das forsche »re-entry« am Un-Platz nicht als kreativ, sondern erstens nur als Déjà-vu und zweitens als schmerzhaft – wie die Baugeschichte der Zielgerade, die jetzt Friedrich-Ebert-Anlage heißt.

Um die Jahrhundertwende gebaut, hatte sie den Namen Hohenzollernanlage erhalten und war eine zwischen 100 und 150 Meter breite, in die Länge gezogene, parkähnliche Anlage. Sie vervollständigte den fast zehn Kilometer langen Alleengürtel rund um die Stadt zwischen dem Bahnhof im Westen und dem Römerbergweg im Osten. Mit der Herrschaft der Nationalsozialisten begann die Zerstörung der Anlage im Namen des Verkehrs. Der Reichsautobahnbau forderte seine innerstädtischen Tribute. Die alte Landstraße galt jetzt als Flaschenhals: »Der neuzeitliche Zubringer« hat »die Aufgabe, nicht nur dem Verkehrsstrom des Stadtinnern einen offenen Abfluss nach dem Fernverkehrsweg zu bieten, sondern auch ... einen sicheren und möglichst hindernisfreien Weg durch das Häusermeer bis zum Stadtinneren« (Todt). Das Frankfurter Bauamt plante dafür »eine befriedigende, für den Verkehr einwandfreie Endlösung« (24.2.1936). Aus der Parkanlage wurde eine schmale Verkehrsinsel mit Kreiseln an ihren Enden, und »die Betonstraße der Kraftfahrer« stieg zur Frankfurter »Visitenkarte« auf.

Über der Geschichte des »freien Abflusses« zur Autobahn vergaßen jedoch Achillessehne, Fußballen, Unterschenkel und das ganze übrige Systemzubehör von der Hüfte an abwärts nicht den Schmerz. Ein Bescheid Luhmanns linderte ihn ein wenig:

»Man kann die Dinge nicht zurechtreden, so wenig wie man sie wegdenken oder umdenken kann.« Und auch ein Zurückdenken an das Gefühl von Hermes' behänden Füßen auf den ersten dreißig Kilometern funktionierte jetzt nicht mehr als Trost. Dafür lockte für das müde Laufsystem 8086 ein Sieg mit Luhmann (»das System tut, was es tut«) und zugleich über diesen. Seine Theorie kann nämlich nicht erklären, warum sich das Laufsystem dies freiwillig antat. Oder handelt es sich beim Laufen um eine Kunst? »Die Kunst zeigt in der Form des Leidens an sich selbst, dass es so ist, wie es ist.« Luhmann blieb am Schluss nur der übliche Flucht- und Schleichweg von der Beantwortung der Frage zu deren »Paradoxierung«: Wer läuft, macht sich verdächtig, und wer nicht läuft sowieso. Das triviale Laufsystem mit der Startnummer 8086 dagegen traute sich im Ziel in der verstockten »Semantik Alteuropas« für ein paar Momente eine Gewissheit und – systemtheoretisch gesehen – eine ganz systemwidrig kesse Lippe zu und sagt ganz leise: »I just did it.«

2 *Post vom Sozialstaat oder wie Ludmilla gegen die Bürokratie siegte*

Ihren ersten Brief vom Arbeitsamt erhielt sie am 22. Oktober 1993: »Sehr geehrte Frau Dr. Ludmilla Lodovico*, Sie haben in der Zeit vom 21.7.93 bis 27. 8.93 verdient 1250.- DM (...) Hiervon wird gemäß § 115 AFG auf Ihre Leistung angerechnet 606.- DM. Nur für Arbeitslosengeld: Die Minderung Ihres Arbeitslosengeldes hat zur Folge, dass Ihr Anspruch für 12 Tage als nicht verbraucht gilt. Diese Tage wurden Ihrem Anspruch wieder gutgebracht. Einzelheiten der Berechnung des Anrechnungsbetrages bitte ich dem beigefügten Berechnungsblatt zu entnehmen.« Das Verb »gutbringen« entstammt Duden zufolge der Kaufmannssprache, wahrscheinlich einer etwas älteren Version dieser untergegangenen Sprache. Aber abgesehen davon, sind schon diese 4 Zeilen rätselhaft. Die restlichen 25 des Briefs belehren über die rechtlichen Grundlagen und die Rechtsmittel und zwar so, dass garantiert jeder Nichtjurist nur Bahnhof versteht. Davon ausgenommen der menschenfreundliche Satz: »Bei meiner Aufrechnungsentscheidung, die in meinem Ermessen steht, habe ich die von Ihnen vorgetragenen bzw. nach Aktenlage ersichtlichen Umstände berücksichtigt.« Derlei half Ludmilla Lodovico übers Nichtverstehen hinweg – sie war für das Amt keine Stammnummer, sondern eine Vorträgerin von »Umständen.« Die Rückseite des Briefes enthält Auszüge aus vier Paragraphen des AFG, was »Arbeitsförderungsgesetz« heißt, gefolgt von einem »Beispiel zur Einkommensanrechnung nach § 115 Abs. 1 AFG«. Auf einem weiteren Blatt wird das Nebeneinkommen von DM 1250.- in 12 Tage »Anspruchsdauererhöhung« umgerechnet und zwar so, dass Ludmilla so viel kapierte wie bei einer Multiplikation von Gartenstühlen mit Tischdecken. Dem Ganzen war ein zweiseitiges Formular mit dem Titel »Bescheinigung über Nebeneinkommen« angehängt. Ludmilla hatte gerade unaufgefordert ihren Nebenverdienst mitgeteilt. Wer außer ihr sollte da noch »bescheinigen« und was?

So schwierige Fragen tauchen auf, wenn man arbeitslos ist, aber es nicht bleiben will. Ludmilla war fast 49 Jahre alt, als ihr Angestelltendasein in einem universitären, von der DFG geförderten Projekt endete. Und sie wusste, dass die BAT-Gemütlichkeit mit festen Bezügen eines Tages enden würde und arbeitete deshalb zuletzt nur noch halbtags, um sich auf die Arbeitslosigkeit vorzubereiten. Sie beobachtete den Arbeitsmarkt, aber ahnte schon, dass dieser mit einer fast 50-jährigen Historikerin, die außer Schreiben, Lesen, Kochen und Skifahren gar nichts konnte, wenig anzufangen wusste. Sie nützte die Zeit auf der halben Stelle, um ihr angesammeltes Wissen als freie Journalistin zu verwerten und wollte es als Arbeitslose ganztags versuchen – als Freie oder mit dem prämierten Dummwort als »Ich-AG«.

Als sich Ludmilla zum ersten Mal bei ihrer bedeutend jüngeren und äußerst freundlichen Arbeitsvermittlerin meldete, brachte ihr diese schonend bei, was Ludmilla längst wusste: »Die Chancen, Sie zu vermitteln, sind sehr klein.« Ludmilla nickte und erläuterte ihr Vorhaben für die Zeit der Arbeitslosigkeit. Ab sofort und mit Nachdruck wollte sie tun, womit sie schon begonnen hatte, als sie auf halbe Stelle ging – Kontakte zu Zeitungen, Zeitschriften und Rundfunkstationen knüpfen. Frau Lauther, die Vermittlerin, war entzückt und riet ihr, monatlich eine Abrechnung über die Nebeneinkünfte aus freier journalistischer Tätigkeit an die Leistungsabteilung des Arbeitsamtes zu schicken. Im ersten Monat ihrer Arbeitslosigkeit verdiente Ludmilla DM 1250.- als freie Schreibende, teilte das dem Amt mit und fügte einen vollständigen Satz von Fotokopien ihrer Kontoauszüge bei. Die Antwort des Amtes –

siehe oben – war zwar unverständlich, aber nicht beunruhigend.

Ludmilla machte weiter und schickte jeden Monat die Belege ans Amt. Im Dezember 1993 wechselte das Formular für Nebeneinkünfte. Die langatmigen Belehrungen über Rechtsmittel und Berechnungsgrundlagen schrumpften zu Abkürzungszeilen, mit denen nach wie vor Entscheidungen »aufgehoben« oder »zurückgenommen« wurden: »§ 48 Abs. 1, S. 2 Nrn. 2 u. 3 Zehntes Buch Sozialgesetzbuch (SGB X)«. Ludmilla kümmerte sich um derlei nicht, sondern kam sich einfach ein bisschen blöd vor, weil das sozialstaatlich Kleingedruckte so »chinesisch« klang wie das privatrechtliche, das auch nur Juristen und Betrüger interessiert.

Manchmal machte das Amt auf Komik: »Sie haben während Ihres Leistungsbezugs in der Zeit vom 13.9.93 bis Okt. '93 Nebeneinkommen aus einer Tätigkeit bei der Firma Ebert-Haus und Kopfnuss 1 erzielt.« Was die »Firma« betrifft, so hatte Ludmilla in einem Haus der Friedrich-Ebert-Stiftung einen Vortrag gehalten und für die leider kurzlebige Reihe »Kopfnuss. Essays über Kultur und Politik« im Berliner Wagenbach Verlag einen Beitrag geliefert und dafür ein Honorar gekriegt. Seltsame »Firmen« tauchten nun in der Post vom Sozialstaat auf – so die Firma »Leihkostüm SZ«, der amtliche Deckname für eine Glosse in der »Süddeutschen Zeitung« mit dem Titel »Leihkostüm«. Wenn es spät wurde, gab Ludmilla diese Geschichte, die keiner glauben wollte, zum Besten. Ihr ging es gut, sie arbeitete arbeitslos energisch gegen ihre Arbeitslosigkeit und fühlte sich durch die monatlichen verschickten Nebenverdienstmeldungen und Kontoauszüge wie der gläserne Kunde des Amtes.

Nach fünfmonatiger Pause schickte das Amt im April 1994 plötzlich wieder das Formular »Bescheinigung über Nebenverdienst«, obwohl es durch Ludmillas regelmäßige Berichte genau wusste, was sie als Selbständige nebenher verdient hatte. Sie schrieb deshalb zurück: »Ich kann die Redaktionen, für die ich arbeite und denen ich in aller Regel etwas anbiete, mit dem besten Willen nicht davon überzeugen, als ›Arbeit- und Auftraggeber‹ aufzutreten und irgend etwas zu unterschreiben, was mit der landesweit üblichen Praxis freien journalistischen Arbeitens nicht das Geringste zu tun hat. Ich habe darüber auch mit der für mich zuständigen Arbeitsvermittlerin gesprochen, die mir bestätigte, dass das beigefügte Formular auf meinen Fall ›überhaupt nicht zutrifft‹, was ich Ihnen hiermit wörtlich und auch in ihrem Namen übermittle. Ich betrachte Ihre Bitte, das Formular betreffend, als obsolet.«

Ludmilla war beruhigt, denn das Amt schwieg und erhielt monatlich Abrechnungen und Kontoauszüge. Journalistisch lief es ordentlich. Dass am gleichzeitigen Bezug von Arbeitslosengeld und schwankenden Verdiensten aus freier Mitarbeit zur Beendigung von Arbeitslosigkeit irgendetwas falsch sein könnte, kam ihr nicht einmal dann in den Sinn, wenn der Kontostand – den das Amt jederzeit kannte – anstieg. Sie brauchte das, um sich dauerhaft als Selbständige einzurichten. Sie verstand sich als Autorin und Buchhalterin ihrer Autonomisierung und nicht als Abzockerin.

Die Vermittlungsgespräche mit der dem Markt gegenüber ohnmächtigen Arbeitsvermittlerin beschränkten sich darauf, dass Ludmilla regelmäßig berichtete, wie sie sich ins publizistische Geschäft boxte und nebenher aussichtslose Bewerbungen überstand, in denen sie immer in die engere Wahl kam, aber wegen ihres Alters ausschied. Im September 1995 wurden die Leistungen des Amtes eingestellt. Grund: »Anspruch erschöpft.« Wenn es ihm wirklich ernst ist, spricht er deutlich – der Sozialstaat.

Ein Jahr zuvor – im August 1994 und 10 Monate nach dem Hinweis, dass »Kopfnuss« und »Leihkostüm« keine Firmen sind – bekam Ludmilla wieder einmal Post vom Sozialstaat. Das Amt hatte sich zum Nachrechnen entschlossen und forderte nun in zwei Bescheiden insgesamt rund 8000 Mark zurück, weil »Sie Leistungen zu Unrecht bezogen haben«.

Was Recht und Unrecht betrifft, hat Ludmilla keine juristisch ausgewiesenen, aber ziemlich solide politisch-moralische Vorstellungen und antwortete dem Amt am 18. August 1994: »Ich bin mir keines Unrechts bewusst, denn ich habe genau so gehandelt, wie meine Beraterin beim Arbeitsamt es mir empfohlen hat. Ich stand immer als vermittlungswillig zur Verfügung und habe mich um Stellen beworben. Was meine Nebeneinnahmen aus selbständiger journalistischer Arbeit angeht, so hat mir Frau Lauther geraten, diese jeweils sofort bei der Leistungsabteilung zu melden. Das habe ich jeden Monat getan. Ich kann deshalb überhaupt nicht verstehen, warum Sie erst heute und nur ab 1.1.1994 (obwohl ich seit Juli '93 so verfahre) plötzlich ein Fehlverhalten feststellen möchten, das obendrein auf der Beratung beruht, die ich von einer Ihrer Mitarbeiterinnen erhalten habe. Hier muss etwas nicht stimmen, ich kann das als Laie nicht begreifen.«

Das gilt auch für die Profis. Als Trophäe bewahrt Ludmilla den handgeschriebenen Zettel ihrer Arbeitsvermittlerin auf, auf dem diese die Telefonnummer eines Selbsthilfezentrums für Arbeitslose notierte – und zwar als Antwort auf eine Frage den Nebenverdienst betreffend: »Ich blicke da auch nicht durch, aber die Leute vom Selbsthilfezentrum wissen das.«

Ludmilla konnte seit Ende 1995 mehr schlecht als recht von dem leben, was sie schreibend verdiente und hatte ihren Widerspruch und das Amt längst vergessen, als am 20.3.1996, also fast zwei Jahre nach dem Einspruch, wieder Post eintraf: »Dem Widerspruch habe ich stattgegeben.« Dem folgte ein harmloser Nachsatz: »Über Höhe bzw. Dauer Ihres Leistungsanspruchs ergeht ein besonderer Bescheid.« Bis der kam, dauerte es noch ein wenig. Nach weiteren zweieinhalb Jahren erbat Herr Geisel vom Amt am 1.10.98, erst einmal »um Übersendung der Einkommenssteuerbescheide für die Jahre 1994 und 1995, um eine abschließende Bearbeitung Ihrer Leistungsangelegenheiten vornehmen zu können.« Was die »Leistungsangelegenheiten« mit der Einkommenssteuer zu tun hatten, wusste die steuerlich korrekte Ludmilla nicht, aber sie schickte die Unterlagen ans Amt, denn sie hatte und hat nichts zu verbergen. Statt Herr Geisel meldete sich am 26.8.1999 – fast ein Jahr später also – Frau Grammlich mit einem Brief, an dem nur zweierlei klar war: Statt der 8000 Mark sollten es »nur« noch 5000 Mark sein, die »zu Unrecht bezogen« wurden. Ludmilla begeht kein »Unrecht«, es sei denn, es ist nötig.

Seit 1993, als das Amt noch von Hand ausgefüllte Formulare verschickte, musste es computermäßig schwer aufgerüstet worden sein. Frau Grammlichs zweiseitiger Bescheid enthielt zwanzig (!) sehr eng bedruckte Seiten mit Zahlenkolonnen, Codes und Abkürzungen, aus denen nichts hervorging, schon gar nicht dazu, wie es zur faktischen Halbierung der Kompensation für das angeblich begangene »Unrecht« gekommen war. Das Amt hatte Ludmillas Ansprüche inzwischen nur zum Datenbrei vermischt und tiefgefroren. Und nebenher verwirrte das Amt ein anderes Amt. Die Berliner »Bundesversicherungsanstalt für Angestellte« meldete im August 1999 – fünf Jahre nach dem Ende der Arbeitslosigkeit – Klärungsbedarf wegen »Angaben, die anderen Daten widersprechen«. Ludmilla hatte im Unterschied zum Arbeitsamt nie direkten Kontakt mit der Versicherungsanstalt.

Frau Grammlich vom Amt ist eine resolute Frau und Ludmilla kann ruppig werden, wenn es ans Eingemachte geht. Der telefonische Disput zwischen den beiden Frauen wäre wohl geeignet als Lehrmaterial für den Sozialkundeunterricht zum Thema »bürgernahe Verwaltung«. Es ging schnell ziemlich heftig zu und her zwischen den beiden Frauen, weil Frau Grammlich gar nicht begreifen wollte, dass das Amt und nicht der Aufklärung beanspruchende Staatsbürger das Problem war. Entnervt gab Frau Grammlich auf und reichte Ludmilla an den Stoiker unter ihren Mitarbeitern weiter. Der konnte ihr zwar auch nicht erklären, was sie falsch gemacht haben sollte und wie die Zahlenkolonnen zustande gekommen waren. Dafür verlangte er Einsicht dafür, dass Verfahren gelegentlich »ruhen« müssen. Ludmilla kapitulierte zunächst.

Sie entschied sich, einen Anwalt – spezialisiert auf Sozial- und Bürgerrechte – zu konsultieren. Dessen

Auskunft war ernüchternd: »Das ist zwar alles völliger Wahnsinn, aber das Arbeitsamt hat Recht. Sie müssen zahlen. Vereinbaren Sie Teilzahlungen und betrachten Sie das Ganze – angesichts der Dauer des Verfahrens – als ein zinsloses Darlehen vom Sozialstaat.« Aus dem Freundeskreis kamen ähnliche Ratschläge. »Mach Dich nicht verrückt wegen der 5000 Mark!« »Und vor allem – werde keine Michaela Kohlhaas!« Das lag ihr vom Naturell her fern, aber ein wenig Stehvermögen hatte sie schon – nicht nur als Läuferin. Sie legte erneut Widerspruch ein und schrieb kurz vor ihrem 55. Geburtstag im September 1999 ans Amt: »Wie bei allen Ihren Mitteilungen und Bescheiden ist es natürlich einer Nicht-Juristin und Nicht-Verwaltungsfachfrau absolut unmöglich, ihre Hoch-, Hin- und Herrechnungen zu verstehen. Aber selbst Ihre Mitarbeiterinnen und Mitarbeiter tun sich außerordentlich schwer, einem zu erklären, was überhaupt herumgerechnet wird. Unabhängig davon, musste ich allein aus dem Zeitraum der Verfahrensdauer von nicht weniger als fünf Jahren seit meinem ersten Widerspruch (18.8.1994) zwingend schließen, dass Sie meine Gründe für mein ganz maßgeblich durch Ihre Mitarbeiterin gesteuertes Verhalten akzeptiert haben und die Sache für erledigt halten. Was sonst hätte ich denn denken sollen über das Verhalten einer funktionierenden Verwaltung? Meine Rechnung ist insofern aufgegangen, als es mir gelungen ist, in der Zeit meiner Arbeitslosigkeit die Grundlage für meine dauerhafte Selbständigkeit zu schaffen. Ich sage das nicht, um mich zu loben, sondern weil ich davon ausgegangen bin, dass dies die Geschäftsgrundlage bildet. Die Arbeitsvermittlerin machte mir von der ersten Minute an klar, dass ich für den Arbeitsmarkt ein aussichtsloser Fall sei und sie für mich gar nichts tun könne. Sie klagen ›zu Unrecht erbrachte Leistung‹ ein – von wessen ›Unrecht‹ ist da in Ihrem Bescheid die Rede? Doch nicht von meinem! Ihre Behörde war von Anfang an vollständig informiert über meine Nebeneinkünfte. Schließlich habe ich mich immer wieder gefragt: Was wäre denn die Alternative für mich und für Sie gewesen? Bitte sehr, ich hätte mich während meiner Arbeitslosigkeit an meinen Schreibtisch setzen und meine aussichtslosen Bewerbungen losschicken können, um später bei Ihnen vor der Türe zu stehen, teure Umschulungen, Existenzgründerprogramme und weiß ich was beantragend.«

Das Format einer Behörde bemisst sich auch am Tempo, mit dem sie ihre Irrtümer und Defizite eingesteht. Am 17.7.2000, also sieben Jahre nach dem ersten Kontakt mit dem Amt, erhielt Ludmilla zum letzen Mal Post vom Sozialstaat: »Dem Widerspruch habe ich stattgegeben. Die angegriffenen Aufhebungs- und Erstattungsbescheide bezüglich Nebeneinkommensanrechnung 1994 und 1995 nehme ich hiermit aus Gründen des Vertrauensschutzes zurück. Es werden diesbezüglich keine weiteren Forderungen mehr gegen Sie geltend gemacht.« Immerhin – ein erster Brief, den jeder versteht – bis auf das Wort »Vertrauensschutz«, von dem Ludmilla bis heute nicht weiß, wessen Vertrauen das Amt damit vor wem schützen wollte. Das Wort muss irgendetwas Positives bedeuten, aber vielleicht sollte man es einmal mit Kontrolle versuchen.

*Alle Namen vom Autor geändert.

3 *Der 21. August 1968 als Geschichtszeichen*

Das Wort »Geschichtszeichen« stammt von Kant, der es ins Lateinische übersetzte mit »signum demonstrativum« oder »signum memorativum«. Kant charakterisierte mit dem Begriff die Französische Revolution, in der er – trotz Ultra-Jakobinismus, Terror und anderen Grausamkeiten – »eine Tendenz für das Fortschreiten zum Besseren« und »eine Revolution … in den Gemütern aller Zuschauer« sah.

Bezieht man den Begriff »Geschichtszeichen« nicht auf die Französische Revolution, sondern auf den 21. August 1968, konstruiert man ein Paradoxon, denn Kant meinte mit dem Wort – alles in allem genommen – »eine Tendenz des menschlichen Geschlechts im Ganzen« oder eine politisch-moralische Errungenschaft, wenn man denn das Wort »Sieg« vermeiden möchte. Andererseits war der 21. August 1968 in Prag eine Niederlage und eine Katastrophe. Aus meiner Perspektive lässt sich das Paradox auflösen – biographisch und historisch-politisch.

Ich verbrachte den 21. August 1968 in einer Zigarettenfabrik in Neuchâtel in der Schweiz, wo ich während der Semesterferien arbeitete. Wir hörten damals den ganzen Arbeitstag lang stündlich die Nachrichtensendungen an Transistorradios. Zunächst mochte ich gar nicht glauben, was ich hörte. Ich erinnere mich, dass Arbeiter im Alter meines Vaters hemmungslos weinten. Mich berührten die Vorgänge in Prag auch, aber ich hielt die Ereignisse noch längere Zeit für eine bloße Wiederholung dessen, was 1956 – als ich noch Schüler war – in Ungarn passiert war. Erst als das Wintersemester im

Oktober anfing, begann ich langsam zu realisieren, was man in Prag dauerhaft zerstört hatte.

Die verspätete Einsicht verdanke ich dem jüngst verstorbenen Philosophen und Marx-Biografen Arnold Künzli. In seinem Seminar erfuhr ich erstmals vom »Richta-Report«, von Eduard Goldstückers Arbeiten und anderen grundlegenden Texten der tschechischen Reform-Kommunisten des »Prager Frühlings«. Das Thema eines zeitgemäßen Sozialismus zog mich so in Bann, dass ich das Hauptfach wechselte und fortan Geschichte und Philosophie studierte. So viel zum biografischen Aspekt des Geschichtszeichens vom 21. August.

Die öffentliche oder historisch-politische Dimension des Geschichtszeichens vom 21. August wurde absehbar in dem Maße, wie man erkennen konnte, dass der 21. August nichts Geringeres war als der Dreh- und Angelpunkt zwischen einem Sozialismus mit demokratischen und pluralistischen Ansprüchen und den verschiedenen Formen eines etatistischen und autoritären Kommunismus, d. h. des Stalinismus, Maoismus etc.

Noch im Laufe des Jahres 1968 begann der langsame Zerfall der studentischen Protestbewegung in Europa in stalinistische, kommunistische, maoistische Gruppen, in der sich die Mehrheit der Protestbewegung bewegte. Ihrem Selbstverständnis nach Parteien, waren diese Gruppen tatsächlich nur ein Haufen kleiner Sekten von politisch Verblendeten und kulturell hinterwäldlerisch Verbohrten. Für sie war der 21. August kein Geschichtszeichen, sondern eine verdiente Quittung für jene, die sie in ihrem Jargon »Reformisten« oder »Revisionisten« nannten.

Die Minderheit der deutschen Studentenbewegung hat den Zerfall der Bewegung nicht aufhalten können, aber sie hat den 21. August als politisches Erbe bewahrt. Auch die Minderheit hat sich oft geirrt, aber dieses Erbe hat sie nie verraten. Es gab damals zwei politische Fallen: die Falle der Geschichtsphilosophie und jene des intellektuellen und politischen Defaitismus.

Die säkulare Geschichtsphilosophie, wie sie im 18. Jahrhundert entstand, beerbte die jüdisch-christliche Tradition der Offenbarung. Wie der Glaube und die Religion funktioniert auch die Geschichtsphilosophie als Verbindung zwischen Vergangenheit, Gegenwart und der allemal unsicheren Zukunft, deren prinzipielle Unvorhersehbarkeit religiös bzw. historisch-spekulativ unterlaufen und wegdisputiert werden sollte. Alle geschichtsphilosophischen Konzeptionen bilden in einem strikten Sinne ein mehr oder weniger kohärentes Universum von Hoffnungen und Erwartungen oder eine Versicherung gegen die Zufälle, Unsicherheiten und Unannehmlichkeiten des Lebens. In der Geschichtsphilosophie wird das religiöse Erlösungsversprechen ersetzt durch den unerschütterlichen Glauben an Fortschritt und Humanität, die angeblich die letzten Ziele der Geschichte darstellen und die die Erwartungen der Menschen in die Ordnung, die sie selbst gestiftet haben, intellektuell befeuern sollten. Geschichtsphilosophie macht »die« Geschichte zum Subjekt, zur Stellvertreterin des allwissenden Schöpfergottes. Die Geschichte als Super-Subjekt ist das Leitmotiv der politischen Philosophie des 19. und großer Teile des 20. Jahrhunderts. Diese Form des erwartungs- und fortschrittsgewissen Historismus ist definitiv in einer Krise seit 1914 und brauchbar allenfalls noch für Leitartikel und Festreden.

Marx ist – hinsichtlich der Geschichtsphilosophie – der Haupterbe der hegelianischen Konzeption. Marx ersetzte den Weltgeist Hegels durch das Proletariat, und die Marxisten haben das Konzept – zum Nachteil des Meisters – noch beträchtlich überboten, als sie behaupteten, es existiere mit dem Proletariat eine soziale Klasse, die über einen privilegierten Zugang zur Gesellschaftstheorie, zur Gesellschaftskritik und zur Wahrheit obendrein verfüge. Die in den K-Gruppen versammelten 68er haben sich redlich Mühe gegeben, diese abgestandene leninistisch-maoistische Bukolik zu hegen und zu pflegen. Sie gehört genauso in den Orkus wie die vom Historismus erzeugte Fortschrittstrunkenheit und Humanitätsduselei.

Die andere Falle, in die zu treten nach ’68 drohte, war die Strategie des Vergessens und Vergessenmachens oder der intellektuelle und politische Defaitismus, den man landläufig Postmoderne nennt. Ich bevorzuge den Ausdruck »Hypermoderne«, weil die so genannte Postmoderne nicht über die Moderne hinaus gelangte, sondern nur einzelne von deren Zügen radikalisierte oder schlicht ad absurdum führte wie die radikale Vernunftkritik, die sich nur vernünftiger Argumente bedienen kann, um der Vernunft den Boden zu entziehen oder verstummen muss.

Im Kern beruht die hypermoderne Befindlichkeit auf einem banalen Kurzschluss. Die einfachste der Inkonsistenzen der Geschichtsphilosophie besteht darin, dass niemand die Zukunft exakt voraussehen kann. Diese triviale Feststellung verführte die Hypermoderne dazu, nicht nur die Möglichkeit von

Zukunftsprognosen zu bestreiten. Darüber hinaus verneinen Hypermoderne die Möglichkeit jeder Theorie und jeder Wahrheit, selbst wenn diese nur zeitlich beschränkte Geltung beanspruchen. Hypermoderne akzeptieren nicht mehr, dass bessere Gründe und erweiterte Begründungsszenarien schlechtere Argumente und eingeschränkte Begründungen zumindest für begrenzte Zeit überholen oder ablösen. Die feierliche Verabschiedung dessen, was die Hypermodernen gerne »große Erzählungen« nannten, endete im intellektuellen und politischen Defaitismus sowie einer offen anti-intellektuellen Attitüde: Alles Jacke wie Hose, und jede Theorie nur eine Art Poesie.

Für ziemlich viele Leute, die 1968 politisiert wurden, besteht das Erbe des Geschichtszeichens vom 21. August 1968 in der Überzeugung, dass es politisch wie wissenschaftlich Wahrheiten bzw. Lösungen von zeitlich beschränkter Geltung gibt zwischen der theologisch oder geschichtsphilosophisch begründeten Annahme einer einzigen, unteilbaren und ewigen Wahrheit und der defaitistischen Aufgabe jeglicher Wahrheitsansprüche unter der Flagge hypermoderner Beliebigkeit. Diese Wahrheiten bzw. Lösungen situieren sich entschieden oberhalb eines intellektuellen und politischen Defaitismus und ebenso entschieden unterhalb der peinlichen Zumutungen geschichtsphilosophischer Spekulation im Stil von Hegel und Marx oder gar der leninistisch-maoistischen Bauernphilosophie. Das politische Erbe des 21. August 1968 verwahrt gleichermaßen die Möglichkeit wie die Aufgabe, linke Politik zu reformulieren – oberhalb eines perspektivenlosen Pragmatismus und weit jenseits des etatistischen und autoritären Kommunismus. Kants politisch-moralische Philosophie enthält dazu ein, nicht das Fundament.

4 *Wassertrinker und Instant-Soziologen von Ulrich Beck bis Michael Rutschky*

Wenn jemand vor zehn Jahren in der Oper, auf der Straße oder im Uniseminar mit einer Wasserflasche aufgetreten wäre und auch noch regelmäßig direkt daraus getrunken hätte, wäre er als krank oder ziemlich exzentrisch gerade noch durchgegangen. Bei einer Frau gar wäre das so schlecht angekommen wie das Rauchen in der Öffentlichkeit in den fünfziger Jahren, als das fast nur Nutten riskierten. Das hat sich nun radikal geändert. Fast überall gehört die Wasserflasche zum obligatorischen Accessoire, und es fällt eher auf, wer keine mit sich führt. Die neueste Abhängigkeit reimt sich geschlechtsneutral und egalitär auf »Wassertrinkfreiheit«: Jede und jeder darf überall und immer Wasser trinken. Öffentliches Wasserlassen dagegen bereitet zumindest Adligen noch ziemliche Widrigkeiten – »Pinkelprinz« heißt seit der EXPO der blaublütige Hannoveraner, der dabei fotografiert wurde.

Im Gegensatz zur neuesten »Wassertrinkfreiheit« ist die »Raucherfreiheit« ziemlich ins Gerede gekommen. Freiheit ist halt ein knappes Gut – jede Freiheit muss, hartzisch-henkelmäßig gesagt, gegenfinanziert werden mit Zwang. Auf Mehdorns Bahnhöfen darf nur noch an den für Millionen

Euro aufgestellten, unsäglichen Stahltischchen und Stahlaschenbechern geraucht werden. In vielen öffentlichen Räumen gelten Rauchverbote. Der Wind hat gedreht. Von Jean-Paul Sartre gibt es nur wenige Fotos, auf denen er nicht zigaretten- oder pfeifenrauchend abgelichtet wurde. Das Plakat und der Katalog zur Ausstellung der Bibliothèque Nationale anlässlich seines hundertsten Geburtstags zeigt ein typisches Sartre-Foto: die schielenden Augen scharf aufs Objektiv gerichtet, den Kopf leicht gebeugt, die rechte Hand – seltsam unscharf – noch auf Brusthöhe, als ob sie den Weg zum Mund suche – aber ohne Zigarette. Diese wurde jedoch, wie »Libération« vermutete, aus volksgesundheitlichen Gründen aus dem Foto herausretouchiert.

Auch wirkliche Freiheiten, nicht nur die zu rauchen, haben es schwer. Es wird immer mehr erlaubt, was wirkliche Freiheiten tangiert. Millionen Menschen werden gerastert, gefilmt, überwacht und kontrolliert – durch Kameras sowie private und staatliche Wach- und Polizeidienste mit ihren Hunden. Das wollen aber nur wenige auch nur hören. Fast scheint es, als ob sich die Mehrheit der Bürger ganz freiwillig und fast ohne Zutun der Sicherheitsfirma Schily&Beckstein mit der »Freiheit«, immer und überall Wasser trinken zu dürfen, darüber hinwegtäuschen, dass sie gleichzeitig im öffentlichen Raum immer systematischer sicherheitsstaatlich ausgeleuchtet, überwacht und kontrolliert werden. Die ominöse »Wassertrinkfreiheit« kann man auch als trübes Kompensationsgeschäft sehen: Mineralwasser gegen grundgesetzlich garantierte Freiheit.

Natürlich sind Erklärungen dafür, welchen Durst das öffentliche Trinken von Mineralwasser bei den

Trinkenden tatsächlich stillt, schwierig und mangels harter Daten immer auch ein Stück Spekulation. Immerhin eines steht fest: Dass nur öffentlich Wasser trinkt, wer schlicht Durst oder Lust auf Flüssiges hat, ist eine ebenso unwahrscheinliche wie unzureichende Erklärung, denn Durst und Lust sind doch eher Zustände bzw. Bedürfnisse, die ziemlich konstant, um nicht zu sagen natürlich sind. Das öffentliche Wassertrinken jedoch ist ein ziemlich neues, keineswegs natürliches Phänomen.

Ein schwer erklärbares Phänomen also. Und dafür haben wir hierzulande die Instant- oder Feuilleton-Soziologie, die über Nacht die Gründe für generationentypisches Verhalten ausmacht bzw. erfindet. Ihren methodischen Zugriff verdankt die Feuilleton-Soziologie Ulrich Beck, dem Oberarzt des Genres: Er empfiehlt zunächst bei jeder Diagnose ein paar »Pillen gegen Abstraktion«, sprich: gegen Nachdenken und dann den Sprung mitten rein ins menschelnd Nahe, kumpelhaft Wuselnde und tierisch Eindeutige.

Für Wässeriges, also auch für Durst, ist in der deutschen Feuilleton-Soziologie der schlüpfrigste unter ihren Repräsentanten zuständig. Er arbeitet, wie der Oberarzt, am liebsten mit Bekanntem, also Familienpersonal (»Tante J.«), Freunden (»Freund A.«) oder Hunden, die der Instant-Soziologie mehr und schneller Erklärungen liefern als Bibliotheken. Vor allem aber bedient er sich virtuos verdünnter Gedanken wie die Homöopathie, die auch nur einen Imperativ kennt: Her mit verdünnten, verdünnteren, verdünntesten Substanzen!

»Gestern in der U-Bahn der stolz blickende Jungmann: Plötzlich öffnete er den Rucksack, der auf dem

Schoß lag, holte das Fläschchen heraus, schraubte es auf und nahm einen Schluck. Dabei schaute er auf uns, die um ihn herumsaßen, herab mit einem Ausdruck von – ja, von was? Von Souveränität und Unabhängigkeit.«

Aha. Weil sich Michael Rutschky gerade daran erinnerte, wie er »Vati und Mutti« nervte mit dem Satz »Ich habe solchen Durst!« und doch nur Leitungswasser bekam, beweist ihm im Kurzschluss der »stolz blickende Jungmann« in der U-Bahn schon »Souveränität« und »Unabhängigkeit«, wenn er öffentlich Mineralwasser trinkt – wie heute fast alle. Die feuilletonsoziologische Schwundform des Carl Schmittschen Lebkuchenverses lautet denn auch – souverän ist, wer öffentlich Mineralwasser trinkt. Und weil das immer mehr Menschen immer öfters tun, haben wir es offenbar mit immer mehr Souveränen und Unabhängigen zu tun. Woraus zwanglos folgt, dass Feuilletonsoziologie nur einen Durst löscht – den nach kompromisslosem intellektuellem und politischem Konformismus.

Gerade der Umstand, dass »Wassertrinkfreiheit« ebenso massenhaft wie öffentlich zelebriert wird, deutet darauf hin, dass es sich bei der seltsamen »Souveränität« wahrscheinlich bloß um eine ganz ordinäre Mode handelt, die medizinisch – im Prinzip – nicht schadet, aber einigen ökonomisch prächtig nützt. Für mindestens einen geht die Parole »Saufen für Selters« auf. Und wie die meisten Moden wird auch diese vergehen, wie sie gekommen ist.

Wie viele andere dürfte auch diese Mode aus den USA stammen. Dort konnte man schon vor über zehn Jahren auf Parkplätzen in Arizona, Texas oder Kalifornien auf Schildern lesen, die den Weg vom

Parkplatz zu 200 Meter entfernt liegenden, natürlichen oder künstlichen Monumenten wiesen, man bewege sich in einer »sehr gefährlichen Region« und solle – um Verdurstung und Tod zu vermeiden – auf jeden Fall genügend Wasser mit sich führen. Außer im völlig verrückten amerikanischen Haftungsrecht hat derlei Irrsinn keine rationale Grundlage. Prägt aber den Alltag – nicht nur der Touristen. Der Imperativ des neueren Konformismus lautet: Wassertrinken statt Freiheit!

Nachweise
(UTV = ursprüngliche Textversion)

I Historische Aufklärung: Essays

1 Prokla Nr.87, 22. Jg. 1992, gekürzte Version in: DIE ZEIT vom 12.1.1994

2 DIE ZEIT vom 12.8.1994, UTV. Postscriptum I: Tages-Anzeiger (Zürich) vom 16.2.1998; gekürzte Fassung: Süddeutsche Zeitung vom 2.3.1998. Postscriptum II: ungedruckt.

3 Rechtsphilosophische Hefte, hg. v. Giuseppe Orsi u. a., Bd. 3, 1994, S. 69 ff. Kurzfassung in: »links«, Nr. 256, September 1991, S. 14 ff.: »Vom virtuell revolutionären Prinzip zur Kannibalenparole«.

4 Frankfurter Rundschau vom 7.5.1994, UTV

5 DIE ZEIT vom 21.7.1995, UTV

6 DIE ZEIT vom 19.1.1996; erweiterte Fassung in: Frankfurter Rundschau vom 27.4.2002

7 DIE ZEIT vom 13.12.1996

8 Frankfurter Rundschau vom 23.7.2001

9 DIE ZEIT vom 21.7.1998, UTV

II Porträts gegen das Vergessen:

1 DIE ZEIT vom 10.9.1998, UTV

2 DIE ZEIT vom 9.11.2000, UTV

3 Tages-Anzeiger (Zürich) vom 14.4.2003, UTV

4 Basler Zeitung vom 2.3.1999

5 DIE ZEIT vom 9.3.2000

6 DIE ZEIT vom 30.4.2009 (Schweiz-Ausgabe)

7 Frankfurter Rundschau vom 23.4.2003, UTV

8 Freitag vom 12.7.2002

9 Freitag vom 22.3.2002

10 Frankfurter Rundschau vom 2.5.2006

III Politische Kommentare

1 Süddeutsche Zeitung vom 24.6.1993, abgedr. in: Kopfnuss 2. Essays über Kultur und Politik, hg. v. Heinrich v. Berenberg und Klaus Wagenbach, Berlin 1994, S. 32 ff.

2 Süddeutsche Zeitung vom 3./4.12.1994. Die Besprechung erregte den damaligen Leiter des Ressorts Außenpolitik so sehr, dass er umgehend nach Paris flog und Lanzmann in vier Spalten Gelegenheit gab, Reklame zu machen für den eigenen Film, die israelische Armee und die israelische Politik gegen die Palästinenser: Josef Joffe, Schoah und Wiedergeburt im Panzer, Süddeutsche Zeitung vom 28.12.1994.

3 Süddeutsche Zeitung vom 20.4.1995

4 Frankfurter Rundschau vom 23.1.1996

5 Freitag vom 16.5.1997

6 Tages-Anzeiger (Zürich) vom 12.2.1998

7 Tages-Anzeiger (Zürich) vom 21. 3.1998

8 Die Tageszeitung vom 26.8.2006

9 Frankfurter Rundschau vom 14.8.1999

10 Basler Zeitung vom 30.8.1999; Kurzfassung in: Vorgänge. Zeitschrift für Bürgerrechte und Gesellschaftspolitik, Nr. 149, März 2000, S. 3 ff.

11 DIE ZEIT vom 24.2.2000, UTV und Basler Zeitung vom 11.9.1999

IV Glossen

1 Die Tageszeitung vom 5.5.2010

2 Die Tageszeitung vom 22.5.2009

3 Die Tageszeitung vom 5.6.2009

4 ungedruckt

5 Die Tageszeitung vom 7.10.2008

6 Die Tageszeitung vom 2.12.2008

7 Die Tageszeitung vom 23.9.2009

8 Die Tageszeitung vom 13.11.2007

9 Die Tageszeitung vom 13.7.2010

10 Die Tageszeitung vom 2.11.2010

11 ungedruckt

V Verrisse

1 Die Tageszeitung vom 22./23.1.2010

2 Die Tageszeitung vom 25.6.2005

3 Freitag vom 3.9.2009

4 Frankfurter Rundschau vom 8.9.2009

5 Tages-Anzeiger (Zürich) vom 12.5.2009, UTV und Neue Gesellschaft/Frankfurter Hefte, Nr. 10, 2009, S. 57 ff.

6 Die Tageszeitung vom 6.2.2001

7 DIE ZEIT vom 26.9.1997, UTV

8 Die Woche vom 10.2.1995

9 Die Tageszeitung vom 21./22.2.2009

10 Frankfurter Rundschau vom 28.11.2002

VI In eigener Sache

1 Frankfurter Rundschau vom 4.11. 2000

2 Frankfurter Rundschau vom 22.7.2003, UTV

3 Neue Gesellschaft/Frankfurter Hefte, Nr. 7/8, 2008, S. 16 ff., UTV. Der Text ist die Kurzfassung eines auf Französisch im Sommer 2008 in Luxemburg gehalten Vortrags, den ich in Auszügen ins Deutsche zurückübersetzt habe.

4 Häuptling eigener Herd, Heft 23, 2005, S. 28-33